Belair. Elémens de fortification, renfermant ce qu'il était nécessaire de conserver des ouvrages de Leblond, de Deidier, etc.,
et l'examen raisonné des principes sur l'art des fortifications de
Vauban, de Saxe, de Cormontaingne, de Robins, de Cu-
gnot, etc.; avec un Dictionnaire militaire, et l'explication de
3o belles planch., etc.; 2ᵉ édit. Paris, 1793, 1 vol. in-8,
3o planch. 8 fr.
Bousmard. Essai général de fortification et d'attaque et défense des
places, dans lequel ces deux sciences sont expliquées et mises
l'une par l'autre à la portée de tout le monde; ouvrage utile aux
militaires de toutes les classes. Paris, 1815, 4 vol. in-8, et un
atlas de 62 pl. in-4. 4o fr.
— Le 4ᵉ vol. de la 1ʳᵉ édit. in-4, se vend séparément. 9 fr.
Cavallero. Défense de Saragosse, ou Relation des deux siéges soutenus par cette ville en 1808 et 1809; traduit par de La Beau-
melle, chef de bataillon du génie. Paris, 1815, 1 vol. in-8. 1 fr.
Clairac. L'ingénieur de campagne, ou Traité de la fortification
passagère; 2ᵉ édit. Paris, 1757, 1 vol. in-4, 36 pl. 15 fr.
Cormontaingne. Mémorial pour la fortification, l'attaque et la défense des places, ouvrage posthume; édition autographe, enri-
chie d'additions tirées des autres manuscrits de l'auteur; 3 vol.
in-8, avec pl. 27 fr.
Delaistre. La Science de l'Ingénieur, divisée en trois parties, où l'on
traite des chemins, des ponts, des canaux et des aqueducs, revue et augmentée par un ingénieur au Corps royal des ponts et
chaussées, 1825, 3 vol. in-4. 4o fr.
Douglas (Howard). Essai sur les principes et la construction des
ponts militaires, et sur les passages des rivières en campagne,
trad. de l'anglais par J. P. Vaillant, capitaine du génie, 1 vol.
in-8, 13 pl., 1824. 7 fr.
Essai sur les principes de la guerre appliqués à la fortification, par
L. H. C. V., lieutenant-colonel du génie, 1824. 2 fr. 5o c.
Foissac-Latour. Examen détaillé de l'importante question de l'utilité
des places fortes et des retranchemens, dans lequel ont rapporte
toutes les objections militaires et politiques qu'on a faites contre
leur usage et leur effet, tant dans le système des anciennes guerres,
que depuis l'invention des armes à feu. Amsterdam, 1789, 1 vol.
in-8. 2 fr. 5o c.
Gaudi. Instruction adressée aux officiers d'infanterie, pour tracer
et construire toutes sortes d'ouvrages de campagne, et pour
mettre en état de défense différens petits postes, etc.; augmentée
par Belair, chef de brigade, 3ᵉ édit. Paris, 1821, 1 vol. in-8;
42 planch. 5 fr.
Gillot. Traité de Fortification souterraine; ouvrage qui a remporté
le second prix au concours proposé pour le meilleur ouvrage
sur les mines, 1 vol. in-4, avec 16 pl. 15 fr.
Gumpertz et Lebrun. Traité pratique et théorique des Mines: ou-

vrage qui a obtenu une mention honorable au concours proposé
pour le meilleur ouvrage sur les mines. Paris, 1805, 1 vol. in-4,
15 pl.   15 pl.

Instruction sur le défilement des ouvrages de campagne, 3 pl. (à
l'usage de l'École d'état-major).   2 f. 25 c.

Instruction sur les campemens, à l'usage de l'École d'état-major,
1824.   1 fr. 50 c.

John, Jones. Journaux des siéges entrepris par les Alliés en Espagne, pendant les années 1811 et 1812, suivis de deux discours
sur l'organisation des armées anglaises, et sur les moyens de la
perfectionner, avec notes ; traduits de l'anglais. Paris, 1821, 1 vol.
in-8 de 500 pages, avec 9 pl. gravées.   8 fr.

Leblond. Élémens de fortification, contenant la construction rai-
sonnée de tous les ouvrages de la fortification, les systémes des
plus célèbres ingénieurs, etc. ; 5e édit. Paris, 1764, 1 vol. in-8,
37 pl.   9 fr.

Leblond. Traité de l'attaque et de la défense des places, etc. ;
2e édition, revue, corrigée et augmentée. Paris, 1743, 2 vol.
in-8, 49 pl.   16 fr.

Lefebvre. Ses Œuvres complètes sur l'attaque et la défense des
places, etc. Maëstricht, 1778, 2 vol. in-4.   30 fr.

Mandar. De l'Architecture des forteresses, ou de l'Art de fortifier
les places, et de disposer les établissemens de tous genres qui
ont rapport à la guerre. Ire Partie : Essai sur la fortification, où
l'on expose les progrès de cet art jusqu'à nos jours, etc. On y
a joint la notice des ouvrages écrits sur l'Art défensif. Paris,
1801, 1 vol. in-8, 8 planch.   9 fr.

Mémoires sur la fortification perpendiculaire, par plusieurs officiers du corps royal du génie. Paris, 1786, 1 vol. in-4,
16 pl.   18 fr.

Montalembert. L'Art défensif rendu supérieur à l'offensif, ou
la Fortification perpendiculaire, 11 vol. in-4.   360 fr.

Mouzé. Traité de fortification souterraine, suivi de quatre Mémoires sur les mines; ouvrage qui a remporté le premier prix
au concours proposé pour le meilleur Traité sur les mines. Paris,
1804, 1 vol. in-4, 20 pl.   18 fr.

Relations des principaux siéges faits ou soutenus en Europe par les
armées françaises depuis 1792; rédigées par MM. les officiers généraux et supérieurs du corps du génie qui en ont conduit l'attaque ou la défense; précédées d'un précis historique et chrono-
logique des guerres de la France depuis 1792 jusqu'au traité de
Presbourg en 1806; par V. Musset-Pathay, chef des bureaux du
comité central du génie et du dépôt des archives des fortifications, secrétaire particulier de S. Exc. le premier inspecteur-
général du génie. Paris, 1806, 2 vol. in-4, dont un de planches.
                                                                      36 fr.

Rogniat (lieutenant-général du génie). Relation des siéges de Saragosse et de Tortose par les Français, dans la dernière guerre
d'Espagne. Paris, 1814, 1 vol. in-4, avec 2 pl.   7 fr. 50 c.

ESSAI

SUR LA

DÉFENSE DES ÉTATS

PAR

LES FORTIFICATIONS.

IMPRIMERIE DE DEMONVILLE,
rue Christine, n° 2.

ESSAI

SUR LA

DÉFENSE DES ÉTATS

PAR

LES FORTIFICATIONS.

PAR UN ANCIEN ÉLÈVE DE L'ÉCOLE POLYTECHNIQUE.

Celui qui, aujourd'hui, démolirait les fortifications des villes,
ressemblerait à celui qui aplanirait les montagnes et les défilés pour ouvrir à l'ennemi un accès plus facile dans son pays.
ARISTOTE, cité par M. C****, officier supérieur.

Ainsi toutes ces listes de noms de forts que Justinien fit bâtir,
dont Procope couvre des pages entières, ne sont que des monumens de la faiblesse de l'empire.
MONTESQUIEU : *Grandeur et décadence*, chap. 20.

A PARIS,

CHEZ ANSELIN ET POCHARD (Successeurs de MAGIMEL),
LIBRAIRES POUR L'ART MILITAIRE, RUE DAUPHINE. N° 7.

1826.

AVERTISSEMENT.

Nous offrons quelques combinaisons d'idées
de guerre à la discussion publique, elle est
le plus sûr moyen pour perfectionner les
sciences, et celle de la guerre est trop importante pour qu'on néglige ce secours. Cet
Essai roule sur une pensée principale que
nous avons conçue il y a dix ans, et qui depuis n'a fait que se fortifier. Puisse-t-elle
ne pas être erronée; notre but est d'être
utile, nous y avons consacré nos veilles, l'expérience nous apprendra si nous avons porté
nos désirs trop haut.

« Le délire d'un citoyen qui rêve au bonheur de sa patrie a quelque chose de respectable. » (Guibert. *Dédicace.*)

ESSAI

sur la

DÉFENSE DES ÉTATS

par

LES FORTIFICATIONS.

LIVRE PREMIER.

Des Places fortes considérées en elles-mêmes pour la défense des États.

CHAPITRE PREMIER.

Comment on se trouve amené à demander jusqu'à quel point les Places fortes servent pour la défense des États.

Les événemens tout à la fois grands et imprévus conduisent toujours à des recherches assidues. L'engourdissement de surprise dans lequel ils jettent d'abord, n'est que passager. Bientôt celui-ci fait place au besoin de savoir, et ces mêmes événemens deviennent la cause de nos plus profondes réflexions.

Les catastrophes de 1814 et de 1815 sont certainement, dans tout cœur français, celles qui justifient le plus la vérité de cette remarque, et il n'est aucun militaire un peu éclairé qui ne cherche à pénétrer la cause de nos désastres.

Comment concevoir, en effet, qu'en 1814 trente millions d'hommes aient été subjugués par quatre cent mille ennemis?

Comment concevoir qu'en 1815, il ait suffi de deux cent quarante mille Anglais ou Prussiens pour dicter des lois à la France, à cette France naguère la reine de l'Europe?

Cependant elle n'avait point été totalement prise au dépourvu ; un noyau de vieux soldats, des armes, des munitions en abondance semblaient devoir suffire pour arrêter l'ennemi dans ce réseau de places fortes, que leur vieille renommée déclarait *infranchissables* (1).

Pourquoi donc a-t-il pénétré si rapidement ; comment a-t-il passé au milieu de ces citadelles si vantées, sans les assiéger, sans même les regarder? Seraient-elles donc inutiles? le premier capitaine du siècle n'aurait-il su en profiter?

CHAPITRE II.

Continuation.

Les contrastes entre les résultats produits dans des circonstances qui semblaient être les mêmes, sont tou-

---

(1) D'Arçon : *Considérations militaires et politiques*, pag. 48. Les frontières qui en sont pourvues conservent leur intégrité . . . aussi

jours les expériences les plus utiles pour ceux qui re-cherchent la vérité.

Aux funestes invasions de 1814 et 1815, s'opposent toujours d'elles-mêmes les brillantes campagnes de 1793 et de 1794.

En 1793, la désastreuse bataille de Nerwinde détruit l'armée française; les Anglais, les Autrichiens, les Prussiens pressent la France sur toute sa frontière du nord; la Vendée engloutit les bataillons entiers des républicains. Cependant, six mois après, l'ennemi n'a pris encore que Valenciennes et Condé; il n'est encore qu'à Maubeuge et au Quesnoy. La France a profité de ce répit : armées, armes, munitions, elle a tout créé; elle prélude par la victoire d'Hoonds-Coote : elle va bientôt reporter la guerre sur les terres de l'étranger.

En 1814, les armées ennemies n'ont achevé de passer le Rhin que le 15 janvier : victorieuses à la Rothière, le 1er février; maîtresses de La Fère, le 1er mars; le 30, elles triomphent de la France dans sa capitale.

En 1815, des Anglais, des Prussiens déjà vaincus à Ligny, gagnent par hasard, le 18 juin, la trop célèbre bataille de Waterloo, et le 3 juillet les voit entrer à Paris et dicter des lois à la France.

Quelles différences dans ces résultats! Mais qui pourrait se méprendre sur leur cause principale ?

En 1793, l'ennemi n'a osé franchir le boulevart de

---

voit-on que les ennemis de la France ne regardent ces monumens qu'avec effroi.

.... Pag. 155, ou sur des pointes de rochers infranchissables.

1*

nos places fortes. A l'abri sous cette égide, la France, en proie aux dissensions intestines, a organisé la victoire.

En 1814, en 1815, l'ennemi a méprisé cette frontière artificielle ; il ne l'a regardée que comme un épouvantail inutile. Il a marché directement de la circonférence au centre, il a dispersé les bataillons qu'il a trouvés sur son passage. Riche d'hommes, de soldats, de munitions, la France n'a eu le temps de rien réunir ; et, telle qu'un géant frappé au cœur pendant son sommeil, elle est tombée sans avoir déployé ses forces.

Pourquoi donc a-t-il méprisé en 1814 ce qu'il avait tant respecté en 1793? Les restes non disciplinés des bataillons battus à Nerwinde, écrasés successivement à Condé et à Famars, étaient-ils donc plus redoutables que les vainqueurs de Hanau, que ce Napoléon soutenu des vieux compagnons de ses travaux et de sa gloire.

Ou en 1793 on a trop redouté les places fortes, ou en 1814 on n'a pas su s'en servir.

CHAPITRE III.

Continuation.

Lorsqu'une question, discutée par des hommes de mérite, les conduit à des résultats contraires, lorsque, s'étant communiqué ces résultats, ils ne peuvent néanmoins s'accorder, c'est une grande probabilité pour penser que ni les uns ni les autres n'ont trouvé la véritable solution, mais tout au plus quelque solution particulière.

Si l'on ouvre les Mémoires de tous ceux qui ont écrit

sur l'utilité des places fortes et la manière de les employer, on est frappé de la dissidence d'opinions qui existe entre les maîtres de la guerre. Entièrement proscrites par les uns, unique soutien des États suivant les autres, l'incertitude est le partage du lecteur. S'il fouille dans la nuit des temps, Sparte et Athènes lui présentent un exemple frappant de solutions contraires, et s'il redescend jusqu'à nos jours, il voit ces mêmes étrangers qui ont méprisé nos places se hâter d'en construire sur leurs frontières conquises; mais il n'aperçoit pas dans leur ensemble de disposition nouvelle.

La question serait-elle encore à résoudre?

CHAPITRE IV.

Des avantages inhérens à une Place de guerre quelconque.

Une place forte, quel que soit son tracé, résout toujours, approximativement, le problème de mettre un faible corps de troupes en état de se maintenir longtemps contre un corps beaucoup plus considérable (1).

Elle étend directement, et d'une manière incontestable, son influence jusqu'à la portée de son canon.

Donc, une place forte est utile toutes les fois qu'on veut mettre certain terrain ou certains objets à l'abri d'être enlevés par l'ennemi, et qu'on ne veut néan-

---

(1) D'Arçon, pag. 14. Quelle que soit la supériorité de l'attaquant, fût-elle décuple ou même illimitement au-delà, les défenseurs pourront ne s'en étonner jamais.

moins consacrer à leur sûreté qu'un très-petit nombre de gardiens.

L'art est alors substitué à une certaine force qui lui est équivalente, et il ne peut être détruit que par un plus grand art ou une force plus grande.

CHAPITRE V.

En quel point les avantages d'une place deviennent hypothétiques.

L'influence directe et incontestable d'une place vient expirer au même point que les boulets de ses canons.

Au-delà, elle ne peut plus agir que par sa garnison. Rien alors n'est absolu; tout, au contraire, devient relatif.

Il est vrai qu'à de grandes distances elle peut encore produire de forts obstacles, soit par des inondations factices, soit en gardant la seule chaussée qui traverse celles qu'a formées la nature. Mais, néanmoins, cette influence provient de ce qu'elle empêche, par son seul canon, que l'ennemi n'approche d'un certain point qu'elle garde. L'existence de l'obstacle lointain n'est réellement dû qu'à la digue ou toute autre cause placée dans ce certain point. Quant à la place, elle n'a d'autre résultat incontestable et dû à elle seule, que la mise en sûreté de ce point.

CHAPITRE VI.

Évidence des remarques précédentes.

Il serait inutile de chercher des preuves pour ces

deux chapitres. Il ne s'agissait que de savoir en quel point l'influence de la place commence à devenir un sujet de discussion. On ne pouvait admettre d'autre réponse.

CHAPITRE VII.

CONSÉQUENCES.

Places considérées comme fermant par elles seules l'entrée d'un pays.

Dans un pays de plaines, il est souvent possible de pratiquer des inondations très-larges, très-profondes, ayant plusieurs lieues de long. Leur existence sera due à quelque digue.

Les places qui maintiendront ces digues fermeront, dans ce cas là, *exactement* le passage à l'ennemi sur toute cette partie.

Dans un pays semblable à la Hollande, les places fortes établies sur les chaussées, ferment encore exactement tout passage à l'ennemi.

Dans un pays de montagnes, le même résultat sera produit par les places qui couperont les routes, si ces routes sont les seuls passages praticables pour franchir la chaîne entière.

Et, généralement, une place forte servira à fermer exactement et incontestablement l'entrée d'un pays, lorsqu'elle sera à cheval sur le seul chemin possible pour pénétrer dans ce pays.

CHAPITRE VIII.

Continuation.

Dans un pays facile, traversé par une seule route, une place à cheval sur celle-ci n'empêchera pas l'ennemi de passer; son seul résultat incontestable est de le forcer à un détour.

Dans un pays de montagnes, des places sur les routes, aux nœuds des vallées et dans d'autres points semblables, ne suffiront pas si les autres parties montagneuses ne sont point absolument infranchissables. Or, l'expérience des dernières guerres en Espagne, dans les Alpes, dans le Tyrol, semble avoir démontré qu'une armée, même avec ses canons, se fraiera toujours un chemin.

Lorsqu'une place soutiendra une inondation, elle ne fermera pas pour cela exactement tout passage à une armée ennemie, si, en quelques points, cette inondation est ou étroite, ou peu profonde; cela aura encore lieu si l'inondation est susceptible de se geler.

Donc, en général, on trouvera rarement des cas où quelques places fortes puissent, par elles seules, interdire à une armée ennemie l'accès dans le pays en arrière d'elles; et, probablement, il n'y en a point qui puissent empêcher absolument l'entrée de quelques partis.

CHAPITRE IX.

Places considérées comme couvrant par elles seules une communication.

Lorsque deux points seront situés en arrière d'une

inondation, d'une chaîne de montagnes, ou de toute autre ligne d'obstacles, ne présentant absolument et incontestablement qu'un nombre déterminé de passages, des places sur ces passages assureront exactement la communication entre ces deux points.

Cette communication cessera d'être certaine, lorsque le pays en avant de ces points sera dans un cas semblable à ceux du chapitre précédent.

Cette communication cessera encore d'être assurée toutes les fois que la ligne des obstacles en avant sera susceptible d'être tournée (1).

Rien de ceci ne change si la communication a lieu par une rivière.

Donc des places fortes sur des rivières interrompent toujours la navigation de l'ennemi, mais ne se l'assurent pas constamment entre elles-mêmes d'une manière absolue.

CHAPITRE X.

Places considérées comme mettant un certain Point à l'abri.

Lorsqu'une place renfermera un débouché de route, tel qu'un pont sur une large rivière, une chaussée sur un marais, une gorge dans une chaîne de montagnes impraticables, elle gardera ce débouché pour l'armée du pays, et le fermera exactement à l'ennemi.

L'armée du pays ne doit pas s'en laisser couper plus

---

(1) D'ARÇON, pag. 117. Observez au surplus que cette disposition, prise dans sa généralité, repose sur la sécurité où l'on serait, relativement à ses flancs.

que d'une base d'opérations : car, dans ce cas-là, ce débouché serait également fermé pour les deux partis.

Seulement, ce débouché lui est toujours réservé si elle peut se remettre en communication. L'armée ennemie, au contraire, ne l'aura jamais que par un siége.

Donc, s'il existe plusieurs passages ainsi gardés sur une ligne continue impraticable, l'armée du pays n'ayant à résister qu'à une seule armée envahissante, se portera toujours à volonté d'un ou d'autre côté de la ligne d'obstacles.

Cette faculté ne pourra avoir lieu pour l'armée ennemie, que si la ligne d'obstacles n'est point réellement infranchissable, ou si elle peut être facilement tournée par une extrémité ; et tout cela généralement aura presque toujours lieu.

CHAPITRE XI.

Places considérées comme mettant des Approvisionnemens à l'abri.

Si une place forte, construite convenablement, renferme les approvisionnemens nécessaires à une armée, ceux-ci peuvent être regardés comme en sûreté.

Cette place peut dès-lors être regardée comme base d'opérations de l'armée.

Cette base ne pourra réellement être anéantie que par un siége. Ce n'est que par cette opération que l'ennemi pourra être certain qu'une marche heureuse de son adversaire ne le rétablirait pas en pleine communication avec elle.

Donc, si plusieurs places se trouvent répandues sur

une province , si elles sont approvisionnées convenablement , si la province est susceptible d'être parcourue en
tout sens , une armée manœuvrant entre elles défensivement contre une seule armée envahissante , ne devra jamais être coupée de sa base d'opérations.

CHAPITRE XII.

Places considérées comme mettant des Corps de troupes à l'abri.

Enfin une place forte , indépendamment de sa garnison strictement nécessaire , peut renfermer d'autres
troupes qui y auront été dirigées , soit par hasard , soit à
dessein.

Ces troupes , quelle que puisse être leur infériorité ,
seront toujours en sûreté dans toutes les positions respectives des armées belligérantes.

Donc , des places assureront l'existence des corps grands
ou petits que l'on jugera à propos de laisser sur les derrières ou les flancs de l'ennemi , ainsi que dans les parties de la frontière où ne se portent pas les corps principaux.

CHAPITRE XIII.

Places considérées comme assurant par elles seules la possession d'un Pays quelconque.

Dans un pays dont l'entrée ne serait pas susceptible
d'être fermée exactement par des places , on n'aura de
points entièrement à l'abri par le fait seul des fortifications , que ceux soumis à l'influence absolue de celles-ci.

Or, des fortifications bien entendues peuvent être
défendues avec peu de monde.

De plus, une population a toujours un de ses quarts
susceptible de se battre derrière des remparts.

Donc, si les habitans d'un pays étaient répartis d'une
manière assez uniforme et en nombre suffisant pour ne
former que des villes ou de gros bourgs, chacun de ces
points étant fortifié, fournirait à sa propre défense.

Donc, un pays ainsi organisé, serait à l'abri d'un envahissement subit par des armées formidables. Cet avantage serait dû aux seules places.

Mais les dépenses immenses que nécessiteraient de
pareils travaux, les pas rétrogrades qu'un tel système
ferait faire à la civilisation, se réunissent pour ranger
cette solution dans les résultats purement théoriques.

CHAPITRE XIV.

Conclusions.

Une place forte n'a d'action absolue que sur le terrain battu par son canon.

Cette seule action suffira pour fermer absolument l'entrée d'un pays dans certaines circonstances.

Mais ces circonstances extrêmement rares, ne se ren-
contrent jamais que dans une ligne de frontières très-
courte et toujours susceptible d'être tournée.

Cette seule action assurera la communication entre
plusieurs points dans le cas seulement où elle résoudra
le problème précédent dans son entier.

Dans les mêmes circonstances où cette solution sera
possible, et s'il existe plus d'une place, l'armée qui les

possèdera , pourra à volonté se porter seule en avant ou en arrière de la ligne d'obstacles.

Cette seule action en fera des bases d'opérations dont on pourra être coupé, mais qui ne seront pas perdues par le fait de cette manœuvre.

Et si ces places sont disposées et approvisionnées convenablement dans un pays ouvert, une armée manœuvrant entre elles sera toujours certaine d'avoir une ligne d'opérations libre, mais non constante.

Cette seule action assurera l'existence des divers corps que l'on voudra laisser sur les derrières de l'ennemi.

Cette seule action pourrait enfin assurer la possession absolue d'un pays. Mais cette solution rigoureuse en théorie, doit être réputée impraticable.

LIVRE II.

*Des rapports que par divers systèmes l'on a cher-
ché à établir entre des Places et une Armée,
pour la défense des États.*

CHAPITRE PREMIER.

Nécessité d'une Armée.

DANS un pays dont l'accès pourrait être exactement
fermé par quelques places fortes, il ne faudrait pas se
reposer entièrement sur celles-ci du soin de garantir
constamment la province qu'elles couvrent.

Car l'armée ennemie parviendrait toujours à se pratiquer une route entre deux places (1), ou à s'emparer de
quelques-unes de celles-ci, ce qui lui fournirait une entrée libre.

Si donc il existe un moyen de s'opposer à un tel résultat, ce ne peut être que par une augmentation subite
de résistance dans le point attaqué. Or, une grande

---

(1) D'ARÇON, pag. 112. Il est vrai que tous les passages (des gorges de montagnes) ne seraient pas susceptibles d'être franchis avec de
l'artillerie ou même seulement avec des bêtes de charge ; n'importe,
l'ennemi ne pût-il d'abord s'introduire que par des chemins de
chasseurs, il pourrait les ouvrir, les rendre praticables, et venir
occuper intérieurement des positions interceptantes.

force mobile ne réside que dans une armée. Donc, dans l'hypothèse ci-dessus, une armée est indispensable pour la défense ultérieure de l'État.

Si l'on veut aller jusqu'à admettre que tout le pays ne soit composé que de forteresses, comme on l'a indiqué dans un des chapitres précédens, on ne pourra pas encore se dispenser d'une armée.

Car, l'ennemi pourrait prendre successivement des places et envoyer des partis de cavalerie entre les autres pour empêcher toute culture de terre. Il s'emparerait ainsi pied à pied, peut-être même sans grande perte, de tout le pays attaqué.

Pour lui résister, il faudra absolument rendre les siéges qu'il entreprendra les plus opiniâtres possibles, et empêcher toute incursion de ses partis pour dévaster le pays. Or, quel autre moyen qu'une armée peut parvenir à ce but ?

Une armée (ce mot étant pris dans son acception la plus générale) est donc absolument nécessaire.

CHAPITRE II.

Nécessité des Places fortes.

Une armée ne peut par elle seule défendre constamment et d'une manière certaine un pays.

Si elle est supérieure à l'ennemi, cette supériorité ne l'empêche pas d'avoir besoin d'arsenaux et de magasins de tout genre ; la position de ceux-ci ne peut se changer à volonté. Une marche hardie de l'ennemi pourrait amener celui-ci devant ces établissemens qu'il détruirait : on ne l'en empêcherait que par la présence d'une autre armée, et cette présence est douteuse; ou par des fortifications permanentes susceptibles d'être défendues avec peu de monde.

Si elle est égale à l'ennemi, outre les besoins exposés précédemment, elle court encore les chances d'une défaite. Où trouvera-t-elle un refuge, un point de ralliement où elle puisse attendre des secours, si ce n'est dans un lieu susceptible d'être défendu long-temps par peu de monde contre des forces supérieures.

Enfin, si dès le début de la campagne elle est inférieure à ses adversaires, ou si elle n'existait même pas par suite d'imprévoyance ou de malheurs, ce sont encore des lieux fortifiés qui donneront un point de ralliement à tous ceux qui ne désespèrent jamais du salut de la patrie.

Des places fortes (ce mot étant également pris dans le sens le plus étendu dont il soit susceptible) sont donc absolument nécessaires (1).

CHAPITRE III.

De quelle manière rechercher les rapports qui existent entre les Places et les Armées.

De la nécessité absolue des places et des armées pour concourir simultanément au même but; la défense des

---

(1) NAPOLÉON. MONTHOLON, tome 2, pag. 199. Les places fortes sont utiles pour la guerre défensive comme pour la guerre offensive. Sans doute qu'elles ne peuvent pas seules tenir lieu d'une armée; mais elles sont le seul moyen que l'on ait pour retarder, entraver, affoiblir, inquiéter un ennemi vainqueur.

États, résulte comme conclusion immédiate qu'il existe des rapports entre elles.

Ces rapports sont-ils absolus ? Cela ne paraît pas probable.

La guerre n'est point une science exacte, elle a quelques principes fixes ; mais elle n'en est pas moins une science à la fois de spéculation et de génie.

Tel rapport, nécessaire dans une certaine circonstance, sera peut-être diamétralement opposé à celui que les circonstances du lendemain nécessiteront ; c'est-à-dire que telle disposition avantageuse un jour serait nuisible un autre. Il faudrait donc, de toutes, ne choisir que celles qui, toujours utiles, ne pourraient nuire jamais.

L'expérience de ce qu'on a tenté et des résultats qu'on a obtenus, analysée avec soin, pourra donc seule aider le raisonnement dans la solution de ce problème.

CHAPITRE IV.

Esprit des systèmes réellement distincts que l'on a suivis pour la défense des États.

Les systèmes que l'on a suivis peuvent se réduire à deux grandes classes.

L'esprit, dans la première, est d'arrêter immédiatement et directement l'ennemi sur les frontières, pendant très-long-temps, avec une très-petite masse de forces (1).

---

(1) Bousmard : *Essai général de fortification*, in-4°, livre 5, pag. 134. Sans pouvoir être troublé.... par l'ennemi contenu par une ligne *impénétrable* d'obstacles naturels ou artificiels.... qui

Le but, est de se procurer un laps de temps assez grand pour organiser une armée, et marcher contre l'ennemi, affaibli par les travaux auxquels il aura été forcé pour se frayer une trouée (1).

Les moyens, sont un très-grand nombre de places, forts, lignes, inondations ; en un mot, d'obstacles physiques soutenus par peu de défenseurs.

L'esprit, dans la seconde, est de forcer l'ennemi, par l'effet d'une masse assez considérable, à s'arrêter *de lui-même* sur les frontières, du moins pendant un certain temps.

Le but, est de parvenir à rassembler les forces de l'État.

---

vous donnent sur lui l'avantage du temps.... et l'avantage relatif du nombre, quoiqu'il ait sur vous la supériorité absolue ;.... tels sont les avantages.... que la fortification, appliquée à la défense des États, doit chercher à leur procurer, ... ce qui n'est autre chose que le caractère le plus marqué du monument élevé par Vauban (la suite de ce raisonnement fait voir que Bousmard considère la différence des deux armées comme faible).

D'ARÇON, pag. 35. Rien de semblable (l'envahissement du centre du gouvernement) ne peut arriver dans le système des frontières fortifiées ; et pourtant les armées qu'on destinerait à leur défense pourraient être réduites numériquement, au sixième de ce qu'elles devraient être si elles devaient opérer à force ouverte,... ce qui (note) avec les ressources auxiliaires de l'art, suffira d'abord pour résister à l'initiative d'une entreprise inattendue et pour gagner le temps qu'exigent les accroissemens successifs.

(1) BOUSMARD, livre 5, chap. 1ᵉʳ, pag. 153. De ces principes, le premier sans contredit est que le nombre, la force, et la disposition de vos places sur une frontière donnée soient tels, que l'ennemi qui vous y attaque inopinément, ne puisse avoir le temps de faire une trouée qui mette toute cette frontière en danger d'être conquise, avant que vous n'ayez assemblé de toutes parts vos forces, et que vous ne les ayez fait marcher au secours de la partie attaquée.

Les moyens sont quelques grandes places à camps retranchés, disposées tant dans l'intérieur que sur les frontières.

Par le premier système, on ferme toutes les entrées à l'ennemi ; par le second, on les lui laisse ouvertes : par le premier, on se présente directement devant lui ; par le second, on s'établit de suite sur ses flancs et ses derrières : par le premier enfin, l'on n'occupe que des points ; par l'autre, on tient la campagne.

Mais comme tous les travaux créés pour le premier système existent en grande partie, et sont entretenus avec soin, l'esprit actuel de la défense de l'État participe forcément de l'esprit de l'un et de l'autre. Seulement, il se rapproche plus particulièrement de l'un des deux, suivant le génie du général.

La conclusion constamment tirée est, que toute armée envahissante sera écrasée si elle ne se hâte de se retirer. Mais, l'expérience n'ayant pas toujours pris soin de justifier cette assertion, les partisans de ces différens systèmes présentent constamment la même réponse : *l'incapacité des généraux.*

CHAPITRE V.

EXPOSÉ DU PREMIER SYSTÈME.

Des différentes natures de Frontières.

Pour parvenir à empêcher, de prime-abord, l'ennemi de pénétrer en aucun point des frontières, il faut examiner attentivement celles-ci, afin de reconnaître tous les passages.

Mais les frontières changent de nature en divers

points de leur cours. En cherchant à les partager en quelques grandes classes bien distinctes, on simplifiera de beaucoup la question. A chaque espèce examinée en elle-même, on appliquera un système constant et unique.

Les obstacles, les issues sont ce que l'on veut reconnaître; la division qui se présente d'elle-même paraît donc être celle-ci.

Les pays de montagnes; en n'appliquant cette dénomination qu'à ceux qui ressemblent aux Pyrénées, aux Alpes, ou tout au plus à certaines parties des Vosges.

Les pays de plaines; le type peut en être ces grandes plaines de la Flandre et de l'Artois à peine ondulées, couvertes de ruisseaux et de rivières, et présentant peu de forêts.

Les pays coupés; ce seront ceux qui présenteront, dans un ordre quelconque, des plaines et des escarpemens, des parties remplies d'eaux et des plateaux secs et arides, des forêts et des landes.

CHAPITRE VI.

Comment on ferme un pays de Montagnes.

Les routes, dans les montagnes, sont généralement les vallées.

Les vallées suivent, ou des directions perpendiculaires à la frontière, ou des directions parallèles; celles intermédiaires se rangeront dans l'une de ces deux classes (1).

---

(1) Bousmard, tome 3, pag. 172 et 173. On cherchera.... les vallées qui la partagent dans le sens de la longueur.... ces vallées longitudinales (soustraites) à l'ennemi.... cherchant à pénétrer par les vallées transversales.

Plusieurs vallées perpendiculaires peuvent converger et se réunir en une seule.

Des vallées perpendiculaires peuvent ne point converger entre elles, mais être réunies par les vallées parallèles.

Une vallée perpendiculaire, sans jamais en rencontrer aucune autre, peut enfin aboutir à un sommet escarpé impraticable, ou correspondre à une bouche qui permet de passer dans une vallée du versant contraire.

L'examen attentif de toutes ces vallées et de leurs points de réunion ou nœuds, indiquera bientôt les divers lieux qu'il faudra occuper.

Les principes seront :

1° Que tous les accès à l'intérieur soient fermés ;

2° Qu'aucune place ne puisse, de prime-abord, être coupée de l'intérieur ;

3° Ce qui en est une conséquence ; que toutes ces places communiquent entre elles ; mais, de plus, que cela ait lieu par les routes les plus courtes (1).

L'hypothèse sera que chaque place fermera hermétiquement la vallée qu'elle doit garder (2).

---

(1) Bousmard, tome 3, pag. 174. Je définirai donc la tâche de fortifier une frontière quelconque : Trouver le moyen d'y interdire à l'ennemi, par vos fortifications, le plus possible d'issues pour pénétrer chez vous, et de vous en ouvrir, au contraire, le plus grand nombre possible pour pénétrer chez lui ; de lui gêner, interrompre et couper le plus possible ses communications, et de couvrir, lier et assurer parfaitement les vôtres.

(2) D'Arçon, pag. 113. C'est une propriété particulière aux places fortifiées dans les pays de montagnes, de pouvoir masquer, pour ainsi dire, hermétiquement les passages.

CHAPITRE VII.

Continuation.

Si les deux versans des montagnes font partie de la frontière, on satisfera aux principes précédens de la manière suivante :

Au premier ; en occupant par une place toute vallée unique qui arrive jusqu'au versant intérieur, ou le nœud de plusieurs, qui, en ce point réunies en une seule, parviennent jusqu'à l'intérieur (1).

Au second ; en n'occupant pas un point ou un nœud d'une vallée, lorsque d'autres débouchés ont lieu en arrière et dans cette même vallée, à moins qu'on ne soit aussi maître de ces débouchés (2).

Au troisième ; en occupant les nœuds et autres points convenables des vallées parallèles.

De plus, toutes les fois que l'on pourra satisfaire aux besoins d'une guerre offensive, sans néanmoins manquer à ceux de la défensive, on se hâtera de le faire. C'est pour cela que l'on occupera, autant que possible, les nœuds réunissant plusieurs vallées débouchant en une seule chez l'ennemi, et les extrémités les plus rapprochées du territoire étranger (5).

---

(1) BOUSMARD, tome 3, pag. 171. C'est de fermer les débouchés les plus larges et les plus accessibles à l'ennemi.... c'est de lui barrer les routes les plus courtes.

(2) BOUSMARD, tome 3, pag. 173. Il faut prendre garde que l'ennemi ne puisse entrer dans le défilé par les flancs de celui-ci.... ou par les derrières de votre place.

(3) BOUSMARD, tome 3, pag. 172. Porter en avant de votre ligne

Mais, en se bornant à cette exécution pure et simple, il est évident que la prise d'une seule place pourrait, ou ouvrir tout accès à l'intérieur, ou permettre du moins à l'ennemi de couper quelque autre place (1).

Cet inconvénient serait grave, parce que l'on veut gagner le plus de temps possible.

On fera donc en sorte que les places les plus près de l'ennemi, ou *de première ligne*, aient entre elles leurs communications assurées par des places qui ne pourront être assiégées qu'après elles, ou *de deuxième ligne* (2).

Lorsque la délimitation entre les États sera établie par la séparation des eaux pendantes, on satisfera de cette manière-ci aux mêmes principes.

Au premier : en occupant dès son sommet toute vallée praticable, ce qui très-souvent satisfera en même temps aux deux autres (3).

---

de défense (vallées parallèles) quelque place qui vous fasse déboucher sur le pays ennemi.... et vous rendre maître.... du nœud de plusieurs vallées.

(1) BOUSMARD, tome 3, pag. 173..... Et c'est à quoi souvent suffirait le corps ennemi le plus faible.

(2) BOUSMARD, tome 3, pag. 177. Joint à l'extrême conséquence dont il serait d'y voir cette ligne percée et coupée, si elle était unique, doit engager à y former, autant qu'il est possible, une seconde ligne semblable.

(3) BOUSMARD, tome 3, pag. 173..... Porter les places fortes par lesquelles vous barrez quelques-unes de ces vallées transversales jusqu'à l'extrémité du débouché de ces dernières sur le pays ennemi ; et à ce sujet je remarquerai que la meilleure manière de fermer un défilé par une place forte, c'est de le fermer par sa tête et non par sa queue ; parce que dans le premier cas, c'est une porte qui non-seulement est fermée à votre ennemi pour entrer chez vous, mais vous est ouverte pour entrer chez lui. — Au contraire, le gé-

Mais la prise d'une seule de ces places ouvrirait tout accès. Cet événement probable force à satisfaire aux autres principes.

On le fera en occupant, par des places de seconde ligne, les nœuds de ces vallées (1), ce qui n'aura généralement lieu qu'à la rencontre avec les vallées parallèles; mais si ce nœud se trouvait être au-dessus de ces vallées parallèles, on s'emparerait néanmoins de celles-ci pour satisfaire au troisième principe (2).

CHAPITRE VIII.

Continuation.

Tous les chemins praticables sont fermés exactement (*c'est l'hypothèse*) par une double, et même en quel-

---

néral d'Arçon dit, pag. 108 : Il semblerait s'ensuivre une indication assez naturelle, qui serait de fortifier les points extrêmes.... rien d'abord ne paraît plus avantageux.... (pag. 109). On dira bien.... qu'en les occupant.... ce serait s'emparer des clefs du pays voisin... (pag. 112) ce système puéril laisserait toute facilité à l'ennemi... mais (pag. 113) pour priver l'ennemi des positions avancées (il faut) rompre une partie des passages,... placer les autres sous la surveillance de forces mobiles.... (pag. 114); leur seul acte de présence pourra tenir lieu d'une première ligne de places fortes.

(1) D'Arçon, pag. 113. Toute l'attention devra se porter essentiellement à la reconnaissance des positions les plus rapprochées sur lesquelles il soit d'autant plus facile de faire converger un grand nombre de débouchés.

(2) Bousmard, tome 3, pag. 173..... Occuper par des places la jonction.... de ces vallées transversales avec les longitudinales.... de manière à barrer cette dernière à l'ennemi, pour qu'il ne puisse s'y étendre d'un bout à l'autre dans le cas où il y aurait pénétré quelque part.

ques points, par une triple ligne de places. Rien ne peut plus entrer : le but du système est atteint; mais celui ci n'est pas complet.

En effet, on a gagné du temps pour rassembler des moyens de résistance; mais il faut pouvoir les réunir à portée des points attaqués. Ils arrivent séparément et sans ensemble des divers points de l'intérieur; il faut un lieu sûr de concentration et d'organisation.

Ce lieu doit être le plus près possible du point d'action, afin de diminuer les pertes de temps et les mouvemens préparatoires.

De plus, l'approvisionnement complet d'un aussi grand nombre de places de première et seconde ligne est ou très-difficile ou impossible, et pourtant quelquesunes en auront seules besoin. Pourquoi donc chercher à le compléter pour toutes? un dépôt en arrière, suffisant pour celles qui pourront se trouver dans ce cas, serait bien plus convenable; mais ce dépôt doit être lui-même hors de toute attaque, si on parvient jusqu'à lui (1).

Pour satisfaire à la fois à tous ces besoins, des grandes places de dépôt en arrière, et à peu de distance du pied des montagnes à cheval sur les principales communications, paraissent naturelles.

On aura donc, en troisième ligne, des places fortes

---

(1) D'Arçon, pag. 115, note. Il serait utile de réserver quelques places de troisième ordre, mais à simple enceinte seulement. Car il ne s'agirait plus ici que de soustraire les dépôts nourriciers à de pareilles incursions.

susceptibles de recevoir les approvisionnemens d'une armée, et l'esprit du système sera satisfait (1).

CHAPITRE IX.

Comment on ferme un pays de Plaines.

Un pays de plaines n'a pas, comme un pays de montagnes, l'avantage de ne présenter qu'un nombre déterminé et connu de routes praticables.

Mais si l'on parvient, par un moyen quelconque, à borner le nombre de ces routes, on pourra toujours ensuite se rendre maître de ce peu de débouchés.

Or, les pays de plaines fournissent d'eux-mêmes, et l'exemple de la solution de ce problème en quelques points, et les moyens de la généraliser.

Il n'est pas rare de trouver dans ces pays de vastes terrains marécageux qui ne se prêtent à aucune communication.

Pour utiliser ces terrains, on a fort souvent élevé sur leurs bords des digues, pour couper le cours des eaux qui s'y rendaient, et pratiqué des canaux pour les saigner. La destruction de ces travaux rendrait en peu de

---

(1) BOUSMARD, tome 3, pag. 172..... Enfin d'avoir en arrière.... des lignes redoublées de défense de cette frontière, quelques places de dépôt dans une position centrale, communiquant avec tous vos points de défense, tant pour leur faire parvenir tous les besoins de cette défense que, etc.... (*idem*, pag. 178.) Enfin votre place centrale de dépôts, sur quelque rivière navigable.... afin d'apporter l'abondance dans vos montagnes,... conservant avec la partie de la frontière non-enfoncée des communications, etc.

temps tous ces terrains encore une fois impraticables.

Mais la quantité même de pareils terrains peut s'augmenter presque à volonté.

Les ruisseaux et petites rivières qui les parcourent sont très-nombreux. Peu larges ordinairement, ils sont assez profonds à une légère distance de leur source (1). Cela prouve que l'eau s'y rend en abondance ; les vallées dans lesquelles ils coulent sont à peine prononcées.

Si donc on coupe ces rivières et ces ruisseaux en divers points de leur cours, on se procurera de grandes inondations, et surtout une vaste étendue de pays dans laquelle le terrain ne sera plus que de la bourbe.

On réduira donc de cette manière les communications, au nombre que l'on jugera convenable, ou du moins à un nombre déterminé.

CHAPITRE X.

Continuation.

Le nombre des débouchés est réduit ; mais ce résultat deviendrait illusoire si l'ennemi pouvait se porter sur les travaux qui le produisent, et les détruire (2).

------

(1) BOUSMARD, tome 3, pag. 162. Car les rivières y ayant ordinairement peu de pente, y sont rarement guéables, et leurs bords qu'on est obligé d'y couvrir de digues contre leurs fréquens débordemens, achèvent de les encaisser de manière à en rendre le passage difficile.

(2) D'ARÇON, pag. 150. Il ne peut valoir que par la sûreté de ces manœuvres, et l'on ne peut obtenir cette garantie que par des places ou postes fortifiés, en raison de l'importance et de l'étendue des objets qu'il s'agit de préserver.

Le premier soin que l'on devra donc avoir sera de soutenir ces digues, coupures et autres, par des fortifications solides, qui les mettent à l'abri de toute insulte.

Ces fortifications, par elles-mêmes, atteindront encore souvent le double but de fermer déjà une partie des débouchés; mais tous ne le seront pas, et c'est à les interdire tous à l'ennemi que doit tendre la seconde partie du problème.

Mais ici se présente une différence avec les pays de montagnes. Dans celles-ci, on a admis que les sentiers praticables étaient déterminés, peu nombreux, et étroits. Dans les plaines, on les a bien réduits à être également en nombre déterminé; mais ils peuvent être bien plus larges. Car on conçoit, par exemple, qu'un plateau d'une ou deux lieues peut séparer des inondations, et, allant mourir dans le pays ennemi, n'être pas susceptible d'être coupé par d'autres inondations en arrière (1).

Un pareil débouché ne pourrait être hermétiquement fermé que par plusieurs forts à portée de canon. Mais un tel moyen ne peut être généralement proposé.

On y suppléera par une place située à peu près au milieu de la largeur du débouché; puis on rendra l'espace entre cette place et les inondations le plus difficile possible à franchir. On le coupera, par exemple, par

---

(1) BOUSMARD, tome 3, pag. 164. Dans ces sommités de pays, qui pour être imperceptibles n'en existent pas moins et s'annoncent à l'œil de l'observateur par le cours en sens opposé des rivières et des ruisseaux qui y prennent leur source, occupez par des places fortes ces trouées laissées entre les canaux fangeux, entre les bassins souvent marécageux de ces fleuves naissans.

des lignes soutenues de distance en distance par des redoutes fermées (1).

Indépendamment de ces débouchés, il existe encore
pour l'ennemi d'autres points qui peuvent offrir des passages, ce sont les inondations elles-mêmes, lorsqu'elles
sont peu larges, les rivières dans les parties très resser-
rées de leur cours, les canaux à points de partage.

Tous les points de cette espèce se défendront par des
lignes en arrière (2), des pièces noyées et des retranchemens construits avec les déblais des canaux rejetés entièrement à l'intérieur (3).

CHAPITRE XI.

Continuation.

Les travaux d'art qui changent la face ordinaire du

---

(1) BOUSMARD, tome 3, pag. 165. Indépendamment des places et
des canaux, les lignes semblent encore être particulièrement af-
fectées à la défense des pays de plaines. Par ligne, on entend ici des
retranchemens de plusieurs lieues de longueur, qui, profitant de tous
les obstacles naturels,... s'appuyent à des places fortes, en s'en faisant couvrir, coupent dans toute leur longueur à l'ennemi l'entrée
du pays.

(2) D'ARÇON, pag. 190. Dans le cas, par exemple, où les lignes seraient précédées par des canaux profonds, ou par une continuité
de marais dont l'accès serait très-pénible, ou par une suite d'i-
nondations contiguës, soutenues par des digues dont les têtes pourraient être sûrement garanties; alors on peut et l'on doit se proposer de les défendre.

(3) BOUSMARD, tome 3, pag. 167. Y cure-t-on une rivière, un
ruisseau? il n'est pas indifférent de quel côté le produit de ces écu-
remens sera déposé; ... les digues relativement à la rive sur laquelle
elles sont placées.... sont un objet plus important encore.

pays sont soutenus ; les passages, quels qu'ils soient, sont fermés, l'ennemi ne peut plus pénétrer.

Les fortifications qui produisent ce résultat, ont eu des emplacemens obligés.

Mais le système n'est pas complet ; car un seul siége peut ouvrir le pays en peu de temps.

Les fortifications qui soutiennent nos travaux d'art une fois prises, l'ennemi donnerait un cours libre aux eaux, et ouvrirait une vaste partie de la frontière. On cherchera à les mettre en seconde ligne en créant en avant quelques obstacles, qui réduiront leurs avenues à un petit nombre, que l'on occupera par des ouvrages de première ligne.

Dans les longs défilés existant entre des inondations voisines dont on a déjà occupé la tête, on établira des places de deuxième ligne, pour arrêter encore l'ennemi s'il avait emporté celles de première.

Enfin, pour alimenter toutes ces places, les longues lignes surtout, et les ouvrages de campagne qui bordent les inondations, canaux ou rivières, et cependant ne fournir qu'à celles qui seront réellement attaquées, on établira, en arrière, de vastes dépôts dans de grandes places de troisième ligne (1).

---

(1) Bousmard, tome 3, pag. 165..... Ce serait aussi la circonstance de navigation facile vers les différens points de semblables frontières, qui réunies à celle de la sûreté de position, détermineront la situation des places de dépôt.

CHAPITRE XII.

Comment on ferme un pays coupé.

La question s'est compliquée , elle n'est plus susceptible d'une solution absolue.

Les pays de montagnes ne présentaient que des issues déterminées ; on les a fermées.

Les pays de plaines étaient ouverts en tout sens ; mais pouvant les amener à ne présenter qu'un nombre fini de débouchés , il a suffi de s'emparer solidement de ceux-ci pour résoudre exactement la question.

Les pays coupés ne nous offrent plus les mêmes ressources , le canon seul des places ne défendra plus l'entrée des provinces , les garnisons ne pourront plus rester immobiles ; c'est leur action au dehors qui maintenant sera le moyen (1).

Mais le but sera toujours de gagner du temps pour réunir des forces ; car on est censé en avoir bien peu de disponibles.

Et l'esprit sera toujours d'arrêter immédiatement l'ennemi sur les frontières.

La première chose à faire sera donc de diminuer encore le nombre des passages , dans les parties de la frontière qui s'y prêteront.

---

(1) D'Arçon , pag. 154. C'est ici le véritable champ où les fortifications peuvent se déployer dans toute leur importance et leur utilité. — Bousmard , tome 3 , pag. 181. Un semblable pays présente une multiplicité si variée de combinaisons défensives.... qu'il n'est pas possible de réduire le plan.... de la fortification qui doit en assurer l'effet à des bases aussi simples.

Toutes celles qui pourront être traitées comme les pays dits de plaines et de montagnes, le seront aussitôt.

Mais cela n'enferme qu'une petite portion ; il nous reste une vaste étendue de pays praticable en tout sens, et qui ne pourrait être réellement fermée que par une ceinture longue et continue (1).

Cette solution absolue est impossible ; on se contentera de résoudre le problème par approximation. Seulement, pouvant toujours approcher de la solution absolue aussi près qu'on le voudra, on s'arrêtera au point où les obstacles physiques pourraient, non physiquement, mais moralement arrêter l'ennemi.

On y sera parvenu lorsque toutes les grandes routes créées, soit par la nature, soit par l'art, seront interrompues, lorsqu'il ne restera plus à l'ennemi que des sentiers pénibles et dangereux, qui ne pourront être pratiqués avec sûreté que par des grandes masses ; lorsque les garnisons des places voisines pourront, par leur rapprochement et des communications assurées, écraser tous les corps faibles, détruire tous les convois qui se trouveront engagés dans ces intervalles ; lorsqu'enfin l'ennemi, après avoir franchi la ligne de ces places, devra se considérer comme absolument isolé de son propre pays.

Que l'ennemi, amené à cette alternative, ou de franchir sous une telle condition, ou de se frayer une trouée assurée par des siéges, n'hésite pas à adopter ce dernier parti : telle est l'hypothèse.

------

(1) D'Arçon, pag. 157. C'est ici que les trois lignes effectives de forteresses pourront être admises, et qu'on devra déterminer leurs emplacemens avec plus de régularité.

CHAPITRE XIII.

Continuation.

La première chose à faire sera donc d'examiner toutes les communications, afin de les interrompre.

Si la frontière est formée sur une certaine longueur par une rivière navigable ou par un grand fleuve, on s'établira sur les bords : 1° vis-à-vis les parties guéables, s'il en existe ; 2° aux extrémités des grandes routes venant de l'intérieur ; 3° vis-à-vis les débouchés du pays ennemi.

Ces grands fleuves sont quelquefois bordés parallèlement, et à une petite distance, par des chaînes de montagnes très-prononcées, et présentant peu de communications avec l'intérieur. Toutes ces communications seront soigneusement occupées.

Mais l'ennemi pourrait chercher à tourner cette chaîne. Pour l'en empêcher, aux deux extrémités de la vallée, on établira des lignes allant du fleuve aux montagnes, renforcées par les eaux des affluens, et soutenues par de bonnes places.

Si la frontière est formée de ces terrains mamelonnés, couverts de vastes forêts, les débouchés seront, ou les routes qui traversent celles-ci perpendiculairement à la frontière, ou les trouées qui les séparent.

On diminuera autant que possible les routes perpendiculaires à la frontière, en ne laissant subsister que celles absolument nécessaires au commerce. On occupera fortement ces dernières par des places, puis l'on rendra les parties intermédiaires de la forêt aussi impraticables qu'on le pourra.

Quant aux trouées, si elles sont petites, on les coupera par des lignes soutenues par quelques bonnes places; si elles sont grandes, elles rentrent dans une autre classe de terrain (1).

Si la frontière est formée par un de ces beaux pays fertiles bien mamelonnés, arrosés par quelque grande rivière perpendiculaire renfermée dans un bassin bien prononcé, mais à pentes douces, les communications seront cette rivière et les grandes routes.

On interrompra les unes et les autres par quelque place forte (2).

Si la frontière, au contraire, ne présente qu'un de ces terrains secs, rocailleux, arides, ou quelques-unes de ces vastes landes de sable sans végétation, il faudra se porter en arrière, et occuper les communications que ce nouveau terrain présentera.

CHAPITRE XIV.

Continuation.

Le but de la première partie du nouveau problème est atteint; toutes les communications existantes sont interrompues.

---

(1) Bousmard, pag. 188. Les forêts, partout où elles ne sont pas impénétrables, seront retranchées par des abatis soutenus de redoutes. Les grandes trouées.... pourront être occupées par des retranchemens continus; ... mais les places seront toujours nécessaires.... pour appuyer et faire valoir ces obstacles.

(2) Bousmard, tome 3, pag. 186. Je ne puis m'empêcher de recommander d'occuper les rivières navigables par des places redoublées, qui.... interdiront opiniâtrément la navigation à l'ennemi.

Mais que l'ennemi fasse un léger détour, et il pourra les suivre de nouveau.

Les places situées parallèlement à la frontière sont éloignées entre elles ; leurs garnisons, nécessairement faibles, ne peuvent s'en écarter beaucoup ; peut-être même n'existe-t-il point de routes de communication de l'une à l'autre ? Qu'a donc à craindre l'ennemi jusqu'à présent ? rien, ou bien peu de chose.

Cette ligne doit donc être resserrée (1).

Sur les fleuves faisant frontières, l'ennemi n'a d'autre moyen que de surprendre le passage, établir des ponts, et les garder par des doubles têtes. Les garnisons des places ne pourront l'en empêcher, s'il s'y prend bien. Mais ce sera son unique moyen de communication, une fois avancé dans l'intérieur ; il faut donc être à portée de ce point, pour le menacer continuellement, et ne pas trop long-temps dégarnir les places. On a évalué ce maximum de distance à une marche (2).

Dans les pays de montagnes en arrière, les communications ouvertes étaient peut-être à de grandes distances l'une de l'autre. Dans ces intervalles, un peu de travail suffira généralement à une armée pour en ouvrir une nouvelle ; il faut donc remplir ces intervalles par des places intermédiaires, et établir des chemins de com-

---

(1) D'Arçon, pag. 159. Deux places de première ligne seraient, je suppose, à dix ou douze lieues de distance entre elles ; il est sensible que, dans ce cas, l'ennemi pourrait... (passer outre)... p. 160 ; ainsi ce trop large intervalle.... devra être rempli, et le sera très-utilement par une place intermédiaire.

(2) D'Arçon, pag. 132. Que ces places (fluviales) soient éloignées entre elles de six à sept lieues.

munication de l'une à l'autre. L'âpreté plus ou moins grande de ces montagnes, la situation des crêtes, détermineront la distance à établir entre elles. Cette distance, généralement, est d'une marche.

Les places qui interrompent les routes perpendiculaires dans les forêts, doivent communiquer entre elles, pour savoir si l'ennemi ne s'est pas frayé un chemin dans l'intervalle, et pour attaquer cette ligne d'opérations. De là, la nécessité d'ouvrir des routes parallèles à la frontière. Quant aux places, on les établira à une marche l'une de l'autre, à moins que ces forêts ne présentent des difficultés telles, qu'on puisse sans crainte augmenter cette distance.

Dans les pays fertiles et bien mamelonnés, désignés précédemment, tout, pour ainsi dire, est communication. Indépendamment des grandes routes perpendiculaires à la frontière, il existe un nombre considérable de traverses, de chemins, de sentiers ; le pays cultivé, même, peut servir de passage à toute une armée. Il faudra donc remplir les intervalles entre les places déjà établies par d'autres ; car la distance entre elles ne saurait être plus grande qu'une marche, et s'établir de manière à s'emparer, autant que possible, des communications transversales. Dans celles-ci sont ces longs canaux à points de partage, qui relient deux grandes rivières, et qui n'ont que peu ou point de propriétés défensives.

Enfin, pour les places établies en arrière d'un pays aride, la largeur, la stérilité de celui-ci indiqueront ce que la hardiesse de l'ennemi peut entreprendre, et, par suite, le rapprochement à mettre entre les intermédiaires.

CHAPITRE XV.

Continuation.

Toute la frontière de notre pays coupé présente maintenant une suite d'obstacles ou de places fortes, développée sur une seule ligne.

L'ennemi n'a plus de route frayée ; sa marche, pour franchir cette frontière, sera pénible ; et si de petits corps isolés, ou des convois, s'y trouvent engagés seuls, les garnisons des places voisines, qui les voient à peu près passer, peuvent les attaquer et les détruire.

Mais cette ligne est mince ; elle est bientôt franchie : une seule marche présentera des dangers à l'ennemi ; mais de cette marche un seul instant, pour ainsi dire, peut être périlleux. Les corps faibles, les convois, se présenteront inopinément, choisiront les nuits, le moment favorable, augmenteront leurs moyens de vitesse, et, en majeure partie, passeront sains et saufs.

Pour empêcher ces premiers travaux d'être illusoires, il faut donc donner à la ligne plus de profondeur.

Pour cela, on en établira en arrière une seconde, dont l'action commencera au point même où finit celle des places de première ligne. Cette action d'une place par sa garnison a déjà été tacitement supposée finir à une demi-marche, parce que cette troupe doit rentrer le même jour, ou du moins camper sous le canon de la ville. La seconde ligne sera donc à une marche en arrière de la première (1).

---

(1) D'ARÇON, pag. 37. Toutes ces places seront casées de manière

Les places qui la composeront devront, autant que possible, être vis-à-vis les intervalles de la première ligne. Mais elles doivent être absolument sur les grandes routes, et cette condition l'emportera toujours. Des routes parallèles à la frontière devront d'ailleurs être établies pour lier ces places de seconde ligne.

Les difficultés, les dangers à courir pour franchir cette double ligne, sont de beaucoup augmentés. Des garnisons actives parviendront probablement à enlever les petits corps qui voudront se glisser entre elles, et particulièrement les convois. Mais, en supposant qu'elles soient suffisantes pour forcer l'ennemi à faire des siéges, une troisième ligne de places sera encore nécessaire; c'est celle des places de dépôt, que, dans tous les cas précédens, nous avons été forcés de créer, pour n'approvisionner que les places susceptibles d'être attaquées.

Nous établirons donc en troisième ligne, à une distance d'une marche de la seconde, des places grandes, susceptibles de contenir les approvisionnemens de plusieurs de celles de première et deuxième ligne. Le nombre de ces nouvelles, et, par suite, leurs distances respectives, sera déterminé par la quantité de celles des deux

---

que celles de chaque ligne répondent aux intervalles des autres,... et l'infanterie devant participer à ces sorties pour attaquer les convois,... leur distance entre elles dans la même ligne, ainsi que d'une ligne à l'autre, ne doit être que d'environ six lieues. — Bousmard, tome 3, pag. 184. Non contens de nous être ainsi assurés sur toutes les parties de cette frontière,... nous chercherons un second système de positions et de défense;... et ainsi de suite, si l'on jugeait à propos de disposer encore en arrière de celle-ci une troisième ligne.

premières lignes, aux besoins desquels une seule d'entre elles pourra suffire.

Cette troisième ligne aura, en outre, l'avantage de prolonger du double la profondeur de la barrière à franchir.

Les places qui la composeront devront avoir des communications directes entre elles et avec celles de première et de seconde ligne. On cherchera surtout à les établir aux points de réunion ou nœuds de plusieurs communications.

CHAPITRE XVI.

De quelle manière fut quelquefois présenté ce premier Système.

Un système ayant des points de ressemblance avec celui que nous venons d'exposer, reçut une partie d'exécution ; mais les raisons qui guidèrent, dit-on, son auteur n'en ayant pas été senties, long-temps il fut présenté de la manière suivante :

Faisant premièrement abstraction de la nature du terrain, on le considérait, pour ainsi dire, comme une surface plane, et non accidentée.

On établissait ensuite une triple ceinture de places fortes en quinconce, et à sept lieues de distance l'une de l'autre.

Les places de première ligne, ou de troisième ordre, devaient avoir de quatre à sept bastions (1).

---

(1) BOUSMARD. Des différentes lignes et des différens ordres de places.

Les places de seconde ligne et de second ordre devaient avoir de sept à onze bastions, et servir d'entrepôts.

Les places de troisième ligne et de premier ordre devaient avoir plus de onze bastions, et servir de dépôts.

Peut-être était-ce conséquent à l'hypothèse qu'on avait admise, celle d'un terrain plan ; mais cette question, purement spéculative, ne servait en rien à l'avancement de la science, et même lui nuisit.

L'on réexamina enfin les exemples que l'on avait sous les yeux. On vit, en effet, trois lignes de forteresses ; mais rien de régulier dans leur placement. Les plus grandes étaient quelquefois en première ligne ; d'autres fois en seconde ou en troisième. Leur distance respective était également variable : tout, en un mot, était subordonné à la nature du terrain. Alors, pour en faire un ensemble, on imagina le système que nous avons exposé précédemment.

CHAPITRE XVII.

Transition de ce premier Système au second.

Ce système, comme toute chose nouvelle, était proportionné aux besoins du moment où il fut créé, ou pour lequel on le supposait créé.

On partit de quelques hypothèses justes, peut-être, à l'époque pour laquelle on les établit, eu égard à la force et à l'art des armées.

Mais les moyens d'invasion s'étant de beaucoup accrus, ces mêmes hypothèses ne parurent plus si justes. Il fallut les restreindre : on chercha à perfectionner le système, et le meilleur moyen que l'on trouva fut l'établissement de grands camps retranchés sous les places.

C'était renoncer à la première idée, de fermer l'entrée du pays seulement avec des garnisons ; c'était avouer la nécessité de la présence constante sur la frontière d'une force mobile considérable.

Mais on n'abandonnait pas pour cela le premier système ; on en regardait toutes parties comme utiles, nécessaires, et les camps retranchés ne furent qu'un complément, qu'un perfectionnement.

Cette idée des camps retranchés sous les places, fut généralisée, et donna naissance au second système que nous avons énoncé précédemment, et que nous exposerons tout à l'heure.

Ce système fut présenté, parce que le premier, malgré les modifications qui lui furent faites, donnait encore lieu aux reproches suivans :

1° Dans l'incertitude du point d'attaque, il fallait mettre des garnisons dans toutes ces places (1).

2° Si ces garnisons ne pouvaient y être mises à temps,

---

(1) Frédéric : *Instruction à ses généraux*, art. 11. Si c'est dans un pays où il y a des forteresses, on va se camper dans un endroit qui menace deux ou trois places à la fois. Si l'ennemi jette des troupes dans toutes ces places, il s'affaiblit, et vous profitez de ce temps pour lui tomber sur le corps ; mais s'il n'a eu cette précaution que pour une seule, on se tourne du côté où il n'a pas envoyé de secours. — Rogniat : *Considérations*, pag. 480. Nos cinquante places à six mille hommes.... absorberont trois cent mille hommes ;.... mais on se borne à laisser un tiers des garnisons seulement dans ce grand nombre de places, qui, d'après leur situation reculée, ... ne paraissent pas menacées d'un siége prochain.

une place, surprise par un corps assez considérable, pouvait être enlevée par un coup de main (1).

3° De pareilles places devenaient une arme terrible entre les mains de l'ennemi, dont elles assuraient la base et la ligne d'opération.

4° Une armée considérable, comme celles des temps modernes, pouvait hardiment traverser cette triple chaîne, vivre aux dépens du pays intérieur, et assurer ses communications par des corps de blocus (2).

5° Si les garnisons en arrière se réunissaient pour former un corps mobile considérable, leurs places, qu'elles abandonnaient, redevenaient susceptibles d'être enlevées par une marche rapide et une attaque vive.

On abandonna entièrement le projet de fermer toute entrée à l'ennemi.

---

(1) ROGNIAT : *Considérations*, pag. 181. On propose même quelquefois, pour économiser les troupes de ligne, d'abandonner la garde de ces places aux habitans ; mais cet abandon me paraît fort dangereux.

(2) ROGNIAT : *Considérations*, pag. 485. Il lui suffit (à l'ennemi) de les observer avec soin, ... il peut engager son armée active au milieu de nos places, lorsqu'elles sont abandonnées à elles-mêmes, et pénétrer sans crainte au-dela de notre triple ligne de forteresses, en prenant la précaution de laisser une armée d'observation en arrière. Lorsqu'il est sorti enfin de ce dédale de places, il doit s'étendre dans le pays, ... y établir son armée de réserve, et conduire la guerre, en un mot, comme si les places n'existaient pas.

CHAPITRE XVIII.

Exposé du second Système (1).

L'ennemi peut, de toutes parts, entrer librement dans nos provinces; nul obstacle n'a été créé pour l'en empêcher.

Nos forces sont trop inférieures aux siennes pour s'opposer directement et avec avantage à sa marche.

Elles doivent donc chercher à traîner la guerre en longueur, pour obtenir le temps de recevoir des renforts. Elles doivent, par suite, empêcher que l'ennemi ne puisse parvenir dans l'intérieur; car il y désorganiserait tout ensemble de défense.

Il faut donc qu'elles agissent de telle manière, que si l'ennemi pénétrait par les entrées qui lui sont ouvertes, il eût trop à souffrir des conséquences de sa marche en avant, pour pouvoir la continuer.

Or, l'on a souvent pensé qu'une armée dont toutes les communications seraient coupées, se hâterait de les rétablir à tout prix.

Il faut donc donner à nos troupes la faculté de se maintenir sur la frontière, sans pouvoir être détruites par les attaques immédiates de l'ennemi.

Il faut qu'elles puissent manœuvrer hardiment et librement sur ses derrières.

Il faut enfin qu'au moment où il se retournera avec toute sa masse contre elles, elles puissent rapidement

---

(1) ROGNIAT : *Considérations*, chap. XIV.

et indubitablement , trouver un lieu préparé pour rétablir l'équilibre.

Des places sur la frontière , satisferont à la première
de ces conditions.

La seconde ne pourra être remplie d'une manière
satisfaisante , qu'autant que l'armée agira en masse ,
qu'elle sera légère , et qu'elle trouvera des passages assurés et des moyens de subsistance.

Des fortifications seront encore nécessaires pour satisfaire à la troisième.

CHAPITRE XIX.

Continuation.

Nos troupes doivent toujours être en masse ; nos
places doivent donc être grandes.

Notre armée doit être la plus forte possible ; nos
places doivent donc être le moins nombreuses possible,
et susceptibles d'être défendues par peu de monde.

Notre armée doit être légère ; nos places doivent donc
renfermer tous les approvisionnemens d'une armée.

Notre armée doit avoir la faculté de manœuvrer ; il
faut donc qu'elle puisse sortir des places, ou les traverser, avec la plus grande facilité, même en face de l'ennemi, et qu'elle ait surtout des passages assurés à travers toutes les lignes d'obstacles naturels, telles que
fleuves ou chaînes de montagnes.

Quelques points assez éloignés entre eux, fortifiés
d'une manière permanente, susceptibles d'être défendus vigoureusement par peu de monde, reliés par des
fortifications passagères, soutenus à l'intérieur par une

place permanente, ont été jugés propres à composer les places du système.

Quant à la disposition relative de ces places, on a proposé d'en faire une première ligne à trois marches de distance l'une de l'autre ; d'établir en arrière, et à trois marches, une seconde ligne semblable ; puis une troisième, une quatrième, et ainsi de suite, jusqu'à une grande place centrale.

L'emplacement particulier de chacune de ces places doit être déterminé par les conditions, d'occuper les grandes communications, les nœuds de plusieurs d'entre elles, et les points de passage jugés les plus convenables, sur les fleuves parallèles ou perpendiculaires à la frontière.

Tel est le second système présenté pour la défense des États. Il repose entièrement sur l'idée qu'on ne peut fermer exactement les passages à l'ennemi ; mais qu'une armée inférieure, manœuvrant avec adresse sur ses derrières, le forcera toujours à rétrograder, tant qu'elle ne sera pas détruite (1).

Cependant, dans le cas où un simple fort suffirait pour fermer absolument une grande route, on a cru que sa construction devait avoir lieu.

CHAPITRE XX.

Conclusions.

Des places par elles seules, quelque hypothèse que l'on admette, ne peuvent défendre un pays pendant un

____

(1) ROGNIAT : *Réponse à Napoléon*, pag. 87 et suivantes.

laps de temps considérable, si elles ne sont secondées par une armée.

Une armée seule ne peut espérer de défendre constamment un pays, si elle n'est appuyée par quelques places fortes.

Mais on peut demander à des places fortes de défendre, avec de très-légers moyens, un pays pendant un temps suffisant pour permettre de rassembler une armée.

Ce problème a eu deux solutions très-distinctes.

La première consiste à arrêter, par des obstacles physiques, l'ennemi sur les frontières. L'hypothèse sur laquelle on la fonde, est qu'il n'existe qu'un nombre limité de passages, tous susceptibles d'être bouchés hermétiquement. L'armée consiste dans les garnisons.

La seconde retient, plutôt moralement que physiquement, l'ennemi sur les frontières, par la crainte de ce qu'il aurait plus tard à souffrir, s'il franchissait ces lignes dépourvues d'obstacles. L'hypothèse qui en est la base, est qu'un corps d'armée assez fort, ayant toute facilité de manœuvrer sur les derrières de l'ennemi, couperait infailliblement toutes les communications de ce dernier, et que, dans un cas pareil, on est tellement compromis, qu'il faut à tout prix se hâter de les rétablir.

De ces solutions, la première a été mise en pratique pendant un temps ; la seconde n'existe qu'en théorie.

Un mélange, ou, pour mieux dire, une complication des deux, forme le système actuel de défense de la France ; et, par une circonstance malheureuse, il semble réunir tous leurs défauts, sans présenter tous leurs avantages.

LIVRE III.

Examen des hypothèses sur lesquelles ont été basés les systèmes précédens, et de quelques rapports qui ont été déduits comme existant généralement entre des Places fortes et une Armée.

CHAPITRE PREMIER.

Réflexion générale.

Une hypothèse, au moment où on l'établit, est ordinairement en rapport avec les circonstances environnantes.

Si, de plus, elle est accueillie et employée par les hommes instruits du temps, c'est une preuve de sa justesse. Mais cette justesse peut n'être qu'accidentelle.

Si, par cette hypothèse, on pose des bornes aux efforts des hommes, c'est une preuve que leur force, leur art, leur hardiesse n'ont point encore été au-delà.

Et si enfin, sans plus l'approfondir, on la regarde comme une base immuable sur laquelle on ne craint pas d'établir un système, la cause en est que machinalement l'on juge impossible ce que l'on est habitué à n'oser entreprendre.

Mais existe-t-il des limites que l'art, la force et le

courage réunis ne puissent franchir? Un grand homme, qui ne trouva jamais d'obstacles, a dit que non.

Un système basé sur de pareils fondemens, pourra donc se maintenir en entier pendant quelque temps; mais son existence ne sera qu'éphémère, elle passera avec la faiblesse, l'ignorance, la timidité des hommes.

CHAPITRE II.

De l'hypothèse d'une Clôture absolue dans le premier Système.

Que les chemins praticables pour franchir une frontière soient en nombre limité; que chacun d'entre eux soit susceptible d'être hermétiquement bouché par une place forte, telle est l'hypothèse admise pour base dans la défense des pays de montagnes, et dans celles des pays susceptibles d'inondations.

Long-temps cette maxime fut respectée, long-temps on crut qu'il n'y avait d'autres chemins à suivre que ceux que l'ennemi avait interceptés; il suffisait qu'il eût déclaré une partie de montagnes impraticable et sans besoin de fortifications, pour que nul assaillant ne s'y présentât (1). On attaquait de front des bicoques; le sang le plus pur, les efforts du courage le plus sublime y étaient prodigués, sans qu'il vint à l'idée de personne de regarder autour de soi (2). L'histoire déposait néan-

---

(1) Frédéric : *Instruction*, art. 18. De cette espèce sont les passages des montagnes que l'ennemi croit impraticables, et que l'on peut presque toutes passer.

(2) D'Arçon, pag. 46. Les généraux se porteront directement

moins de ce que les hommes avaient osé. Jugurtha, Alexandre, Annibal, en avaient vu se graver profondément les témoignages sur les rochers du Mulucha et des Sogdiens, et dans les gorges des Alpes; et le duc de Rohan, dans son immortelle campagne de la Valteline, avait prouvé tout ce que l'on pouvait faire.

Pourtant, il fallut accorder à des hommes hardis que, dans divers cas, ces obstacles si redoutables s'évanouiraient devant une volonté ferme et soutenue.

Ne vous fiez jamais aux montagnes; partout où passe une chèvre, un soldat passera (1), écrivit Frédéric, dans cette instruction que tout militaire sait par cœur.

Enfin, les dernières campagnes montrèrent que ce ne seraient plus seulement des soldats, mais des armées toutes entières avec leur artillerie, qui sauraient franchir ces barrières de la nature (2), et les marches rapides des Français rendirent facile ce que l'histoire osait à peine nous raconter d'Annibal.

---

contre des positions avantageuses occupées par l'ennemi, lorsque des obstacles redoutables eussent exigé qu'ils les tournassent de plus loin. — DUHESME, *Infanterie légère*, pag. 89. J'ai remarqué même dans cette campagne (1744) que les Français ne savaient pas alors attaquer en tirailleurs. Lors des attaques du Mont-Dauphin... ils ne firent qu'une colonne au lieu de s'étendre en tirailleurs pour couronner et cerner ce point.

(1) Article 27.

(2) MATHIEU DUMAS, tome 5, pag. 133. Réponse de Napoléon à l'aide-de-camp de Macdonald... « Dites à Macdonald : qu'une armée passe toujours et en toutes saisons partout où deux hommes peuvent mettre le pied.

CHAPITRE III.

Continuation.

Après de pareilles expériences, il n'est plus permis de douter; mais l'esprit veut quelque chose de plus : il a besoin d'apercevoir les causes; d'ailleurs, leur connaissance est nécessaire pour éviter des fautes.

Or, un premier examen montrera que les besoins, l'industrie active des hommes, ont toujours porté à étendre les limites de leurs ressources;

Que la contrée la plus âpre, la plus sauvage, présente toujours quelque chose à gagner au pâtre ou au chasseur, soit par elle-même, soit en conduisant à un lieu moins aride; que, par suite, il n'en existe aucune qui ne recèle dans ses flancs des sentiers qu'un long espace de temps a rendus praticables, non-seulement pour des hommes, mais pour des mulets (1);

Que pour les parties couvertes de neige, il y a toujours des laps de temps considérables où celles-ci peuvent porter sans danger ceux qui doivent les traverser (2);

---

(1) D'Arçon, pag. 112..... N'importe, l'ennemi ne put-il s'introduire d'abord que par des chemins de chasseurs, il pourrait les ouvrir, les rendre praticables, et venir occuper intérieurement des positions interceptantes.

(2) Napoléon. Gourgaud, tome 2, pag. 62. Le passage du Splungen offrait sans doute quelques difficultés, mais l'hiver n'est pas la saison la plus défavorable pour le passage des montagnes élevées : alors la neige y est ferme, le temps y est bien établi, et l'on n'a rien à craindre des avalanches, véritable et unique danger à redouter sur les Alpes

Et que, par conséquent, admettre pour seul chemin les vallées, est une hypothèse fausse.

Mais ce que quelques hommes isolés peuvent tenter avec succès, doit être bien plus facile à une armée, dont tous les membres se portent une assistance mutuelle, qu'une prévoyance active a munis de tout ce qui devait leur être nécessaire, et dont la force immense est bien au-dessus des résistances qu'ils peuvent trouver (1).

De plus, les routes ordinaires ne sont interceptées qu'en certains points; en-deçà et au-delà, on peut les pratiquer : il suffit donc de tourner l'obstacle.

Or, un examen plus approfondi en montrera la possibilité.

En considérant un pays de montagnes et le cours d'un long torrent de plusieurs lieues d'étendue, on reconnaît facilement qu'il fut une époque où il était formé par la suite de plusieurs lacs versant les uns dans les autres. Avec les siècles, les parois qui les séparaient furent brisées sous l'effort des eaux. Cette rupture arriva à la partie la plus mince; par conséquent, vers les génératrices les plus roides. Les bassins des lacs se vidèrent,

---

(1) D'Arçon, pag. 217. Heureusement nos destinées militaires ont fait disparaître, avec beaucoup d'autres inconvéniens, tous ceux qui pouvaient résulter de celle.... qui eût fait manquer des dispositions dignes de Catinat. Ce général fut en effet doué de ce talent;... on le voyait sur des sites.... où il étonnait l'ennemi par son apparition soudaine.... en se réservant le droit exclusif d'atteindre à ces camps, par les communications sauvages qu'il s'était procurées.... (note même page). Les difficultés s'aplanissent sous des mains entreprenantes : des travailleurs placés à la file à vingt pas de distance étaient distribués à travers la montagne;... c'est ainsi qu'en peu de temps on franchissait des obstacles inaccessibles.

et ne présentèrent plus qu'une suite d'entonnoirs, sillonnés à leur partie inférieure par le torrent. Cet ensemble forma la vallée. De là, il suit nécessairement que celle-ci doit être excessivement rétrécie à la rupture d'une paroi, communication d'un entonnoir au suivant ; aussi en trouve-t-on souvent d'encaissées entre deux rochers verticaux de plusieurs centaines de mètres de haut, distans à peine de quelques-uns. Ces portes sont effrayantes ; mais si avant d'y parvenir on monte, par une pente généralement terreuse et douce, la génératrice de l'entonnoir perpendiculaire au torrent, on se trouve bientôt sur un plateau, menant presque horizontalement, tant au sommet de la porte qu'à celui d'une génératrice douce du second entonnoir, dans lequel on peut par conséquent pénétrer.

On doit donc rester convaincu que ce que les armées françaises ont fait pour franchir les montagnes les plus affreuses, sera maintenant toujours faisable.

Enfin, si l'on s'étonne qu'une pareille vérité ait pu être si long-temps méconnue, on verra bientôt, en lisant l'histoire, qu'elle ne l'était pas pour ceux qui habitaient ou examinaient les montagnes (1) ; que le contraire n'é-

---

(1) Rohan : *Campagne dans la Valteline*, pag. 85..... Et c'est bien lorsqu'on reconnaît véritable que les montagnes sont comme plaines ; et qu'elles n'ont pas seulement les chemins accoutumés et fréquentés, mais plusieurs autres, lesquels, bien qu'ils ne soient pas connus aux étrangers, le sont aux gens du pays, par le moyen desquels on sera toujours mené au lieu qu'on désire, en dépit de ceux qui s'y voudront opposer : de sorte qu'un sage capitaine ne se hâtera jamais à garder des passages, mais bien se résoudra-t-il plutôt à attendre son ennemi en campagne pour le combattre ; ce qui

tait soutenu que par ceux, en grand nombre, qui n'a-
vaient pas été dans ces circonstances, et qui n'avaient
rien pour se guider dans ce labyrinthe; mais que les
grandes cartes de topographie ont, à cet égard , valu plus
que la construction de grandes routes (1).

Donc, pour un pays de montagnes, on ne peut réellement point admettre comme base de défense l'hypothèse
que le nombre des passages praticables pour une armée
est limité, et que chacun est susceptible d'être bouché
hermétiquement par une place forte (2).

CHAPITRE IV.

Continuation.

Cette hypothèse est-elle plus rigoureuse pour les pays
susceptibles d'inondations? On voit de suite que non ;
l'expérience et le raisonnement, consultés tour à tour,
s'accordent encore sur ce point.

Les inondations peuvent être séparées l'une de l'au-

---

semble étrange à qui n'en a pas vu le succès par l'expérience. Aussi
en la présente occasion, où l'on croyait être assuré des montagnes
comme d'autant de forteresses, il se trouve qu'on était ouvert de tous
côtés, et qu'à mesure qu'on bouchait un trou on en découvrait
dix : de sorte qu'il n'eût pas fallu seulement une bonne armée, mais
plusieurs, pour garder ledit pays.

(1) Cela résulte bien surtout des moyens que donne Frédéric
dans son *Instruction*, art. 5, pour reconnaître un pays couvert et
de montagnes.

(2) D'Arçon, pag. 113, note. C'est une propriété particulière
aux places fortifiées dans les pays de montagnes, de pouvoir masquer, pour ainsi dire, *hermétiquement* les passages; au lieu que
cela n'est jamais possible dans les contrées ouvertes.

tre, à leurs extrémités, par des côtés larges, élevés, et présentant un intervalle de quelques lieues. Là, se trouvera un passage pour une armée; elle tournera les places, et franchira leur chaîne ; car enfin nous n'avons pas supposé celles-ci à portée de canon entre elles.

Les inondations dans d'autres points, seront ou étroites ou peu profondes. Les franchir ne devra pas être regardé comme plus difficile que franchir une rivière, et l'on sait que c'est une opération que les grands généraux regardent comme impossible à empêcher.

Enfin, fussent-elles semblables à celles de la Hollande, le temps des gelées laissera un tel pays sans obstacles contre l'ennemi. L'histoire des guerres du Nord est pleine de pareils exemples. Cette considération n'est même point négligée pour la défense particulière des places ; on y regarde des demi-revêtemens, surmontés de parapets et de défenseurs, comme insuffisans ; pourrait-on n'en pas tenir compte pour toute une frontière?

CHAPITRE V.

Continuation.

Cette hypothèse d'une clôture exacte par le seul moyen du canon des forteresses, n'a plus été le principe général lorsqu'il s'est agi d'un pays coupé ; cependant, elle a toujours été en vue, et l'on s'est empressé d'y satisfaire, dès qu'une occasion a semblé le permettre.

Cette circonstance s'est présentée trois fois : 1° pour un grand fleuve frontière (1) ; 2° pour une grande forêt ; 3° pour une trouée étroite entre deux forêts.

---

(1) Napoléon. Montholon, tome 3, pag. 148. Les frontières des

De deux armées, séparées par un fleuve d'un cours quelque peu au-dessus d'une journée de marche, celle qui voudra le franchir y parviendra presque toujours.

Le moyen est la ruse. Couvert par un semblable rideau, on simule des passages sur des points éloignés de celui où l'on veut réellement agir; on y attire la masse de l'ennemi, et l'on franchit dans les lieux qu'il vient de dégarnir.

Il n'y a que deux manières de s'y opposer : ou se présenter à temps devant le passage, ou franchir soi-même sur un autre point. La première est, ou très-difficile, ou impossible (1); la seconde est celle d'un grand général (2). Mais toutes deux supposent une armée capable, par sa force, de lutter avec l'ennemi.

S'il n'existe sur le fleuve que des places de marche en marche défendues par leur garnison, on pourra plus rapidement être instruit du point de passage réel de

---

Etats sont, ou des chaînes de montagnes, ou de grands fleuves, ou d'arides et grands déserts ;.... de tous ces obstacles, les déserts sont sans doute les plus difficiles à franchir, les montagnes tiennent le second rang, les larges fleuves n'ont que le troisième.

(1) FRÉDÉRIC : *Instruction*, art. 20. Rien n'est plus difficile, pour ne pas dire impossible, que de défendre le passage d'une rivière ,... je ne me chargerais d'une telle commission que si le terrain avait plus de huit milles.

(2) NAPOLÉON. MONTHOLON, tome 1, pag. 78. Napoléon se porta.... vis-à-vis l'île de Lobau, ... séparée de la rive gauche par un petit bras de soixante toises ;.... il résolut de s'établir dans cette île; une fois là, il se trouverait dans un camp retranché sur la rive gauche du Danube, il avait barre sur l'Archiduc, et si ce prince se portait sur Krembs ou tel autre point pour passer le Danube et couper sa ligne d'opération, partant de l'île de Lobau il tomberait sur ses derrières et le prendrait en flagrant délit.

l'ennemi; mais cela ne donnera pas une masse imposante à présenter à son débouché. Qu'oseraient, que pourraient entreprendre contre lui les faibles garnisons des deux places voisines? Rien. Eh! si par un coup hardi, il surprenait et enlevait une de ces places, ainsi dépourvue momentanément de ses défenseurs!!!!

Lorsqu'une grande forêt, soutenue par des places fortes, bordera une portion de la frontière, elle présentera certainement des obstacles difficiles. On en trouverait également pour franchir les trouées entre deux forêts. Mais peut-on les comparer à ceux qu'ont offerts les pays aquatiques, ou les gorges des hautes montagnes? et pourtant l'expérience, bien plus forte que tous les raisonnemens, a montré l'impuissance de ceux-ci pour arrêter une armée entière; d'ailleurs, ces lignes, toujours courtes, seront généralement susceptibles d'être tournées; on doit donc encore, dans ce cas, renoncer à voir des places fortes fermer exactement l'entrée du pays qu'elles couvrent (1).

---

(1) Rohan : *Parfait Capitaine*, pag. 236. Si son pays est de difficile accès et qu'on n'y puisse entrer que par certains passages et montagnes gardées et fortifiées, il y a un grand avantage. Mais ceux qui s'y sont trop fiés.... se sont perdus par où ils croyaient être le plus assurés. S'il est entouré de la mer, c'est un bon fossé; néanmoins, le plus puissant trouvera moyen de faire sa descente dans l'île. S'il est entouré de marais et de rivières, on trouve encore moyen de les passer, surtout à cette heure qu'on a de l'artillerie pour favoriser tels passages : tellement que le plus sûr est de se fonder sur ses propres forces; à savoir, sur une bonne armée et de bonnes forteresses : je dis les deux ensemble.... encore aimerais-je mieux n'avoir point du tout de forteresse que trop,.... il en faut si peu qu'elles ne vous empêchent pas de tenir la campagne.— Prince

CHAPITRE VI.

Conséquences de ces trois Chapitres.

Arrêter l'ennemi immédiatement et directement sur les frontières, avec une petite quantité de défenseurs, était l'esprit du système fondé en partie sur l'hypothèse précédente.

Gagner du temps pour réunir les ressources de l'intérieur, en était le but.

Donc, toutes les fois que, pour désorganiser les forces et les moyens de résistance d'un État ainsi défendu, il suffira à une armée ennemie de pénétrer dans l'intérieur, on pourra regarder le succès de celle-ci comme assuré.

Mais si, par une raison quelconque, la désorganisation n'est point une suite immédiate de cette marche offensive, si elle ne peut être que le fruit d'opérations longues et suivies de la part de l'armée envahissante, alors les places auront lieu à influer, par l'action de leurs garnisons, sur les communications de l'ennemi.

Cette action doit être examinée.

DE LIGNE, tome 1er, pag. 171. Tout son chapitre des *Impossibilités*, où il soutient que tout est possible, et où il nie les impossibilités en vivres, en marches, en expéditions, en chemins, en rivières, en montagnes, en gelées, en marais, en attaques (où il cite cette réponse d'un général français au mot inattaquable : « Je ne vous entends pas, Monsieur, ce mot-là n'est pas français), en défaut de postes, en enlèvemens de places de vive force. — ROGNIAT : *Considérations*, pag. 487. A quoi bon cette multitude de petites places avec lesquelles nous nous efforçons en vain de fermer nos frontières en pays ouvert, si les colonnes ennemies peuvent passer à côté ?

CHAPITRE VII.

Différence entre la manière d'agir des forces mobiles contre les Communications de l'ennemi dans les deux Systèmes.

Cette action des garnisons contre la ligne d'opération de l'ennemi, doit être distinguée bien soigneusement de celle que l'on cherche à établir par le second système.

On a peu de forces en activité ; elles suffisent à peine pour fournir aux nombreuses places répandues sur la frontière que l'ennemi traverse. Ces places, sur lesquelles on fonde tant d'espérances, ne peuvent être laissées un instant exposées au hasard d'être enlevées de vive force par une marche imprévue : telles ont été les conditions sous lesquelles on a agi dans le premier.

Dans le second, au contraire, on a peu de places ; il faut peu de défenseurs pour les garder ; presque toutes les forces restent disponibles pour être réunies en une seule masse, faible encore à la vérité, mais pouvant entreprendre de manœuvrer en pleine campagne.

Les garnisons qui forment toute l'armée dans le premier cas, ne tenteront pas d'excursion à plus d'une demi-marche. Dans le second, ces garnisons, petites, immobiles, ne forment qu'une faible portion de l'armée, et celle-ci tout entière se porte hardiment jusqu'en vue du feu des bivouacs de l'ennemi.

Enfin, par la première méthode, les détachemens de l'armée envahissante ne seront exposés qu'en un nombre limité de points, aux attaques combinées, et, par conséquent, douteuses de quelques garnisons. Par la seconde, au contraire, l'armée elle-même, en quelque lieu qu'elle soit établie, se verra harcelée par une masse plus imposante, s'accroissant de jour en jour, et pouvant échapper légèrement à ses coups.

CHAPITRE VIII.

De l'action des Garnisons contre les Communications dans le premier Système.

L'action contre les communications, dans le premier système, dépendra :

Du nombre et de la force des garnisons ;

De la force des armées envahissantes ;

Des résistances que celles-ci auront à surmonter ;

Enfin, des ressources qu'elles devront tirer de leur propre pays, et, par suite, de la force et de la fréquence des convois.

Elle variera avec ces élémens.

CHAPITRE IX.

De la force des Garnisons, comparée à celle des Armées envahissantes.

Une frontière de cinquante lieues, menacée à la fois, n'est point une supposition forcée, car il ne faut que trois marches fortes pour aller du centre à une des extrémités.

Cette frontière présenterait vingt et une places, il faut trouver le nombre de défenseurs qu'elles exigent.

Contre un siége en règle, on peut n'avoir que peu de monde. Il n'en est plus de même contre une prise de

vive force ; il faut parer aux véritables et aux fausses attaques, il faut agir avec ordre, sang-froid, et être partout ; il faut des *soldats* (1). Leur nombre doit être pro-
portionnel au développement des places, du moins de
toute la partie attaquable.

On se fait de fausses idées sur la difficulté d'escalader
et d'enlever nos places actuelles (2). Quelques ingénieurs ont déjà signalé cette erreur, en cherchant à prouver que, dans toutes les hypothèses possibles, une
pareille attaque était moins coûteuse, sous tous les rap-

---

(1) Bousmard : livre 6, chap. 5. On m'objectera sans doute
l'exemple de plusieurs places prises ainsi ; entres autre Prague, par
les Français, en 1741, et Schweidnitz, par le maréchal de Laudon
en 1761 : mais ces deux places étaient l'une et l'autre dans des circonstances particulières. Prague, d'un circuit immense (elle n'a que 7
à 8 mille mètres), n'avait qu'une garnison d'environ mille hommes,
à laquelle on avait joint trois mille étudians ou bourgeois ;.... quant
à Schweidnitz, formée d'une vieille enceinte,... couverte par cinq
forts détachés à.... double enceinte et parapets de murs crénelés,...
dont les intervalles étaient partagés par des redoutes revêtues en maçonnerie.... et par un rempart en terre,... le tout précédé de plusieurs rangs de trous de loup ;.... sa garnison, de la plus mauvaise
espèce, n'avait pas trois mille hommes,... elle était tout entière
sous les armes la nuit de l'attaque. — Le Maréchal de Saxe, *Rêveries*, pag. 475, qui était à la prise de Prague, dit qu'il y avait deux
mille hommes de troupes et six mille bourgeois armés ; il est plus
croyable que Bousmard : en langage d'aujourd'hui, ce serait deux
mille soldats et six mille gardes nationaux.

(2) D'Arçon, pag. 21. Rien n'empêcherait en effet qu'on ne pût
escalader les remparts les plus élevés, fussent-ils surchargés d'obstacles, s'ils n'étaient éclairés, ou par des flancs à ciel ouvert,....
ou par des machicoulis qui sont aussi des flancs. — Thingano : *Le
prince de Ligne*, chap. des *Impossibilités*. La prise de Mahon, la
pointe du Diamant, la prise de Caprée.

(61)

ports, qu'un siége en règle. L'histoire de tous les temps
est pleine de pareils exemples, et si certaines tentatives
ont mal réussi, un examen approfondi en fera bien souvent trouver la cause dans l'impéritie des attaquans, ou
dans toute autre circonstance indépendante des fortifications.

C'est la même erreur qui fait que, dans un siége, on
perd, par une attaque en règle, du monde et du temps
devant un ouvrage en terre, qu'une attaque vive, mais
au moment convenable, eût fait tomber sans peine et
sans retard.

Le développement moyen du corps de place ne sera
pas moindre de cinq mille mètres. On ne peut donc pas
espérer de la défendre contre une escalade bien menée,
avec moins de quatre mille hommes.

Une armée de quatre-vingt-dix mille hommes sera
donc répartie dans toutes ces places.

Mais une disproportion de cent mille hommes à trois
cent mille entre l'État attaqué et l'attaquant, sur une
seule frontière, est un de ces événemens auxquels l'histoire des grandes guerres a habitué. Un corps de quarante mille hommes en masse, à portée de la ligne des
forteresses, suffira pour forcer les garnisons à ne pas trop
s'éloigner de leurs places, sous peine de les voir enlevées d'emblée.

Deux cent soixante mille hommes, échelonnés en
arrière par ces quarante mille, resteraient donc disponibles, dans cette hypothèse, pour marcher vers l'intérieur.

Il est donc nécessaire de supposer qu'il restera à l'ennemi une masse très-considérable pour pénétrer vers le
cœur de l'État, et l'on doit raisonner dans cette hypothèse défavorable.

CHAPITRE X.

Des Résistances que l'on peut trouver à l'intérieur.

Les résistances que l'on trouvera à l'intérieur, ne doivent pas être grandes. Nulle fortification n'y a été établie, nul moyen n'y a été préparé; le système a porté tout à la ceinture. Bien peu de troupes formeront une masse pour couvrir la capitale, puisque déjà l'on n'en avait qu'un nombre très-limité, et qu'une grande partie a forcément été jetée dans les places. Une marche rapide devra donc suffire (1). Cette marche a tous les avantages possibles, sans un seul inconvénient; plus on se hâte, plus la chance est favorable. Si, malgré cela, l'ennemi parvient à rassembler des forces, il l'eût pu mieux encore si l'on fût resté à la frontière. La position centrale que l'on vient d'occuper, est certainement bien la meilleure possible pour détruire ces ressources dès leur naissance, et pendant leur dissémination première; et si, enfin, on s'aperçoit là qu'on ne peut pas réussir, on n'eût pas réussi davantage en restant autour de ces places. Le tact du général lui indiquera le moment où il peut encore se retirer lentement, et sans pertes.

Mais ce non-succès est-il probable, lorsque l'on a déjà la capitale en son pouvoir (2), et qu'une masse imposante n'est point réunie? L'expérience de tant de guerres

---

(1) Rogniat : *Considérations*, pag. 484 et 485 déjà citées.

(2) Vauban : *De l'importance dont Paris est à la France*, Londres, 1821, pag. 20. On n'a jamais guère vu la perte d'une ville capitale d'un État, qu'elle n'ait été suivie de celle dudit État.

récentes a bien démontré que non. Tant que les armées défensives existèrent, et que les chefs du gouvernement furent couverts par elles, la possession des capitales, loin d'être décisive, ne fut pas même assurée ; mais dès qu'une bataille les eût détruites, ou que des marches rapides les eurent éparpillées et mises dans l'impossibilité d'agir en masse, alors la guerre fut terminée ; car l'ensemble manqua pour réunir une nouvelle armée.

Un seul cas serait bien difficile ; c'est celui où toute la population s'insurgerait contre l'armée envahissante. Mais cet événement n'arrivera pas généralement. Loin de là, peut-être ne se présentera-t-il jamais ? peut-être quelques exemples récens font-ils illusion sur ce point ? peut-être la France de 1793 n'eût-elle pas résisté à la marche concentrée de deux cent mille hommes sur Paris (1) ? peut-être les Espagnols de 1810 n'eussent-ils pas duré long-temps sans nos guerres d'Allemagne et de Russie ? D'ailleurs, dans ce second cas, nous étions possesseurs de toutes leurs places, ce n'est donc point à elles qu'ils durent leur résistance (2).

____

(1) ROGNIAT : *Réponse à Napoléon*, pag. 67 et 68.

(2) NAPOLÉON. MONTHOLON, tome 2, pag. 301. Si, en 1792, la France repoussa l'agression de la première coalition, c'est qu'elle avait eu trois ans pour se préparer et lever deux cents bataillons de gardes nationales ; c'est qu'elle ne fut attaquée que par des armées au plus de cent mille hommes.... — Pag. 338. Si, en 1792, on eût été attaqué par seulement trois cent mille hommes, Paris eût été pris, malgré l'énergie de la nation et les trois ans qu'elle avait eus pour s'organiser. — Pag. 88. Si Napoléon fût resté encore quelques mois en Espagne, il eût pris Lisbonne et Cadix, réuni les partis et pacifié le pays.... on a été battu par suite des événemens de la guerre, des manœuvres et des fautes de stratégie à Talaveira, à Sa-

CHAPITRE XI.

De la fréquence des Convois.

Une armée a besoin de recevoir trois choses bien différentes : des recrues, des munitions de guerre, et des munitions de bouche.

Si elle peut se passer de ces secours pendant long-temps, elle peut négliger sa ligne d'opération avec son propre pays; elle s'en crée alors d'accidentelles.

Si, au contraire, ses besoins à cet égard se renouvellent continuellement, elle doit donner le plus grand soin à maintenir des communications, qui seules la font exister.

De ces trois choses, une généralement sera fournie par le pays envahi; ce sont les approvisionnemens de bouche.

Une ville bourgeoise que l'on crénelera, que l'on fortifiera, où l'on mettra une garnison suffisante, en deviendra l'entrepôt (1).

Les recrues, les armes, les munitions ne pourront probablement venir que du pays attaquant. Mais en aura-

---

lamanque, à Vittoria. On a perdu l'Espagne après cinq ans de lutte. On a argumenté mal à propos du défaut de places fortes, l'armée française les avait prises toutes.

(1) NAPOLÉON. MONTHOLON, tome 2, pag. 5o. En fortifiant les capitales (des provinces), les généraux ont à leur disposition toutes leurs ressources, toutes leurs richesses, toute leur influence. Ils y trouvent des caves, des édifices publics, qui servent à contenir les magasins de l'armée. Ces villes ayant presque toutes eu anciennement des fortifications, ont encore des remparts en maçonnerie, ou des écluses.... ce qui est utile.

t-on un grand besoin dans l'hypothèse actuelle ? L'on ne trouvera que peu de résistances, l'on n'aura que des opérations, pour ainsi dire, de précaution à exécuter. La consommation ne sera donc pas grande. Ce que l'armée, dans son invasion, aura soigneusement amené avec elle, et déposé dans son entrepôt, lui suffira ; et si enfin des convois de cette espèce lui sont nécessaires, le corps d'observation laissé en masse devant les forteresses saura mieux alimenter l'entrepôt (1).

L'armée envahissante ne saurait donc manquer des choses qui lui sont nécessaires pour maintenir son invasion.

CHAPITRE XII.

D'une Contradiction ordinaire.

Que les places fortes composent réellement l'État ; qu'une armée d'invasion, quelques progrès qu'elle ait faits, quelques victoires qu'elle ait remportées, ne possède réellement rien, tant qu'elle n'est pas maîtresse de ces places ; que ce soit *le mur d'airain contre lequel viennent se briser la rage impuissante et l'ambition des*

---

(1) NAPOLÉON. MONTHOLON, tome 5, pag. 90. Il eût dû (le prince Eugène) ne pas faire construire les lignes de Paris, faire sa communication avec Marchiennes par des convois bien escortés ; un par mois était suffisant. — Pag. 246. Il faut avoir (dans ses lignes) ses munitions et ses vivres pour le temps présumé de la durée du siége. — FRÉDÉRIC : *Instruction*, art. 10.... Exige (le passage des convois) d'y envoyer des troupes qui y restent campées jusqu'à ce que vous ayez assez de vivres pour subsister quelques mois, et que vous soyez maîtres d'une place dans le pays ennemi, où vous puissiez établir vos dépôts.

conquérans (1) , tels sont les avantages que leur accordent bien des écrivains militaires.

La conclusion de toutes ces propriétés est nécessairement celle-ci : des forteresses garantissent la sûreté et l'intégrité de l'État dans toutes les circonstances possibles.

Et cette conclusion est, en effet, celle vers laquelle on doit toujours tendre, puisqu'elle n'est que l'énoncé du problème que l'on doit se proposer de résoudre.

Mais un pareil résultat ne peut pas être admis sans preuves.

Or, si on examine celles qui en ont été données, on remarquera qu'elles consistent toujours dans la supposition d'une armée agissant défensivement entre les places, ou couvrant la capitale directement. Cette armée, de plus, est toujours censée de très-peu inférieure à l'armée ennemie, comme de cent à cent cinquante mille hommes, par exemple.

Même s'il s'agit de justifier l'emplacement d'une place quelconque, on vient toujours y appuyer une armée (2), moyen banal que ne manquent pas d'employer à tout hasard les gens qui ne veulent que parler.

Or, quelles circonstances de plus peuvent être nécessaires pour constituer une contradiction?

---

(1) D'Arçon, pag. 3. De leur côté, les conquérans qui détestent tout ce qui peut faire obstacle à la rapidité de leurs entreprises, ont dû naturellement provoquer le mépris sur des moyens obscurs qui s'opposaient au torrent de leurs dévastations.

(2) Ce fut la raison que j'entendis donner par un officier supérieur, à un inspecteur-général, pour justifier l'utilité de la place d'Ardres,... l'inspecteur ne parut pas s'en contenter.

CHAPITRE XIII.

Conséquences des Chapitres précédens.

Les places, dans le premier système, n'empêchent jamais une armée formidable de passer.

Elles ne donnent qu'une valeur relative aux ressources de l'intérieur.

Une grande supériorité de l'armée envahissante lui assurera la possession et la désorganisation aisées de toutes ces ressources.

Cette disproportion entre les armées, l'expérience nous l'a prouvée facile.

Ce système ne garantira donc pas, dans les momens critiques, le salut de l'État; il ne résout donc pas le problème.

Qu'il soit bon pour faciliter les manœuvres défensives d'une armée, cela peut être; mais qui ne voit que c'est traiter une toute autre question? que c'est résoudre le problème avec moins de conditions qu'il n'en comporte.

CHAPITRE XIV.

De la Masse mobile dans le second Système.

Une frontière de cinquante lieues de long, et d'une profondeur égale, présentera au moins neuf places dans le second système.

Réduire à quatre mille hommes la garnison nécessaire pour défendre, dans toutes les hypothèses, chacune de ces citadelles et ses forts extérieurs, est la limite inférieure possible.

5*

Mais ces garnisons ne sont et ne seront jamais mobilisées; des hommes incapables de faire partie d'une armée active, seraient encore aptes à y figurer utilement. On peut donc, à la rigueur, admettre qu'elles n'exigeront que trois mille hommes (1).

L'armée active présentera donc une masse mobile de soixante et dix mille combattans, dans l'hypothèse du rapport de cent mille hommes à trois cent mille hommes, déjà posée précédemment, entre les forces respectives des deux armées.

CHAPITRE XV.

De l'Action de la Masse mobile.

L'armée envahissante ne peut avoir que deux buts différens en vue, dans la manière de conduire ses opérations primitives :

Ou marcher de suite à la désorganisation complète du gouvernement, pour s'opposer à toute réunion de ses forces ;

Ou détruire rapidement l'armée défensive, et, de là, se porter contre le siége même du gouvernement, pour disperser ses moyens.

L'armée d'invasion peut, si elle en a besoin, réunir ses trois cent mille hommes en une seule masse ; car les garnisons ne sont plus mobiles.

Tels sont, et son but et ses moyens. Quant à ses besoins, elle trouvera toujours, comme on l'a vu, possibilité

---

(1) Rogniat : *Considérations*, pag. 492.

d'y subvenir, car ses opérations ne peuvent encore être bien longues.

CHAPITRE XVI.

Continuation.

Désorganiser le gouvernement, d'après la première détermination, n'est plus aussi facile que dans le système précédemment examiné ; car le centre d'action n'en est plus dans une capitale ouverte, il est dans une place forte intérieure. Mais pour paralyser son effet, il suffit de couper toutes ses communications avec le reste de l'État.

Or, quelle que soit cette place, n'ayant que quelques mille défenseurs, une armée de trois cent mille hommes sera bientôt parvenue à établir autour d'elle une contre-vallation solide et complète.

Les ressources de la fortification passagère, les blokhauss ou autres réduits à l'abri d'être enlevés de vive force, pourront surtout y être employés, et cent cinquante mille hommes seront bien plus que suffisans pour maintenir ce blocus exact, et entreprendre le siége.

Les cent cinquante autres mille hommes, rendus disponibles, couvriront le siége, et agiront offensivement contre l'armée défensive de soixante-dix mille hommes, qui, quelque active qu'elle soit, se verra bientôt acculer, renfermer, et affamer dans une de ses places (1).

---

(1) NAPOLÉON. MONTHOLON, tome 5, pag. 194. Le projet du roi de Prusse de cerner une ville comme Prague, renfermant une armée de 40 mille hommes qui, il est vrai, vient de perdre une ba-

Ainsi, cette armée manœuvrière, qui, constamment établie sur la ligne d'opération de l'ennemi, devait le désoler, le harceler sans cesse, l'isoler de son propre pays, le forcer à la retraite, maintenant réduite à la plus stricte défensive, à l'immobilité d'une garnison bloquée, accablée par les projectiles et la faim, dévorée par les épidémies de Saragosse ou de Mayence, pourra ne pas se laisser abattre ; mais bientôt sera forcée de dire : *Tout est perdu, fors l'honneur* (1).

Ainsi, ce centre d'action, ce cœur du gouvernement, qui, à l'abri derrière ses remparts, devait porter l'activité et la vie dans les parties extrêmes de l'État, développer leurs forces, et les concentrer autour de lui, isolé, sans défenseurs, en proie aux feux, aux besoins,

---

taille, est une des idées les plus vastes, les plus hardies qui jamais aient été conçues dans les temps modernes.

(1) Napoléon. Montholon, tome 1ᵉʳ, pag. 295. Ce serait prendre un mauvais parti, que celui de se laisser enfermer dans un camp retranché ; on courrait risque d'y être forcé, d'y être au moins bloqué, et d'être réduit à se faire jour l'épée à la main, pour se procurer du pain et des fourrages. Il faut quatre ou cinq cents voitures par jour, pour nourrir une armée de cent mille hommes. L'armée envahissante étant supérieure du tiers en infanterie, cavalerie, artillerie, empêcherait les convois d'y arriver, et sans les bloquer hermétiquement, comme on bloque les places, elle rendrait les arrivages si difficiles que la famine serait dans le camp. — D'Arçon, pag. 41 (note). Cette proposition est relative à l'hypothèse d'une chaîne suivie de places fortes, et point du tout à celle d'un corps d'armée qui serait appuyé à une seule place isolée : dans ce dernier cas, ce corps pourrait être cerné, et comme il ne pourrait subsister qu'aux dépens des approvisionnemens de la place, il serait bientôt réduit ainsi que la place elle-même. (Or, rien ne prouve que cela n'ait lieu que dans ce cas particulier.)

aux plus sinistres soupçons, ne pourra trouver de ressource que dans la clémence de son adversaire.

CHAPITRE XVII.

Continuation.

Si la force de l'ennemi que l'on attaque gît bien plus dans l'armée que dans le gouvernement, si cette armée détruite, tout est détruit, ce pourra être une raison pour adopter le second plan d'invasion. Beaucoup d'autres considérations conduiraient au même résultat.

Dans cette hypothèse, l'armée envahissante aura bientôt renfermé l'armée défensive dans une de ses places. La disproportion de trois cent mille à soixante-dix mille est trop grande pour qu'on puisse en douter.

Mais dans laquelle des neuf? l'armée défensive ne sera peut-être pas même maîtresse de la choisir. Toutes devront donc être approvisionnées en vivres également : si, au contraire, toutes ne l'étaient pas, incapables, par cela seul, de devenir bases d'opération, elles seraient en contradiction avec l'esprit du système.

Or, que l'on considère les approvisionnemens nécessaires à une masse de soixante-dix mille hommes pendant un mois, et que l'on juge du maximum de temps que pourra tenir une pareille armée, par le fait seul d'un blocus.

Mais une fois le blocus établi, deux cent mille hommes le maintiendront sans risque. On pourra donc disposer, si l'on veut, de cent mille hommes, pour agir dans l'intérieur des provinces, ou pour la sûreté des communications, si la ligne d'opération était très-longue.

Où sera donc, dans de pareilles circonstances, le salut de l'État attaqué?

Il faut sonder les bases de ces erreurs.

CHAPITRE XVIII.

Conséquences.

Une attaque prompte contre le centre d'action du gouvernement, peut être entreprise et maintenue sans danger.

Le résultat sera d'empêcher l'organisation de ses forces.

La neutralisation des efforts de l'armée défensive, ou la destruction de celle-ci, à volonté, peuvent sans danger être l'objet d'une seconde opération simultanée.

Donc, le but du système, d'avoir toujours, soit l'armée, soit le centre d'action du gouvernement à même de rassembler, d'organiser les forces de l'État, est totalement manqué.

La raison en est que l'on y a supposé une armée défensive de très-peu inférieure à l'armée d'invasion, ce qui n'est et ne peut être d'accord avec le problème : *Le salut de l'État dans toutes les circonstances.*

CHAPITRE XIX.

Du Système mixte.

Garder les places de ceinture, établir des camps retranchés sous leur protection, construire quelques places à l'intérieur, fortifier la capitale, tels sont les moyens de ce système.

Soustraire l'État à l'effet désorganisateur d'une marche rapide sur le centre ;

Empêcher que cette marche ne puisse être de longue durée ; par conséquent la prévenir, puisqu'elle serait sans résultat en agissant contre sa ligne d'opération ;

Réduire, par suite, la guerre à une guerre de siéges ;
Tel est le but.

Or, les places, pour leur propre défense contre une attaque de vive force, absorbent toute l'armée défensive ; l'armée d'invasion pourra sans crainte..... Mais on sent qu'on va répéter ici les défauts reprochés aux deux autres systèmes.

CHAPITRE XX.

Considération générale.

Un système quelconque a généralement ses avantages et ses inconvéniens.

Des hommes d'un grand mérite ne sont jamais sans les apercevoir d'un même coup-d'œil, soit qu'ils examinent, soit qu'ils présentent eux-mêmes le système.

Donc, s'ils ne s'appesantissent pas sur les inconvéniens, c'est qu'ils les regardent comme étant de peu d'importance, ou comme n'ayant lieu que dans des circonstances qui ne se présentent jamais. Avares de paroles inutiles, ils ne veulent pas faire mention d'événemens qu'ils ne croient pas devoir s'offrir.

C'est ainsi que Vauban ne s'imagina jamais fermer hermétiquement une frontière par des forteresses, ni défendre un État sans une force mobile. Seulement, il voulut assurer le succès d'une armée peu inférieure (1).

Et si de pareils systèmes, ainsi approuvés, tombent entre les mains de gens médiocres ou enthousiastes, ceux-ci leur supposent des propriétés que leurs auteurs ne cherchèrent jamais à leur donner. Les conclusions, les raisonnemens se suivent avec ordre, et les principes d'où l'on part sont sans preuves. Type distinctif des esprits faux; car, trouver les principes est le fait d'un bon jugement; quant aux raisonnemens subséquens, ce n'est plus qu'une chose mécanique. Combien de gens qui apprennent des raisonnemens mathématiques, pour un seul qui découvre un principe, ou sait résoudre élégamment un problème difficile.

Une armée active, disponible, une armée peu inférieure à celle de l'ennemi, comme de quatre-vingt mille à cent mille, comme de cent mille à cent cinquante mille, telle fut la condition admise par ceux qui étaient capables de résoudre la question. Une différence de quatre-vingt-dix mille à quatre cent mille ne leur parut pas une chose possible (2).

---

(1) NAPOLÉON. MONTHOLON, tome 1er, pag. 291. Vauban a organisé des contrées entières en camps retranchés couverts par des rivières, des inondations, des places, des forêts; mais il n'a jamais prétendu que ces forteresses seules pussent fermer les frontières : il a voulu que cette frontière, ainsi fortifiée, donnât protection à une armée inférieure contre une armée supérieure; qu'elle lui donnât un champ d'opérations plus favorable pour se maintenir et empêcher l'armée ennemie d'avancer, et des occasions de l'attaquer avec avantage; enfin, le moyen de gagner du temps pour permettre à ces secours d'arriver.

(2) ROGNIAT : *Réponse*, pag. 79. Mais dans le cas d'une extrême faiblesse d'un côté, d'une extrême force de l'autre, je ne vois plus de bonne défensive possible.

Une armée défensive six fois moindre que l'armée
offensive, résistant avec avantage dans ces mêmes systèmes de places fortes, telle fut la conclusion de ceux
qui ne les avaient pas compris. Leur principe fut que,
malgré cette immense supériorité, l'ennemi ferait des
siéges. Mais ce principe aurait eu besoin de preuves.
Bien plus, ils admirent que l'assaillant, joignant à cette
supériorité la prise de trois places et le gain de trois
batailles, ferait encore de nouveaux siéges. Qui ne voit
que c'est assurer de prime-abord, ce qui précisément
était la question (1) ?

---

(1) D'Arçon, pag. 11. Supposons, pour un moment, que l'ennemi ne puisse pénétrer sans entreprendre le siége d'un de ces con-
treforts avancés ; il faudra (pag. 12) faire le pivot de toutes
les opérations d'une campagne ; (pag. 13) ce n'est encore là que
l'énoncé des vues qu'on se propose de développer.... (pag. 15) Or,
deux armées sont en opposition,... elles sont en équilibre,... dès
que l'action commence, cet équilibre n'est plus qu'une affaire de
quelques heures.... (pag. 16) Or, remarquez la différence, même
entre deux armées très-inégales, mais dont celle qui est encore numériquement faible a su se réserver le secours de forces artificielles !
elle trouve à l'appui des places, la liberté de refuser le combat
aussi long-temps qu'elle veut : l'armée attaquante n'osera dépasser
ces arènes (qui le prouve ?). Elles l'arrêteront.... ce sont des os à
ronger. Elle sera forcée de s'attacher à celles de ces forteresses qui
intercepteraient ses communications si elle s'avançait : ainsi donc,
elle est réduite à se morfondre.... pendant 40 ou 50 jours ;... dans
cet intervalle, l'armée défensive, quoique faible, a pu se soutenir
en observation :.... (pag. 17) la conséquence rigoureuse serait que
six mille hommes qui... pourraient se soutenir ainsi 40 jours contre
cinquante mille, jouiront.... d'une consistance plus assurée, qu'en
champ ouvert une armée égale à celle des attaquans.... (pag. 35)
Car, (supposant l'armée battue) qui sait quelles en seraient les suites,
si l'armée se proposait d'atteindre au centre du gouvernement ;...

CHAPITRE XXI.

Raisonnement plus simple.

Une longue paix, des dissensions intestines, de grands revers après de longs et brillans succès, peuvent accu-

---

rien de semblable ne peut arriver dans le système des frontières fortifiées, et pourtant les armées défensives pourront être réduites numériquement au sixième de ce qu'elles devraient être pour opérer à force ouverte.... (pag. 36, 37 et 38) Nous supposerons trois lignes de places... en échiquier à six lieues de distance,... (pag. 39) l'ennemi se présente avec de grands moyens d'agression,... l'armée défensive... deviendra libre d'accepter ou de refuser... en occupant des positions à hauteur de la deuxième ligne,... elle ne pourra y être attaquée. (pag. 40) L'agresseur ne pourra faire un pas en avant,... car il laisserait une armée sur ses derrières;... et même, sans cette armée, les places bien pourvues suffiraient pour qu'il n'osât les dépasser. Il serait donc réduit à entreprendre d'abord le siége de l'une des places de la première ligne. (pag. 42) Dans ce cas, l'armée défensive renforcée attaquerait sans hésiter,... le pis aller... serait la continuation du siége; ... supposons... le sort d'une seconde bataille encore favorable à l'ennemi.... et la perte d'une des places avancées,... ce qui aurait employé le tiers d'une campagne (50 *jours*);.... suivons la même hypothèse,... une suite de revers semblables,... l'attaquant parvenu à la possession de l'une des places de seconde ligne.... (pag. 44) Supposons une troisième campagne,... la perte d'une troisième place.... que l'ennemi parviendrait en effet à faire une trouée!!! Observez d'abord qu'elle serait trop étroite, et que ses derrières ne seraient point encore assez libres relativement aux places collatérales, pour qu'il osât tenter de pénétrer; il serait forcé d'entreprendre une quatrième campagne et de nouveaux siéges. A la fin il renoncerait d'épuisement. (*Nous croyons n'avoir supprimé aucun raisonnement intermédiaire.*) — NAPOLÉON. MONTHOLON, tome 5, pag. 243. Le roi de Prusse devait-il au com-

muler contre un État-des forces sextuples de celles réunies pour le défendre.

Il n'y a point de génie militaire qui puisse prévenir
de pareils événemens.

Dans une telle disproportion de forces , le système
actuel de places ne peut empêcher la chute de l'État
attaqué.

Car, si le contraire de ces deux propositions était possible , Napoléon l'eût bien fait voir en 1814. Quelles
circonstances réuniront jamais un tel général, de tels
soldats et de tels adversaires?

CHAPITRE XXII.

Conclusions.

Les systèmes de places fortes présentés jusqu'à ce
jour, ne résolvent nullement le problème de garantir
constamment le salut de l'État.

Ils ne peuvent être supposés y parvenir que dans le
cas d'une clôture exacte , ou dans celui d'une légère
disproportion entre l'attaquant et l'attaqué ; car ces hypothèses sont réellement la base des raisonnemens de
ceux qui les ont créés ou soutenus.

---

mencement de la campagne assiéger Olmutz? Non ,... ce n'était pas
à prendre Olmutz qu'il devait employer les mois d'avril, mai et
juin ,... mais à battre Daun et à détruire son armée. Il le pouvait ,
elle était faible au commencement de la campagne ; et cela fait, il
devait, de concert avec le prince Henri, détruire l'armée du duc
de Deux-Ponts.

Ces hypothèses, jadis, purent être adoptées comme ayant toujours lieu. Mais le temps ayant montré de nouvelles conditions pour la défense constante et assurée d'un État, les solutions précédentes sont loin d'être suffisantes.

LIVRE IV.

Examen de la question à résoudre ; nouveau projet pour y parvenir.

CHAPITRE PREMIER.

De l'Action de l'Armée envahissante.

La force d'une armée d'invasion de quatre cent mille hommes, contre une nation de trente millions d'habitans, n'est point réellement physique ; elle est toute morale.

Si l'amour de la patrie était la principale passion, le premier besoin d'une telle population, il n'y a ni surprise, ni imprévoyance qui pût l'empêcher de détruire cette poignée d'attaquans.

Mais un pareil mouvement n'est plus probable, et il faut écarter toute illusion dans la question qui s'agite ; il faut ne s'appuyer que sur des bases certaines ; il faut donc tout examiner froidement.

CHAPITRE II.

De la Population.

Une nation, actuellement, se compose de deux parties distinctes ; la population, et le gouvernement.

La population est une masse sans cohésion, formée
d'individus qu'aucun lien réel ne réunit; l'intérêt personnel, l'égoïsme extrême, sont les seules bases des relations qui existent entre eux (1).

Une telle masse, abandonnée à elle-même, se dévo-
rerait bientôt.

Le gouvernement est la réunion de ces pouvoirs que
la force des circonstances à créés pour empêcher un
pareil événement; c'est lui qui doit maintenir l'ordre.

L'ordre, aux yeux de la raison, serait de réunir l'ensemble des efforts et des travaux de chaque individu
pour le bonheur de tous.

Mais ce n'est point le sens qu'on y attache vulgairement; maintenir, dans les relations individuelles, l'abstraction totale de la violence physique, assurer les avantages quelconques que les autres moyens ont procuré,
s'ils sont revêtus de certaines formes convenues, décla-
rées légales; telle est la vraie signification de ce mot
auprès de la majorité des populations.

De front avec un pareil principe, s'en présente un
second : l'argent est le gage représentatif de tout, sans
excepter la gloire ni l'honneur (2).

Les membres de ces populations sont respectivement
et individuellement en état d'hostilité réciproque (3),

---

(1) Maréchal de SAXE : *Rêveries*, pag. 12. Cet assemblage d'hommes oppresseurs et opprimés, forme ce qu'on appelle la société.

(2) LLOYD, pag. 12. La bourse a succédé au portique et au lycée,
et des banquiers sont les philosophes de nos nations modernes.

(3) D'AGUESSAU : *Discours* de novembre 1715. Nous ne connais-
sons d'autres citoyens que ceux dont nous désirons la faveur, ou
dont nous craignons l'inimitié; le reste n'est plus pour nous qu'une

c'est une véritable et continuelle guerre civile ; mais avec un autre droit des gens (1) : maintenir ce droit, est maintenir l'ordre ; employer la ruse, les spéculations financières, est combattre ; augmenter sa fortune personnelle, profiter du travail, des facultés des autres, est triompher.

Dans ce conflit, rien n'est estimé que par le produit net qu'il rapporte ; de vils animaux y sont prisés plus que des populations entières, et l'on voit de nos jours les Gaëles, ces restes des antiques Celtes, expulsés de leurs foyers par ceux-là même qu'ils défendirent pendant tant de siècles, remplacés sur leur terre natale par des troupeaux de moutons. La honte de les trahir n'a pu entrer en balance, dans le cœur des chefs de leurs clans, avec le profit de la trahison (2).

Le droit de se faire cette guerre, d'exercer ces spéculations comme on le juge convenable à son propre intérêt, est désigné sous le nom de liberté individuelle..... Étrange abus d'un mot sacré !!! étrange synonyme de licence !

---

nation étrangère et presque ennemie. — Montesquieu : *Esprit*, livre 20, chap. 2. Mais si l'esprit de commerce unit les nations, il n'unit pas de même les particuliers. Nous voyons que dans les pays où l'on n'est affecté que de l'esprit de commerce, on trafique de toutes les actions humaines et de toutes les vertus morales.

(1) Montesquieu : *Esprit*, livre 1er, chap. 2. Toutes les nations ont un droit des gens, et les Iroquois même, qui mangent leurs prisonniers, en ont un. — Livre 18, chap. 12. Ces peuples.... auront entre eux bien des sujets de querelles,... ils auront autant de choses à décider par le droit des gens, qu'ils en auront peu à décider par le droit civil.

(2) Dubois Aymé : *Questions d'économie politique.*

Profiter de son industrie, c'est jouir légalement de cette liberté ; mais l'emploi de cette industrie connaît aussi quelques limites.

Celui, par exemple, qui n'a pour lui que la force, le courage et un cœur élevé, n'aura d'autre ressource que la faculté éventuelle de se vendre, momentanément du moins.

Un être vil, aux volontés altières duquel il devra se soumettre, taxera lui-même le prix de ses sueurs, et par industrie, le taxera le plus bas possible. S'il ne veut pas se plier à ces conditions, ou s'il ne trouve un maître, il sera libre de mourir de faim.

Forcé par cette terrible alternative, s'il va, poussé par une fortune plus heureuse, prendre place dans les rangs d'une armée ennemie, il se verra dévoué à une mort ignominieuse sur un échafaud.

Ainsi l'on impose des devoirs à celui qu'on eût laissé mourir de besoins et de misère : on arrête sa seule industrie possible.

Mais si, possesseur d'immenses capitaux, prenant pour guide non son besoin, mais son avidité, il les eût, par une opération financière lucrative, mis à la disposition de cette même puissance ennemie, il pourrait rester sans crainte sur le sol de cette patrie dont il aurait favorisé la dévastation.

CHAPITRE III.

Du Gouvernement.

Le maintien d'une telle convention exige nécessairement l'établissement d'une puissance coercitive, pour empêcher ceux qui n'ont que la force d'y avoir recours. Telle est la source du gouvernement; quant à sa forme, elle variera.

Ce gouvernement, quelle que soit cette forme, a un but général en vue, le bonheur de tous les individus (1). Il profite, pour cela, de la force mise entre ses mains; mais ce but, il y tendra plus ou moins, suivant cette forme même.

Ce gouvernement est le lien artificiel qui réunit en une masse ces molécules sans adhésion. Rompu, elles obéiraient à la force répulsive qui les anime.

Ce gouvernement est donc ce qui constitue réellement l'État, et s'il se trouve remis entre les mains d'un seul homme, celui-ci pourra répéter avec justesse ces paroles d'un grand roi : *l'État, c'est moi.*

Ce gouvernement, avec nos répulsions actuelles, est forcément la patrie; et sous ce point de vue, dans un État monarchique, on doit regarder comme vrai ce principe: *Qui sert son Roi, sert sa patrie* (2).

CHAPITRE IV.

De l'Inertie.

De cette dissidence entre les membres de la population, de cette opposition du gouvernement à la volonté

---

(1) *Réforme dans la législation militaire*, pag. 116. La politique n'est autre chose que l'art de rendre les peuples heureux.

(2) *Réforme dans la législation militaire*, pag. 133. Dans une monarchie constitutionnelle, on ne sépare pas le prince de la patrie; servir l'Etat, c'est servir tous deux. La majesté du peuple réside dans la personne du Prince.

constante de ceux qui ne tendent qu'à profiter de leurs richesses pour maîtriser leurs concitoyens, de l'ignorance d'une partie de ceux qu'on veut protéger, mais qui ne le sentent pas, résulte une extrême difficulté de rassembler promptement, après un grand revers, de nouvelles forces pour la défense de l'État.

Aux yeux des spéculateurs, le gouvernement n'est établi que pour protéger le libre exercice de leur industrie, moyennant certains impôts. Or, par le droit des gens actuel, le vainqueur garantit les propriétés et ce même exercice ; mais l'impôt s'en trouve augmenté. Dans cette augmentation, réside la cause qui engage à désirer ne pas être vaincu.

Mais si la guerre est longue et laborieuse, si des premiers revers ont été éprouvés, l'impôt ordinaire s'accroît. De plus, les bras qui se vendaient pour un morceau de pain, se trouvent à même d'exiger un salaire plus convenable, de jouir réellement d'une certaine liberté, parce qu'une portion considérable d'entre eux est employée à l'armée. Des capitalistes voient alors diminuer, tout à la fois, leur influence et leurs profits. Cet état leur paraît insupportable : une défaite prompte leur coûterait moins ; elle leur ramènerait des bras à bas prix : ce serait une spéculation commerciale.

De là, ce cri, *qu'on est fatigué de la guerre,* si extraordinaire dans la bouche de ceux qui n'y ont réellement point participé.

De là, cette tiédeur, cette impassibilité presque absolue à la vue de nouveaux revers, ce refus total de secours aux défenseurs de l'État. On paraîtrait presque attendre leur chute dernière avec impatience (1).

----

(1) D'Aguesseau : *Discours* déjà cité.... Et quelques fois même,

Quant aux classes ouvrières, imitant ce qu'elles voient, répétant ce qu'elles entendent, elles ne se présentent pas davantage ; elles ignorent que bientôt l'augmentation de leur nombre détruira leur aisance et leur liberté actuelles.

De là enfin, cette inertie totale de la population au moment de la conquête. .

CHAPITRE V.

Conséquences et première Condition.

Le gouvernement ne pourra donc réunir de nouveaux moyens de résistance, qu'autant qu'il sera dans le cas d'exercer une action réelle sur la majorité de la population.

Ceux même, toujours en trop petit nombre, dans le cœur desquels brille encore une étincelle du feu sacré ; ceux qui, préférant l'honneur national au repos et aux richesses, sont toujours prêts à verser leur sang, à prodiguer leurs travaux et leurs veilles pour acquérir une parcelle de gloire ; ceux enfin qui, ne désespérant jamais du salut de la patrie, voleraient au secours de l'État, arrêtés, embarrassés par cette multitude de liens légaux qui entravent tant d'opérations, ne pourront le faire qu'après un appel préalable du gouvernement, et lorsqu'un point de concentration leur aura été désigné.

Il faut donc que les dispositions défensives soient

spectateurs oisifs du naufrage de la patrie ; telle est notre légèreté, que nous nous en consolons par le plaisir de médire des acteurs. Un trait de satire.... nous dédommage de tous les malheurs publics.

telles que , quelle que soit la force envahissante , le gouvernement garde toujours ses relations libres et entières avec toutes les parties de la population , et qu'il soit à même , en tout temps., d'en tirer et de recevoir d'elle des ressources de tout genre.

C'est pour n'avoir pas pu satisfaire à ce principe que les systèmes précédens se sont trouvés insuffisans : une marche rapide d'une armée supérieure produisait bientôt la désorganisation de l'État.

CHAPITRE VI.

D'un Principe général.

Partager ses forces, c'est se faire battre en détail.

La guerre défensive mène aux détachemens ; car les généraux peu expérimentés veulent conserver tout : ceux qui sont sages n'envisagent que le point principal ; ils souffrent patiemment un petit mal, pour éviter de grands maux. Qui trop embrasse mal étreint (1).

Tels furent les principes du grand Frédéric. L'expérience des dernières guerres est venue se joindre à la sienne pour en démontrer toute la vérité.

Les avoir toujours en vue dans le problème de la défense des États, est une condition absolue ; les négliger serait tout perdre.

----

(1) Frédéric : *Instruction*, art. 10.

CHAPITRE VII.

Nouvelle Condition.

Le système de défense doit donc être tel , que toutes les forces disponibles puissent, *à volonté et indubitablement,* se réunir en une seule masse, dans toutes les circonstances possibles ;

Que cette masse soit *indestructible* pendant un grand laps de temps ;

Et qu'enfin cette masse puisse recevoir, *indubitablement* encore , toutes les ressources que le gouvernement réunit, au fur et à mesure qu'il les mobilise.

Ces conditions, les systèmes précédens n'y satisfont nullement; ils ne tendent, au contraire, qu'à disséminer les ressources : ceux même qui semblent s'en rapprocher le plus, sont encore fondés sur cette dissémination ; comment pourraient-ils sauver l'État ?

CHAPITRE VIII.

Par quel moyen les Systèmes précédemment exposés satisferaient à toutes ces Conditions.

Ces systèmes présenteraient un moyen infaillible de sauver l'État , si les masses qui les composent n'étaient pas essentiellement immobiles.

Si ces places fortes, avec toutes les ressources qu'elles renferment, pouvaient se porter en arrière, à mesure de l'invasion de l'ennemi , si elles pouvaient venir toutes, des divers points des frontières, se grouper en une masse unique , à portée de canon les unes des autres , si toutes

les forces disponibles campaient entre elles , si le siége
du gouvernement y était renfermé, la résistance de l'État
serait portée au maximum possible au moment de l'invasion.

La totalité des ressources réunies dans ce camp retranché le rendrait inattaquable.

Son immense contour de plusieurs marches de longueur, le soustrairait à un blocus ; les communications
avec l'intérieur resteraient établies.

Le gouvernement pourrait faire entendre sa voix aux
diverses parties de l'empire ; les secours pourraient le
rejoindre , et cette armée , invulnérable au sein de cette
nouvelle place forte , s'accroissant rapidement de jour
en jour, verrait bientôt réunies en sa faveur toutes les
chances de succès.

CHAPITRE IX.

Idée de ce Moyen.

Pour être à même d'apprécier le résultat, il faut se
faire une idée exacte du moyen destiné à le produire.

Je veux y parvenir en prenant toujours la France pour
exemple.

Ce royaume compte environ cent cinquante places ou
points fortifiés.

Le terrain , battu par le canon de chacune d'elles ,
peut, terme moyen , être estimée à une lieue carrée.

Toutes ces places, groupées défensivement, occupe-
ront donc un espace de cent cinquante lieues carrées,
c'est-à-dire un cercle de plus de quatorze lieues de diamètre , de plus de six marches de circonférence.

Que l'imagination se figure, s'il est possible, ce vaste espace de cent cinquante lieues carrées, sur lequel l'ennemi ne peut mettre le pied; ces cent cinquante places de guerre serrées en masse, pour ainsi dire, et qui, de tout côté, vont à l'œil se confondre avec l'horizon; cette accumulation de tous les moyens, de toutes les richesses militaires d'un vaste État; ce rendez-vous général et facile de tous ceux que l'honneur ou le gouvernement somment de s'y rendre, et que l'on dise si une armée de quatre cent mille hommes ne se sentira pas glacer de terreur, lorsqu'un tel spectacle frappera sa vue.

CHAPITRE X.

Nouveau Projet fondé sur l'emploi de ce Moyen.

Si un pareil moyen est en effet insurmontable, s'il porte de suite la résistance de l'État au maximum possible, s'il offre à cette résistance tous les moyens nécessaires pour s'augmenter indéfiniment, sans jamais risquer son décroissement même momentané, un projet de défense, fondé sur son emploi, ne pourra pécher que par sa trop grande généralité.

Quelques conditions de moins permettent, en effet, fort souvent de tendre à un double but; mais ici, elles ne peuvent être diminuées. Il n'en existe même qu'une seule à la rigueur; car elle les comporte toutes : *le salut assuré de l'État dans toutes les circonstances possibles.*

Or, employer ce moyen ne peut se faire que d'une seule manière. Il faut, pour cela, créer d'avance cette immense place intérieure.

CHAPITRE XI.

CONTINUATION.

De la grandeur de la Place centrale.

La grandeur de cette place sera nécessairement dépendante du développement de son périmètre.

Ce développement est la partie essentielle à déterminer ; il sera lui-même dépendant de la quantité de défenseurs probable dans les momens critiques, et de la force des armées envahissantes.

On conçoit, en effet, que le contour étant de sept marches ; par exemple, si l'armée envahissante, forte de sept cent mille hommes, s'y établit de marche en marche, par masses de cent mille hommes chacune, et si les défenseurs ne peuvent pas mobiliser une masse de plus de soixante à quatre-vingt mille hommes, le blocus exact deviendra immanquable.

Un examen attentif de la situation absolue et relative de la nation, fournira les premières données nécessaires pour cette détermination.

CHAPITRE XII.

CONTINUATION.

Des Elémens de la Place centrale.

Le nombre des combattans renfermés dans cette place, ne sera pas l'expression de la masse que l'on peut mobiliser ; car il faut en déduire préalablement tous ceux qui devront être laissés à la garde particulière de chaque pièce de fortification.

De la forme et de la grandeur de ces élémens, résultera nécessairement le nombre de leurs défenseurs.

Il faut donc reconnaître, premièrement, le but exact de ces pièces de fortification, puis tâcher de l'atteindre de la manière la plus économique; en hommes d'abord, et en argent ensuite.

Le but est d'assurer l'existence d'une batterie assez imposante de bouches à feu de forts calibres. Cette batterie devra rendre inhabitable le terrain réellement soumis à ses feux, et soutenir les batteries voisines.

Cette batterie exigera pour son service un certain nombre d'hommes. Faire en sorte que ceux-ci soient suffisans pour la défendre immanquablement contre une attaque de vive force de l'armée ennemie, serait la solution la plus complète de ce problème particulier.

On peut espérer d'en approcher beaucoup. Pour cela, des maçonneries seront nécessaires; mais des escarpes hautes ne suffiraient pas : une escalade réussirait. Il faut que les défenseurs soient enfermés hermétiquement dans des boîtes de forte maçonnerie (s'il est permis de s'exprimer ainsi), à flanquemens et à étroits crénaux; il faut que, quelle que soit la valeur de l'assaillant, elle ne puisse aboutir qu'à le laisser presque indéfiniment sous des feux croisés, et à bout portant.

Des fossés à feux de revers, des remparts sur voûtes à escarpe et à contrescarpe intérieure, un réduit ou caserne défensive voûtée, intérieure, seront les élémens immanquables de cette solution.

La force particulière de chacune de ces batteries, leur distance mutuelle, leurs positions respectives dépendront du terrain. Ce ne sera probablement pas une plaine rase, sans accidens d'aucune espèce, comme le désert; il s'y rencontrera du roc, des rivières, des marais, et ces circonstances influeront encore sur le nombre des points fortifiés.

CHAPITRE XIII.

De l'Emplacement de la Place centrale.

Cet emplacement ne sera, ne pourra être une chose indifférente.

Pour recevoir plus facilement les secours, pour communiquer plus généralement avec la nation, il devra occuper une position centrale; mais ce centre ne sera pas pour cela celui géographique, celui de figure; ce sera celui des ressources. Les provinces chez lesquelles l'honneur, la gloire, l'enthousiasme national s'éveillent le plus facilement, seront celles qu'il faudra principalement considérer; car les hommes seront toujours ce dont l'on aura le plus besoin. Le centre de gravité de ces masses, s'il est permis de s'expliquer ainsi, serait celui satisfaisant à ces conditions.

La difficulté des abords, des communications, surtout entre les points du périmètre extérieur, par de grandes masses, la facilité, au contraire, d'arriver pour les hommes ou les petits corps isolés, la forme, la composition du terrain intérieur pour économiser les fortifications, formeront, par leur ensemble, une seconde condition pour déterminer l'emplacement à prendre.

Enfin, que cette position soit stratégique, qu'elle favorise, qu'elle fasse naître le plus possible les combinaisons du génie, lorsque les forces adverses commenceront à se contre-balancer; qu'elle offre les moyens

d'une invasion redoutable chez l'étranger, chez l'ennemi (1), dès qu'il aura éprouvé de premiers échecs ;
que par elle l'on puisse, en peu de marches, reporter
chez lui toutes les horreurs, toutes les calamités de la
guerre, et l'on aura rempli une troisième condition extrêmement importante à observer.

L'emplacement qui satisfera le mieux possible à toutes
ces conditions, sera le meilleur à occuper. Il faudra probablement sacrifier une partie plus ou moins considérable de chacune d'elles. L'examen attentif du royaume
et de ceux qui l'environnent servira à guider dans ce
choix ; mais du moins leur généralité, jointe à celle du
moyen proposé, ne prescrira jamais un point mathéma-
tique, mais permettra d'osciller entre des limites assez
étendues, et ce sera une facilité.

CHAPITRE XIV.

*Qu'il ne doit pas exister d'autres points fortifiés dans
le Royaume.*

Le but que l'on s'est proposé d'atteindre, par la construction de la place centrale, a été de pouvoir *indubitablement* réunir en une masse unique, et *sans exception
aucune,* toutes les ressources militaires de l'État dans
une position où elles fussent invulnérables.

Créer de nouveaux points fortifiés, serait, en général,
marcher dans un sens diamétralement opposé.

En premier lieu, ils exigeraient des garnisons et des

---

(1) CICERO : *De officiis*, lib. 1. Hostis enim apud majores
nostros is dicebatur, quem nunc peregrinum dicimus.

approvisionnemens qui diminueraient d'autant les forces de la place centrale.

En second lieu, il serait à craindre qu'après une défaite ou de fausses manœuvres, ils n'engageassent des corps considérables à aller se camper sous leur canon, et à se voir par là entièrement coupés de la grande place. Les faux mouvemens, les probabilités de malheur, rien en un mot n'eût été basé sur le secours à espérer de ces points, s'ils n'eussent existé. Des pertes un peu plus fortes s'en seraient peut-être suivies; mais elles n'eussent été que momentanées; elles n'eussent été que bien légères, en comparaison du mal produit par le vide laissé par ce gros corps dans l'armée centrale (1).

Les fortifications de l'Etat se réduiront donc généralement à la place centrale.

CHAPITRE XV.

Des Exceptions forcées à ce Principe.

Il peut exister des richesses militaires, des machines qu'on ne puisse enfermer dans la place centrale, et qui,

---

(1) NAPOLÉON. MONTHOLON, tome 5, pag. 279.... Il ne leur restera de ressource que dans la valeur et l'obstination, et que de choses ne leur a-t-on pas vu faire! Si les vingt-deux bataillons.... qui posèrent les armes à Hochstett.... se fussent battus,... ils eussent certainement regagné l'aile gauche et fait leur retraite;.... que de choses qui paraissent impossibles ont été faites par des hommes résolus;.... plus vous tuerez de monde à l'ennemi, et moins il en aura le jour même ou le lendemain pour se porter contre les autres corps de l'armée.... Il n'est pas douteux qu'un général qui prendrait un tel parti (disloquer son armée la nuit, en confiant à chaque individu son propre salut, et indiquant le point de ralliement) sauverait les trois quarts de son monde.

cependant , doivent être forcément soustraites à l'ennemi.

De ce nombre , seront nécessairement toutes les ressources , tous les attirails maritimes.

On peut les partager en deux grandes classes : les
flottes, et les arsenaux.

Les flottes doivent habiter , parcourir les mers. Ce
n'est point pour rester cachées dans des rades qu'elles
sont faites , c'est pour menacer et attaquer à chaque
instant l'ennemi : elles trouveront leur salut et leur
gloire dans leur courage , leur vitesse et leur longue expérience maritime.

Mais elles ne peuvent pas toujours naviguer ; elles ont
besoin d'un asile où elles soient inattaquables , et où
elles puissent réparer leurs pertes et leurs avaries. Le
port qui les recevra doit donc leur présenter ces ressources , qu'il renferme donc l'arsenal même qui les a
construites. Il sera entouré de fortifications forçant l'ennemi à se tenir au loin de toute part.

Mais ces ports , combien doit-il en exister ? Un seul
sur chaque mer.

Ce port peut renfermer à la fois toutes les forces mobiles du royaume. Sa grandeur s'ensuivra nécessairement.

Quant à sa position , les considérations militaires
maritimes la détermineront ; mais une des principales
sera que , par certains vents favorables pour sortir, les
escadres de blocus soient contraintes de tenir la haute
mer.

La réunion forcée de toutes les flottes en une seule

masse, favorisera les opérations offensives au plus haut point (1).

Et dans une guerre maritime malheureuse, ce seul point de retraite n'occasionera peut-être pas de plus grandes pertes que l'existence de plusieurs.

CHAPITRE XVI.

Continuation.

L'exclusion absolue des flottes étrangères de tous les mouillages du royaume, la différence entre le droit des gens sur terre et sur mer (2), l'apparition toujours si prompte, si imprévue des voiles ennemies sur la plage, forcent nécessairement aux batteries de côte.

Ces batteries, par l'étendue de leur portée, par la terreur qu'inspirent leurs projectiles à des vaisseaux qu'un seul instant peut anéantir, parviendront toujours à éloigner ceux-ci dans les circonstances ordinaires; mais jamais elles ne pourront parvenir à empêcher un débarquement; le tenter serait chimère (3).

---

(1) Mathieu Dumas, tome 7, note 7. Le système d'armement d'une puissance maritime doit être tellement combiné, qu'elle puisse mettre en mer en même temps la totalité de ses forces navales disponibles.

(2) Napoléon. Gourgaud, tome 2, pag. 93. La civilisation.... a entièrement changé le droit des gens dans la guerre de terre, sans avoir eu le même effet sur celle de mer.... Le droit des gens qui régit la guerre maritime est resté dans toute sa barbarie.... Si l'Angleterre seule eût été législateur dans la guerre de terre, elle eût établi les mêmes lois qu'elle a établies dans la guerre de mer : l'Europe serait alors retombée dans la barbarie.

(3) Napoléon. Montholon, tome 2, pag. 232. La descente en

Ces batteries doivent donc se composer de quelques pièces, renfermer tout ce qui leur est nécessaire, exiger peu de monde, être à l'abri d'une attaque de vive force. Des fortifications peu étendues y parviendront ; le problème a été résolu, réglémentairement du moins.

Mais ces batteries doivent être réduites au minimum possible. La configuration du littoral maritime déterminera ce nombre ; seulement, entre le défaut d'en mettre trop ou trop peu, on ne saurait hésiter ; le dernier serait le moins grave pour le salut de l'État.

CHAPITRE XVII.

Des Troupes habituellement réunies dans la Place centrale.

Tout ce qui compose l'armée de terre, tout ce qui généralement tient à elle, devra habituellement être réuni dans la place centrale.

Ces troupes se partageront toujours en deux parties distinctes, et dont les services, comme les qualités, seront de natures différentes.

La première formera la garnison constante de la place même : ce seront de vieux soldats, que leurs travaux ont rendu incapables de soutenir les fatigues, les privations inhérentes à une guerre de mouvemens ; mais qui, dans leurs fortifications couvertes, seront, par leur sang-froid et leur vieille expérience, excellens pour écraser les masses de l'ennemi.

Angleterre a toujours été regardée comme possible,.... l'armée anglaise, disséminée pour la défense des côtes, ne se fût pas réunie à temps pour couvrir la capitale une fois la descente opérée.

La seconde, mobile, manœuvrière, destinée à agir par sa masse et par sa vitesse, sera toujours prête à s'en élancer pour marcher contre l'ennemi. Habitant ensemble dans ce vaste camp, tous les soldats de l'armée s'y connaîtront, deviendront des frères d'armes; manœuvrant ensemble, ils y contracteront l'habitude des marches, ils y apprendront la guerre.

Ainsi, soit en paix, soit en guerre, la place centrale sera toujours la ville de l'armée, la ville des soldats (1).

CHAPITRE XVIII.

Des Arsenaux de la Place centrale.

Le but de la place centrale est l'unité de l'armée et de ses ressources ; elle doit donc réunir tout ce qui est armes ou munitions de guerre.

Les y rassembler après leur confection serait un moyen; mais qui n'en voit l'insuffisance et les inconvéniens militaires ?

Les y confectionner toutes au contraire, sans aucune exception, satisferait entièrement à la question.

Dénuée d'armes, de poudre, de projectiles, par suite de la plus extraordinaire insouciance ou des plus grands revers, l'armée, du moins, ne pourrait être coupée de ses arsenaux, et bientôt elle verrait se rétablir, se re-

------

(1) Lloyd, pag. 156 et suivantes. Tout ce qu'il dit des quartiers perpétuels. — D'Arçon, pag. 32. C'est ainsi que le génie fortifian loin d'affaiblir l'esprit militaire, lui prêtera de nouvelles forces pour en déployer l'énergie (*propriété bien plus inhérente à la place centrale unique, qu'aux places disséminées de d'Arçon*).

créer toutes ses ressources physiques dans ces lieux mêmes destinés à retremper son moral et son énergie.

Ainsi, la ville des soldats deviendrait la ville de l'industrie militaire (1).

CHAPITRE XIX.

Des Magasins de la Place centrale.

Une telle réunion de soldats, d'ouvriers, de chevaux, produirait une grande consommation.

Cette consommation devrait être assurée pour toutes les circonstances possibles.

La place centrale devrait donc réunir tous les magasins et accessoires nécessaires à la subsistance et à l'entretien de l'armée. Cette centralisation de l'administration de toutes les forces du royaume, assurerait essentiellement la bonté constante de celle-ci; car tout serait vu du même coup-d'œil, et à tout moment.

CHAPITRE XX.

Des Abords de la Place centrale.

Pour satisfaire à ces conditions, la place centrale devra recevoir, à chaque instant, une multitude d'objets de natures bien différentes des divers points du royaume ; elle-même sera susceptible de vomir, à chaque instant, ·

______

(1) D'Arçon , pag. 32. C'est ainsi que les places fortes.... serviront encore de véhicule à tous les genres d'instruction et d'activité pendant la paix.

de son sein des armées entières, et d'immenses équipages de guerre.

Il faut donc que ce soit un centre duquel partent, et auquel aboutissent une infinité de lignes de communication avec toutes les parties de ce royaume.

Ces communications doivent satisfaire aux conditions suivantes :

Faciliter les transports ;

Faciliter l'arrivée de petits corps ou d'hommes isolés ;

Faciliter la sortie d'un grand corps ou d'une armée entière ;

Entraver les communications entre les diverses parties d'une armée ennemie manœuvrant le long du périmètre extérieur de la place ;

Entraver même, s'il est possible, la marche directe des armées ennemies.

Un grand nombre de canaux atteindra en partie à ces conditions ; mais ils ne suffiront pas : leurs chemins de hallage ne seront que bien peu de chose pour la sortie rapide de toute une armée.

De grandes routes seront donc obligées ; mais leur nombre doit en être réduit. Aucune d'entre elles ne sera parallèle à la circonférence de la place ; toutes, au contraire, doivent lui être perpendiculaires. Si, de plus, chacune de ces grandes routes est bordée latéralement par deux canaux, si les terres du déblai de ceux-ci ont été rejetées sur elles pour leur former un double parapet, semblables à de vastes caponnières, susceptibles d'être défendues vigoureusement par de petits corps en retraite, elles achèveront la solution complète de ce problème.

CHAPITRE XXI.

Conclusions.

Une armée formidable est toujours numériquement nulle, en comparaison de la population d'un vaste État.

Ses succès seront donc nécessairement dus à l'unité de sa volonté, à l'ensemble, à la promptitude de ses mouvemens.

Ses moyens seront d'écraser rapidement les troupes déjà rassemblées, et d'empêcher toute réunion nouvelle de forces de la part de l'État attaqué.

Elle parviendrait difficilement à ce second but, dans un pays dont les habitans se leveraient contre elle.

Elle y parviendra toujours dans un pays dont la population, *naturellement inerte,* sera coupée du gouvernement, qui perdra alors toute action stimulante sur elle.

Un moyen immanquable de réunir en une seule masse, à l'abri de toute attaque, les ressources militaires déjà existantes, *un moyen immanquable* de les voir s'accroître de tout ce que la population pourra fournir, à mesure que la voix de l'honneur national se fera entendre à ses membres, peut seul sauver l'État.

Ce moyen se trouvera dans une place centrale unique de plusieurs marches de circonférence, renfermant toutes les troupes, tous les arsenaux, toutes les ressources militaires de l'État.

LIVRE V.

Application du Projet proposé à la France.

CHAPITRE PREMIER.

Condition stratégique défensive pour la Place centrale.

La France, dans ses guerres de 1700 à 1714, dut résister à toutes les puissances liguées contre elle. Ses frontières furent simultanément envahies ou attaquées en Flandre, sur la Moselle, sur le Rhin, sur toute la ligne des Alpes, sur celle des Pyrénées. Cette dissémination d'attaque la sauva.

L'année 1793 vit naître une offensive aussi générale, aussi disséminée ; mais les étrangers eurent à se repentir davantage. La France rassembla mieux ses masses, et bientôt ses drapeaux victorieux flottèrent dans toutes les capitales du continent.

En 1814, en 1815, toutes les puissances européennes marchèrent encore contre la France. Elles surent un peu mieux réunir leurs attaques ; mais leur inexpérience, leurs irrésolutions, furent de nouveau sur le point de les faire échouer. Quelques dispositions intérieures, quelques fortifications maçonnées autour de Paris, et la France était franche de leurs lois.

Ce que moins d'un siècle a vu se présenter trois fois, peut encore avoir lieu.

Ce que ce siècle n'a pas encore vu , peut arriver aussi. Les ennemis peuvent bien masser leurs forces.

Leur ligne d'opérations la plus avantageuse est celle qu'ils n'employèrent qu'en partie en 1814 ; c'est la Suisse.

Là , peuvent se concentrer rapidement les armées de l'Allemagne et de l'Italie. Par l'Allemagne, y arriveraient toutes les forces anglaises ; par l'Italie , tous les renforts espagnols.

Cette masse immense n'aura que quelques marches à faire pour se trouver au centre des plus belles provinces de France. Les Vosges , les Alpes seront tournées. En quel point, et par quels ordres se réuniront les troupes éparpillées dans les garnisons de la Flandre et de la Provence?

La place centrale qui les renferme ordinairement toutes , devrait donc se trouver à portée de cette frontière.

CHAPITRE II.

Condition stratégique offensive.

Ce qui a déjà plusieurs fois existé peut se reproduire. Soit par politique, soit par erreur, les forces ennemies peuvent encore être disséminées sur toutes ces frontières.

Une offensive vigoureuse de la France, avec des forces suffisantes, la rendrait victorieuse.

Sa plus belle ligne d'opérations, dans ce cas, serait la Suisse (1).

______

(1) Napoléon. Gourgaud, tome 1er, pag. 154. En 1799, la France

L'histoire est là pour en déposer. Une simple inspection des cartes le prouvera.

Un changement de front à droite ou à gauche, suivant les circonstances, lui procurerait rapidement des victoires et des alliés.

La place centrale, toujours prête à lancer de son sein une armée toute entière, doit donc être à portée de ce point.

CHAPITRE III.

Condition tactique défensive pour la Place centrale.

La place centrale doit être immense; elle est tout entière à construire : l'économie et la facilité de la défense demandent des cours d'eau.

Défendue par une armée faible, bloquée par une armée considérable, il faut que ce blocus ne soit pas possible au point d'empêcher les hommes en petites troupes d'y pénétrer.

Il faut donc qu'elle soit dans un pays coupé, haché, couvert de bois.

était maîtresse de la Suisse; ... lorsque Jourdan fut battu à Stockach, c'est sur la Suisse qu'il aurait dû se replier, et non pas sur Strasbourg et Brisack.... — Pag. 163. (En 1800), toute l'armée du Rhin devait se réunir en Suisse et passer le Rhin à la hauteur de Schaffouse; ... le premier mouvement de la campagne aurait eu pour résultat de mettre au pouvoir de la France le Wurtemberg, toute la Souabe et la Bavière.... — Pag. 187. Si Moreau eût débouché par le lac de Constance avec toute l'armée, il eût surpris, défait, et pris la moitié de l'armée autrichienne; les débris n'auraient pu se rallier que sur le Necker; il fût arrivé à Ulm avant elle. Que de grands résultats! la campagne eût été décidée dans les quinze premiers jours.

Les corps en retraite qui y seront refoulés par l'armée envahissante, doivent pouvoir se tenir au dehors d'elle le plus long-temps possible; elle doit donc, si faire se peut, être placée en arrière de chaînes montagneuses, qui lui serviront comme d'ouvrages avancés.

Enfin, s'il est possible, il faut qu'elle soit placée au nœud des séparations naturelles des principales parties militaires de la France.

CHAPITRE IV.

Emplacement absolu de la Place centrale.

Le point de la France qui satisfait le mieux à toutes ces conditions, est le delta formé par la Loire et l'Allier.

La place sera triangulaire; les sommets seront celui du delta près Nevers, Moulins et Dijon. La Loire et l'Allier lui serviront de fossés sur deux faces; les affluens, retenus et déviés, formeront celui de la troisième.

Son périmètre sera d'environ quarante-cinq lieues, ou cinq marches.

Sa surface sera d'environ cent lieues carrées; c'est le terrain qu'en France occupent, terme moyen, quatre-vingt mille âmes.

CHAPITRE V.

Examen sous le rapport de l'Offensive.

La place centrale est à cinq marches de Genève, à sept de Martigny, pied du grand Saint-Bernard, par lequel on tourne toutes les Alpes.

Elle est à dix marches de Domo d'Ossola par la grande route, à douze de Milan.

Elle est à trois marches de Lyon , huit du Mont-Cenis, par où l'on attaque l'Italie de front ; dix de Turin.

Elle est à sept marches de Martigny, neuf de Munster, au pied du Saint-Gothard ; douze de Coire, en passant par Oberwald , Dissentis, Ilantz, toujours par la grande route , excepté d'Oberwald à Dissentis. De Coire , deux grandes routes, l'une par Lenz , l'autre par Davros, mènent en une marche sur l'Inn, en quatre sur Inspruck : en tout seize marches, à partir de la place centrale.

Elle est à cinq marches de Salins, sept de Neufchâtel , dix de Schaffouse , onze de Constance , onze de Moërskirch , treize d'Ulm , la clef de la vallée du Danube.

Elle est à cinq marches de Besançon , sept de Béfort , par où l'on tourne les Vosges , huit de Bâle, neuf de Valshut, par où l'on tourne la forêt Noire.

Toutes ces lignes d'opérations sont couvertes, sur leurs flancs, par de hautes montagnes, des rivières, des pays difficiles. Elles ne peuvent, par suite, être facilement insultées ; il faudrait pour cela des forces considérables, non de faibles corps.

Elles sont peu vues par l'ennemi, à qui l'on cache facilement ses mouvemens , et qui, conséquemment , reste incertain sur le point véritable d'attaque.

Elles mènent rapidement au cœur de l'Allemagne et de l'Italie.

Elles sont donc offensives au dernier point contre les puissances transrhénanes et italiennes , si celles-ci ont mal disposé leurs forces, ne les ont point encore rassemblées , ou ne sont pas franchement alliées.

CHAPITRE VI.

Examen sous le rapport de la Défensive.

La place centrale est à cheval sur deux grandes rivières, la Loire et l'Allier.

Des terrains bas, des ruisseaux, des étangs, des forêts l'entourent de tous côtés.

L'Auvergne et ses montagnes, celles qui séparent la Saône de la Loire, tout le pays coupé qui s'étend depuis le mont Saint-Vincent jusqu'à Autun et Arnay-le-Duc, et depuis Arnay et les sources de l'Yonne, près Château-Chinon, jusqu'à la Loire, par Saint-Riverien, Champlemy et la Charité, joints aux pays boisés et marécageux de la gauche de l'Allier, forment une ceinture continue, dont aucun point n'est sans position défensive.

Plus loin, les crêtes de séparation des bassins de l'Yonne, de l'Armançon, de la Seine, de l'Aube, de la Marne, de l'Ornain, de la Meuse, entre eux et avec celui de la Saône, celles entre la Saône, le Doubs et le Rhône, au-dessus de Lyon, dessinent une autre ceinture tout aussi défensive que la première.

Ces terrains, ces rivières, ces fleuves, se trouvent eux-mêmes en arrière des montagnes de la Savoie, du Jura, des Vosges.

L'armée de France, quelle que soit la supériorité de la masse qui la refoule, pourra donc toujours exécuter sa retraite sur la place centrale, avec ordre, et lentement. Chercher à la tourner et à la couper de ce point, sera la manœuvre la plus certaine pour l'ennemi. Mais l'étendue même de ce lieu de refuge la rendra moins redoutable, surtout à mesure qu'on s'en approchera.

CHAPITRE VII.

De son Blocus.

L'armée a été rejetée dans la place, je veux connaître les forces qu'il faudrait pour la bloquer.

La France, dans le moment de ses plus grands revers, a toujours eu plus de cent cinquante mille soldats susceptibles d'une guerre active, indépendamment de ceux moins valides.

Ils étaient dispersés, ils furent faibles.

La place centrale renferme d'habitude tout ce qui est militaire. L'armée, après y avoir été refoulée, ne pourra donc jamais être estimée à une masse de moins de cent cinquante mille hommes.

Or, cent cinquante mille hommes prêts à déboucher en masse et à l'improviste d'un point quelconque d'une place de quarante-cinq lieues de circuit, dans un pays semblable, renforcé de tout ce que l'art peut produire, par quelle armée devront-ils être bloqués, pour que les secours d'hommes ne puissent leur parvenir, et que toute communication extérieure soit anéantie ?

Estimer que la ligne que l'ennemi occupera soit de six marches, estimer qu'il lui faudrait cent cinquante mille hommes par marche, sont certainement des hypothèses trop faibles ; mais les admettre, nécessiterait déjà une armée de neuf cent mille hommes.

La place centrale, par sa situation et sa grandeur, paraît donc devoir satisfaire à la condition que le gouvernement et l'armée ne soient jamais coupés de la France. Il faut examiner cette propriété jusqu'au bout.

CHAPITRE VIII.

Continuation.

Réduire l'armée active de France à cent cinquante mille hommes, porter à neuf cent mille celle des étrangers, admettre avec cela un blocus parfait, ne suffit pas encore pour assurer le succès de l'ennemi.

Tout le temps que l'armée de la place centrale mettra à consommer ses immenses provisions assemblées de longue main, la France entière sera libre d'ennemis, puisqu'ils sont tous au blocus.

Mais cette liberté, elle en profiterait pour réunir tout ce qui n'est pas insensible à l'honneur national. Des partisans actifs et habiles rassembleront tous ceux qui jouent facilement et gaîment leur vie, dans l'espoir d'un gain quelconque, profiteront de tous les pays hachés qui, à trente lieues à la ronde, entourent la place, pour commencer contre l'ennemi une guerre d'extermination. Les convois, les grand'-gardes, les dépôts seront bientôt attaqués ou enlevés sur toute la circonférence; des pelotons nombreux pénétreront : la scène bientôt changera.

Une armée destinée à contenir toutes les provinces serait donc nécessaire.

Mais cette armée, jusqu'à quel point doit - elle être nombreuse ? Peut - elle même espérer de parvenir à son but ?

CHAPITRE IX.

D'une différence avec les Défensives ordinaires.

Lorsqu'une armée envahissante, profitant de ses victoires, traverse rapidement les provinces ennemies pour joindre corps à corps le gouvernement qu'elle attaque, toutes les chances sont pour elle (1).

Elle a pour auxiliaires la majeure partie des grands propriétaires et des industriels des portions envahies ou susceptibles de l'être.

Ceux-ci emploient toute leur influence pour maintenir en repos la population laborieuse et active des provinces.

La raison en est dans les craintes qu'ils éprouvent pour leur fortune. Ils prévoient la vengeance et les exactions de l'ennemi ; ils redoutent les dilapidations de la basse classe de leur propre nation.

Ils vont partout prêchant le repos, et engageant chacun à ne se mêler que de ses propres affaires, comme si la première affaire n'était pas le salut de l'État et l'honneur de la nation.

L'armée d'invasion, poussant rapidement ses avantages, pénètre jusqu'au siége réel du gouvernement, soit qu'il se trouve au quartier-général, soit qu'il se tienne

---

(1) Napoléon. Gourgaud, tome 2, pag. 93. Le droit des gens dans la guerre de terre, n'entraîne plus le dépouillement des particuliers.... La guerre n'a d'action que sur le gouvernement,.... ce changement a beaucoup diminué les maux de la guerre, il a rendu la conquête d'une nation plus facile, la guerre moins sanglante et moins désastreuse.

derrière des remparts; et bientôt, brisant ses derniers soutiens , elle dicte les articles d'une paix honteuse, que l'on accepte avec joie.

Mais l'existence de la place centrale change forcément tous ces résultats.

Quelques malheurs qui aient pesé sur le gouvernement qui s'y est retiré , sa résistance sera extrêmement longue.

Dans ce temps réside la cause des plus grandes différences.

Tous ceux qu'enflamment l'amour de la patrie, de la gloire, ou l'ambition , appuyés sur les ordres d'un gouvernement dont rien ne fait pressentir la chute, appelleront aux armes ces hommes hardis, entreprenans, pauvres , qui , supportant avec peine le joug des lois , semblent nés plutôt pour faire partie d'une horde de Tartares, que d'une nation douce et laborieuse (1).

Fiers de quelques légers succès, prenant partout leur gain et leurs victoires , sommant fièrement les autorités, les notables, de faire exécuter les lois sur la défense du territoire, ils verront bientôt se réunir à eux la jeunesse belliqueuse des campagnes, la population inquiète des villes.

Ainsi se lèveront les populations du Dauphiné , des

---

(1) NAPOLÉON. MONTHOLON, tome 2, pag. 285. Aux époques des malheurs et des grandes calamités, les États manquent souvent de soldats, mais jamais d'hommes pour leur défense intérieure. — Tome 3, pag. 119. Et une remarque curieuse , c'est que de toutes les parties de la capitale, le faubourg Saint-Antoine est celui qu'il (Napoléon) a toujours trouvé le plus facile à entendre raison et à recevoir des impulsions généreuses.

Cévennes, de l'Auvergne, de la Vendée, de la Bretagne, des Ardennes, des Vosges, de la Lorraine, de la Franche-Comté, du Morvan, toutes protégées par leurs terrains coupés, presque toutes à portée de la place centrale.

Quant aux autres provinces, à qui leur constitution territoriale ne permet pas l'honneur de l'initiative, électrisées par ces exemples, dégagées par ces diversions, elles enverront leur jeunesse partager ces dangers, ces succès, cette gloire.

Quelques classes sans doute sont abâtardies; heureusement, elles sont *peu nombreuses.* Elles sont loin de former la nation. L'amour de la gloire, de l'honneur national n'est point encore éteint dans les cœurs, il n'y est qu'endormi; il ne manque que le temps de le réveiller, le moyen de l'utiliser : la place centrale les donnera (1).

Il semble donc naturel de conclure qu'une armée capable de bloquer parfaitement la place centrale du delta de la Loire et de l'Allier, et de contenir les dix provinces citées, devrait être au moins de quinze cent mille hommes; dix fois plus forte que celle de France.

La réunion d'une pareille masse est-elle probable ? son existence pendant un temps considérable est-elle possible ?

---

(1) D'Arçon, pag. 12 et 13.... Auront préparé le succès des grandes irruptions nationales.

CHAPITRE X.

Remarque générale sur les Lignes naturelles de défense.

On est généralement habitué à partager un pays en certaines parties, soit par les crêtes, soit par les rivières principales.

On désigne ces traces de séparation par le mot *ligne :* ainsi l'on dit la ligne des Vosges, la ligne de la Marne.

Cette dénomination a été funeste ; car on se fait souvent une idée d'une chose d'après son nom. On a regardé ces *lignes* comme des lignes continues, solides, comme des remparts qu'on ne pouvait franchir ; et lorsqu'on a eu construit trois ou quatre places, fortifié trois ou quatre points, ou disséminé son armée en plusieurs corps sur cette ligne étendue, comme on l'eût fait sur une suite continue de courtines et de bastions maçonnés, on a dit qu'on avait assuré pour long-temps la ligne de défense de tel lieu (1).

L'histoire est pleine de pareilles dispositions ; elle est

---

(1) Napoléon. Montholon, tome 4, pag. 310. Le général Beaulieu voulut défendre le Mincio par un cordon : ce système est ce qu'il y a de pire dans l'ordre défensif. — Pag. 324. Il est de principe qu'une armée doit toujours tenir toutes ses colonnes réunies, de manière que l'ennemi ne puisse pas s'introduire entre elles ; lorsque par des raisons quelconques on s'écarte de ce principe, il faut que les corps détachés soient indépendans dans leurs opérations, et se dirigent pour se réunir sur un point fixe, vers lequel ils marchent sans hésiter et sans de nouveaux ordres, afin qu'ils soient moins exposés à être attaqués isolément.

pleine aussi de leurs suites funestes. L'armée ennemie, se massant, traversant presque sans peine la ligne sur un point, isolant ces troupes éparpillées, écrasant rapidement les corps les plus à portée, menaçant, séparant les autres de plus en plus, prend la supériorité de la campagne par le seul fait de quelques marches promptes.

Ces lignes pourtant sont utiles à considérer; mais sous un autre point de vue, sous celui des manœuvres, sous celui que les grands généraux ont toujours si bien aperçus.

Une armée, en traversant ces lignes d'obstacles naturels, voit toujours, par leur fait même, ralentir sa marche. De plus, elle est obligée de se borner à certains débouchés qu'elle trouve ou qu'elle crée (1).

A la guerre, les plus grands événemens dépendent souvent d'un retard, d'une marche, et même de moins, surtout si l'armée qui l'éprouve est prise en pleine manœuvre. Les suites les plus funestes ont encore lieu pour celui qui, battu et en retraite, se voit prévenu sur ces seuls points de passages (2).

Les événemens les plus importans entre armées qui se

---

(1) Napoléon. Montholon, tome 3, pag. 376. Quand deux armées sont en bataille l'une contre l'autre ; que l'une doit opérer sa retraite sur un pont, que l'autre peut se retirer sur tous les points de la demi-circonférence, tous les avantages sont à cette dernière ; c'est à elle à être audacieuse, à frapper de grands coups, à manœuvrer les flancs de son ennemi ; elle a les as, il ne lui reste plus qu'à s'en servir.

(2) Napoléon. Montholon, t. 5, p. 242.... Si ce maréchal eût été un grand général, c'est avec toute son armée qu'il eût débouché en quelques marches forcées sur les ponts de son ennemi, et l'eût ainsi coupé de sa retraite.

manœuvrent, doivent donc avoir lieu principalement sur ces lignes ou par ces lignes (1).

Il faut donc s'établir de manière que l'on puisse les franchir et passer de l'une à l'autre bien plus promptement que l'ennemi. On se crée ainsi des chances, pour profiter de ses fautes ou de ses malheurs.

CHAPITRE XI.

Position géographique de la place du Delta.

Il faut chercher si la place proposée satisfait aux conditions précédentes.

Si l'on considère une carte d'ensemble, on verra qu'à partir de Château-Chinon, près de la place, commence, en allant vers le nord-est, une ligne continue de points culminans.

Cette ligne passe, à peu de chose près, par Château-Chinon, Chissey, Dijon, Bourbonne, Ligneville, se retourne par Épinal, Plombières, Béfort, où elle se rattache à la chaîne des Vosges.

Elle est courte : elle a six marches dans la première partie; deux dans la seconde, en retour.

A gauche de cette ligne de hauteurs, et perpendiculairement à elle, sont toutes les lignes formées par les rivières auxquelles elle donne naissance.

---

(1) Napoléon. Montholon, tome 3, pag. 207. Le passage des rivières de cette importance (le Pô à Plaisance, 1796), sont les opérations les plus critiques de la guerre..... il eût été par trop dangereux d'être obligé de livrer bataille avec une aussi grande rivière à dos.

En la suivant, et à partir de la place, on trouve, à une marche, la vallée de l'Yonne; à deux, celle de l'Armançon; à trois, celle de la Seine; à quatre, celle de l'Aube; quatre et demie, celle de la Marne; cinq, celle de la Meuse; sept, celle de la Moselle; puis les Vosges.

A sa droite, parallèlement à elle, coule la Saône, depuis sa source, près du coude entre Ligneville et Epinal, jusqu'à Châlons.

A son point de départ, près Château-Chinon, elle se rattache à la chaîne qui enclos le bassin de la droite de la Loire. Cette chaîne, par les montagnes du Charolais et de Tarare, borde tout le cours du Rhône jusqu'à l'Ardèche. Trois marches mènent directement de la place au centre de cette ligne.

On peut opérer à volonté sur les deux rives de la Loire, de cette rivière que l'on regarde vulgairement comme la dernière barrière de la France. La situation de la place, à l'extrémité de la corde qui va d'elle à Tours, la différence entre cette corde et tout le développement de l'arc par Orléans, semblent promettre de grands avantages dans certaines circonstances.

En remontant à cinq marches au plus le cours de l'Allier, on peut, par les montagnes de l'Auvergne, déboucher à volonté dans l'une des vallées de la Dordogne, du Lot, du Tarn ou de la Garonne, contre un ennemi venant d'Espagne.

La place proposée, par sa position centrale, et pour ainsi dire culminante, donne donc la facilité de manœuvrer rapidement autour des lignes d'obstacles intérieurs que présente la France; elle est donc éminemment stratégique.

CHAPITRE XII.

Communications.

Les communications actuelles de cette partie avec le reste de la France, sont de deux natures : les unes, par terre ; les autres, par eau.

Ces communications sont assez nombreuses. La grande route de Paris à Lyon la traverse de Nevers à Moulins. Une autre route transversale, allant de Guéret à Châlons-sur-Saône , la traverse également. Plusieurs routes de seconde et de troisième classes partent de ces divers points comme d'un centre, et vont aboutir à la Charité, Sainte-Sauge, Château-Chinon , Autun , Toulon , Charolles, Lyon , Montbrison , Clermont , Bourges.

Ces routes ne sont pas toutes les plus directes et les meilleures possibles ; mais une remarque simple fera apercevoir la grande facilité qui existe pour compléter les besoins à cet égard.

A une distance de trente lieues au plus du delta, se trouvent répandues, sur une même circonférence, les villes de Lyon , Mâcon , Châlons , Dijon , Auxerre , Orléans, Bourges, Châteauroux, Guéret , Clermont , Montbrison , toutes les onze points de jonction de plusieurs grandes routes.

Un peu plus loin, sur une seconde circonférence à environ cinquante lieues, se trouvent Chambéry, Lons-le-Saulnier , Besançon , Vesoul , Chaumont , Troyes , Melun ou Paris, Chartres , Tours , Poitiers , Limoges , Tulle , Aurillac , le Puy, Valence , Grenoble , toutes les dix-sept également coupées par plusieurs grandes routes, toutes les dix-sept communiquant journellement avec les villes de la première ceinture et tous les points les plus éloignés de la France.

Peu de travaux, dans la zone comprise entre le delta et la première circonférence, suffiront donc pour assurer des communications directes avec tous les points du royaume.

Les communications par eau ne lui seront pas refusées davantage. Déjà, par le canal du Charolais, l'on se trouve correspondre avec l'Océan par la Loire, avec la Méditerranée par le Rhône. De Decize, on parvient dans l'Yonne par le Laroy et le canal de la Colancelle. A peu de distance, se trouve le canal de Bourgogne, qui fait correspondre l'Armançon, et par conséquent l'Yonne avec la Saône, le Rhône et le Rhin. Une communication plus courte avec ce même canal de Bourgogne et la place, serait certainement facile.

Une remarque sur la canalisation doit être faite.

La Creuze, l'Indre, le Cher, la Loire, jusqu'à Orléans, l'Yonne, l'Armançon, la Seine, l'Aube, la Marne, la Meuse, la Moselle, la Meurthe, le Rhin, sont à peu près parallèles, et coulent tous dans le même sens. Un canal perpendiculaire à leur direction commune, les faisant communiquer par une ligne très-courte, pourrait donc, *peut-être*, se construire. La grande quantité d'affluens, tous parallèles à leur cours, qu'indiquent les grandes cartes, semblent en prouver la possibilité, du moins de la Creuze au canal de Bourgogne et à la Marne.

La position de la place centrale proposée, doit donc être regardée comme se prêtant avec la plus grande facilité à une communication prompte avec tout le royaume.

CHAPITRE XIII.

Position statistique de la place du Delta.

La place doit recevoir des approvisionnemens immenses, tant pour la subsistance que pour les arsenaux. Est-elle à même de les obtenir facilement ? est-elle à portée surtout de ceux dont le transport est le plus difficile ?

A peu de distance, se trouvent les riches plaines qui bordent la Loire, la Touraine, l'Orléanais, le pays d'Auxerre, la Bourgogne, tous les terrains fertilisés par la Saône, le Lyonnais : la longueur moyenne du transport serait de trente lieues.

Plus loin, à une portée moyenne de soixante - dix lieues, se trouvent la Saintonge, le Niortais, l'Angoumois, le Maine, la Normandie, le pays de Soissons, la Lorraine.

Mais Paris, cette ville immense qui renferme une population de huit cent mille âmes, a ses approvisionnemens faciles ; cependant elle est à soixante - dix lieues environ de la Lorraine, de Lille, de la Touraine, de Dijon.

On doit donc conclure que les approvisionnemens de bouche pour la place, seront assurés et économiques.

Sous le rapport des arsenaux, un seul regard jeté autour montrera leur possibilité, leurs avantages.

A peu de distance, se trouvent les manufactures d'armes de Tulle et de Saint - Etienne ; la fonderie du Creuzot.

Le département du Cher est plein de hauts-fourneaux pour le fer.

Le cuivre se trouve à Saint-Bel, près Lyon.

Le plomb est extrait de son protosulfure à Vienne, près Lyon.

Au pied des montagnes de l'Auvergne, au centre, et à quatre-vingt-dix lieues au plus de toutes celles qui se trouvent depuis Metz, par les Vosges, par les Alpes, jusqu'aux Pyrénées, cet arsenal unique de la France verra s'établir une concurrence extraordinaire, une affluence immense de tout ce qui pourra lui être nécessaire.

La place du delta de la Loire et de l'Allier satisfait donc complètement, par sa position, à la condition nécessaire de pouvoir être le seul magasin d'approvisionnemens, le seul arsenal de toute l'armée de terre.

CHAPITRE XIV.

Des Ports de Mer.

Un seul port sur la Méditerranée, un seul port sur l'Océan doivent suffire.

Sur la Méditerranée, le choix ne peut être long ; il n'en existe réellement qu'un seul, *Toulon ;* les autres, si tant est qu'on leur donne ce nom, ne sont que quelques batteries de côte trop considérables.

Les côtes de l'Océan, au contraire, en sont remplies : Rochefort, Lorient, Brest, Cherbourg, sont les principaux. Brest serait peut-être le meilleur ; mais pour faire un tel choix, il faut des hommes de mer instruits à fond de leur art.

Mais ce port-là même, une fois reconnu le meilleur, serait-il suffisant ? Cela ne paraît pas être.

Les idées qui dirigeront son choix doivent être en harmonie avec celles qui ont indiqué la place centrale. Toutes les forces navales de France doivent pouvoir y pénétrer et en sortir à volonté ; un ennemi supérieur ne doit pas avoir la possibilité de les en empêcher.

Un port qui, sous ce point de vue, satisferait complètement, serait celui formé par la réunion des îles d'Aurigny, de Gernesey, de Cers, de Gersay, et la côte de Surville, au cap de la Hogue.

Ce port aurait environ cinquante lieues de contour intérieur, cent lieues carrées de surface ; son diamètre moyen serait de douze lieues.

CHAPITRE XV.

Continuation.

Ce port n'existera réellement qu'autant que les trouées de son contour seront fermées. Elles sont toutes très-grandes. De la côte à Aurigny, il y a quatre lieues ; d'Aurigny à Gernesey, cinq ; de Gernesey à Cers, trois ; de Cers à Gersey, trois ; de Gersey à la côte, quatre : en tout dix-neuf lieues à fermer.

Il semble qu'on pourrait y parvenir de la manière suivante :

On mouillerait sur deux ou trois lignes en échiquier des batteries flottantes.

Ces batteries seront de vastes caisses en fer, mouillées sur plusieurs ancres, avec des chaînes. L'art pourrait peut-être trouver le moyen de les couler : on coula bien le colosse de Rhodes. Mais, du moins, on saura toujours les construire ; car on fabrique de cette manière des vaisseaux de guerre.

Dans ces caisses, on établirait un logement, un magasin voûté, un four à rougir les boulets, et de grosses pièces d'artillerie.

Mouillées sur trois lignes en échiquier, cinquante suffiront pour interdire complètement l'entrée de cette rade; car les distances entre chacune seraient d'environ une demi-lieue (2,000 mètres). Un bâtiment qui voudrait franchir, devrait, sur une profondeur d'une lieue, passer successivement à mille mètres de trois fortes batteries à boulets rouges. Les avaries que nécessairement il recevrait dans son gréement, indépendamment de tout autre malheur, l'empêchant de manœuvrer, l'amèneraient bientôt à la côte ou à la merci des bâtimens de la rade.

Mais ce moyen est-il praticable? Il semble que la réponse doit être l'affirmative. Pour cela, comme pour bien d'autres choses, il suffirait de vouloir fermement.

Ce même procédé, appliqué à la rade des îles d'Hyères, en ferait un appendice de celle de Toulon, avec laquelle on pourrait assurer sa communication.

Ainsi, les mers de l'Océan et de la Méditerranée auraient chacune un port immense, d'où les escadres françaises, quelque faibles qu'elles fussent, pourraient toujours sortir à volonté, en dépit de celles destinées à les bloquer.

Mais ces moyens ne pussent-ils pas être pratiqués (ce qu'on est loin de croire), il ne faudrait pas moins se réduire à un port sur chacune de ces mers, pour les raisons déjà données.

CHAPITRE XVI.

Moyens additionnels.

Le delta de la Loire et de l'Allier, d'après l'examen ci-dessus, satisfait à toutes les conditions stratégiques et tactiques que l'on pouvait demander à une position ; mais augmenter encore ces propriétés, mettre de plus en plus le pays à l'abri d'une invasion, en restant toujours dans les mêmes principes, est une chose facile.

Il suffit, pour cela, d'appliquer avec soin tout ce qui fut proposé dans la théorie des places fortes, employées à fermer hermétiquement toute entrée dans le pays. Ces obstacles, en effet, que l'on voulait former sur toute sa frontière, étaient, quant à leur création, indépendans des forteresses ; ils ne tiraient d'elles que la garantie de leur durée.

Mais ces obstacles, jetés indistinctement sur tout le développement d'une frontière, étaient destinés à former une ligne continue. Percée en un point, celle-ci tournait aussitôt au détriment de l'attaqué, par le fait des disséminations qu'elle entraînait. Consulter, au contraire, la configuration de la France, pour obtenir, par ce moyen, des lignes renforçant constamment le système de la place centrale, utiles jusqu'à l'extrémité, et créant de nouvelles chances funestes pour l'ennemi, est le but que l'on se propose.

CHAPITRE XVII.

Bassin de Paris.

Près de la place centrale, commence une chaîne de hauteurs, déjà citée précédemment, qui, partant des environs de Château-Chinon, se rejoint aux Vosges. Cette chaîne, près de Langres, entre les sources de la Meuse et de la Marne, se bifurque; la branche gauche, continuant à se recourber, dessine, par la séparation des eaux pendantes, une ligne continue passant par Montigny, Mesnil, Dombasle, Boun, la Capelle, Bellicourt, Bapaume, l'Arbret, Saint-Pol, Azincourt, Calais. Elle suit à peu près la partie d'arc de cercle que l'on décrirait d'Étampes, comme centre avec un rayon d'environ soixante lieues, depuis Dijon jusqu'à la mer: elle a environ quinze marches (150 lieues) de développement.

A droite de cette chaîne, coulent la Moselle, la Meuse, la Sambre, l'Escaut; toutes descendant dans les provinces ennemies.

A gauche, sont l'Yonne, la Seine, la Marne, l'Aisne, la Somme; toutes, au contraire, descendant vers la France, et formant ce que nous désignerons sous le nom de bassin de Paris.

Maintenant, que dans ce bassin l'on coupe les vallées de toutes ces rivières et de leurs affluens par des digues, et les cours d'eau eux-mêmes par des écluses se fermant à volonté, l'on obtiendra ainsi une ligne d'inondation continue.

Cette ligne d'inondation offrira nécessairement de

grandes difficultés à un ennemi qui voudra les franchir. Comme les eaux se trouvent entre lui et les digues qui les soutiennent, il ne pourra pas, de prime-abord, leur donner un écoulement; il sera donc obligé, s'il veut envahir les riches provinces qu'elles couvrent, à des opérations longues et pénibles.

Une seconde ligne de digues et d'écluses, préparée en arrière, pourrait, si on le veut, lui offrir de nouveau les mêmes obstacles : ainsi, sans aucune place fortifiée, on parviendra à opposer à sa marche des difficultés égales à celles qu'on prétendait créer dans le premier système.

CHAPITRE XVIII.

Continuation.

Les avantages précédens sont grands; mais en examinant la même disposition sous le rapport stratégique, on verra se développer toute son importance.

L'armée française, toujours réunie, toujours en une seule masse dans la place centrale, doit également agir toujours en masse; c'est l'esprit du système, et cela en sera nécessairement le résultat; car il n'existe pas de cause de dissémination.

Or, si l'ennemi cherche sur un point quelconque à effectuer le passage de ces inondations, l'armée française, qui campera toujours à sa vue, aura probablement l'occasion d'attaquer ses derniers corps avec avantage (1).

------

(1) Napoléon. Montholon, tome 3, pag. 154. De Legnago à la

Si, au contraire, l'ennemi (supposé toujours agir le
le long de cette frontière), n'osant ou ne voulant tenter
ce passage, cherche seulement à rejeter l'armée dans le
delta, celle-ci, continuellement soutenue à sa gauche
par cette inondation, ne pourra être tournée de ce côté;
les corps qui voudraient l'essayer risqueraient fort d'être
précipités eux-mêmes dans ces eaux (1).

L'ennemi n'aura pas plus de facilité pour la tourner
par sa droite; car la ligne de retraite de l'armée française est précisément cette ligne de hauteurs, séparation du bassin de Paris et de celui de la Meuse. Or, si
l'on coupe de distance en distance la vallée de cette
rivière par des digues, et la rivière elle-même par des

---

mer il y a beaucoup de marais, ... en coupant une digue de l'Adige,
plus bas que Porto-Legnago, on inonde tout le terrain entre cette
rivière et le Pô.... en ouvrant l'écluse de Castagnaro, le canal
blanc se remplit par les eaux de l'Adige; ce canal se jette dans le
Pô; il forme alors une seconde ligne en cas que l'ennemi ait passé
l'Adige entre Castagnaro et la mer (*il y a faute de ponctuation
dans l'impression*). La meilleure manière de défendre l'Adige est
de camper sur la rive gauche, sur les hauteurs de Caldiero derrière l'Alpon, la droite appuyée aux marais d'Arcole, avec deux
ponts à Ronco; la gauche appuyée à de belles hauteurs qu'il serait
facile de retrancher en peu de semaines : alors toute la partie de la
ligne de Rivoli à Ronco est couverte, et si l'ennemi veut passer
l'Adige entre Arcole et la mer, on est en position de tomber sur ses
derrières. — FRÉDÉRIC : *Instruction*, art. 15. De toutes les manœuvres, la plus difficile est de passer en retraite une rivière en présence de l'ennemi.

(1) NAPOLÉON. MONTHOLON, tome 2, pag. 41. Les flancs sont les
parties faibles d'une armée, on doit s'efforcer de les appuyer, si
ce n'est tous les deux, au moins un à un pays neutre, ou à un
grand obstacle naturel.

écluses, depuis Givet jusqu'à sa source, on élargira tellement son cours, qu'on pourra la regarder comme un
obstacle réel à toute manœuvre tournante.

Donc, dans l'hypothèse d'un ennemi ayant pour base
d'opérations Bruxelles et Mons, et pour objectif Paris, si
une armée française inférieure, renforcée par les moyens
précédens, vient camper entre Hirson et Rocroy, *par
exemple*, elle aura tous les avantages possibles ; car si
cet ennemi cherche à pousser directement sur Paris, les
chances les plus probables pour agir contre ses flancs
et ses derrières, sont pour elle, et s'il veut, au contraire, se porter sur elle pour l'écraser ou la refouler,
les positions défensives extrêmement courtes qu'elle
trouvera à chaque pas, jusqu'au-delà de Langres, assureront la lenteur et l'exactitude de sa marche en arrière (1).

L'on fera observer, à cet égard, qu'appuyer les flancs
d'une armée a deux acceptions, comme deux solutions
bien différentes : l'une se rapporte à la seule durée
d'une bataille ; dans ce cas, il faut un obstacle fort et
immédiat ; l'autre est relative aux manœuvres de corps
tournans à distance, menaçant de prendre en flanc les
colonnes de marche et de convois : il suffit alors d'un

---

(1) NAPOLÉON. MONTHOLON, tome 3, pag. 369. Puisque les flancs
sont les parties faibles, **il les** faut assurer, et lorsqu'on ne le peut
pas, en avoir le moins possible. — Pag. 100. Turenne fut fidèle
aux deux maximes : 1° n'attaquez pas de front les positions que
vous pouvez obtenir en les tournant ; 2° ne faites pas ce que veut
l'ennemi, par la seule raison qu'il le désire ; évitez le champ de bataille qu'il a reconnu, étudié, et encore avec plus de soin celui
qu'il a fortifié et où il s'est retranché.

obstacle naturel bien moins rapproché, parce que les corps tournans ont eux-mêmes besoin d'une certaine profondeur pour échapper aux attaques rapides qui les acculeraient à ces obstacles.

CHAPITRE XIX.

Continuation.

Tous ces avantages peuvent encore être augmentés par quelques autres précautions.

La rapidité dans les marches, la facilité pour les transports doivent être d'abord recherchées avec soin; car ce sont des biens également utiles pour la paix et pour la guerre.

Or, premièrement, des canaux pourront relier toutes ces inondations parallèlement à la frontière. Ils en seront même, pour ainsi dire, une conséquence; car les levées entre lesquelles ils seront compris, seront précisément les digues destinées à barrer les vallées.

Secondement, une grande route devra être établie sur le sommet de la chaîne qui sépare le bassin de Paris de celui de la Meuse.

Enfin l'industrie, dont les travaux seront si faciles à la place centrale, pourra s'y joindre, et des machines à vapeur mettront en mouvement avec une grande rapidité, sur ces canaux et sur des chemins de fer latéraux à la route, tout ce qui est nécessaire à une armée.

La défense des positions de retraite que l'armée sera dans le cas d'occuper successivement, doit être préparée. On y parviendra par des reconnaissances exactes, par des dispositifs dans les grandes forêts, et par quelques ébauches de fortifications en terre. Ces ébauches ne devront pas être celles de grands ouvrages ; mais simplement une suite de tranchées reliant des mamelons, bordant des ravins, et, par suite, gênant à peine la culture des terres qu'elles traverseront, et auxquelles elles imposeront une servitude légère.

La conservation et l'emploi de ces digues et de ces écluses devront être assurés. On y parviendra en les mettant sous la responsabilité des communes et des maires. Ces derniers, particulièrement, devront connaître exactement les écluses de leur territoire, la manière de les fermer, et, par ce moyen, des ordres émanés du centre du gouvernement feront établir en un même jour et sur tout le développement, une inondation continue ; et l'on remarquera à cette occasion, que, dans certaines circonstances, il pourrait être utile de laisser entrer l'ennemi, et de ne tendre cette inondation que sur ses derrières, pour le détruire complètement.

CHAPITRE XX.

Entre Meuse et Rhin.

De la gauche de la crête qui va de Langres à Béfort, partent trois lignes de hauteurs, ce sont : celle qui sépare la Meuse de la Moselle, celle qui sépare la Moselle de la Meurthe, et celle des Vosges, allant de Béfort à Mayence.

Que l'on coupe la Moselle, la Meurthe et la Sarre par des digues et des écluses, comme on l'a fait pour la Meuse, on leur donnera une largeur très-grande ; car l'on connaît l'immensité des inondations produites par les débordemens de ces rivières.

Les trois lignes de hauteurs se trouveront donc entièrement isolées l'une de l'autre ; mais les routes à suivre seront nécessairement tracées le long de ces chaînes : il en résultera que l'armée de France, en retraite devant un ennemi ayant Trèves pour base, n'aura pas à craindre d'être tournée ; que les fronts de ses positions seront souvent étroits ; que si l'ennemi dirige à la fois des colonnes par toutes ces chaînes, elles se trouveront dans l'impossibilité de se secourir mutuellement, tandis que l'armée de France pourra se porter en totalité sur une seule, ne tendant ses inondations, en remontant, qu'au fur et à mesure de sa retraite ; et qu'enfin, toute cette marche de l'ennemi sera faite parallèlement à la frontière, et non vers le cœur de la France, ce qui est d'une bien grande conséquence.

CHAPITRE XXI.

Bassin de Besançon.

La crête, déjà plusieurs fois considérée, qui, partant de Château-Chinon, passe par Langres, Xertigny et Béfort, parvenue en ce point, se recourbe par Porentruy, Saint-Pierre, la source du Doubs, Poligny, Charlamont, Meximieux, allant finir à Lyon.

L'espace qu'elle enveloppe, et que nous désignerons sous le nom de bassin de Besançon, renferme la Saône, le Doubs et leurs affluens. Traité comme celui de Paris, ce bassin présentera sur son pourtour une inondation continue très-difficile à franchir.

Que l'ennemi débouchant de Bâle, l'armée française vienne, par exemple, camper vers Béfort, elle sera à même de tomber sur ses corps, si celui-ci veut franchir directement; s'il cherche à la combattre, elle se retirera lentement par la crête de Xertiguy, resserrée à droite et à gauche entre deux inondations; s'il veut, au contraire, marcher sur Lyon par les sources de l'Ain, elle peut le suivre, l'attaquer dans ces pays difficiles, le rejeter dans le cul-de-sac formé par l'Ain et le Rhône, le combattre au passage d'une de ces rivières, et si elle n'est pas assez forte, se retirant elle-même à travers le bassin de Besançon, qu'elle aura fait rouvrir momentanément par un officier général qui le cotoie en dedans, franchir la Saône, et regagner la direction de la place centrale.

Si l'ennemi débouche par la route de Genève sur Lyon, la difficulté du terrain renfermé entre l'Ain et l'angle du Rhône, l'extrême rétrécissement de ce champ d'opérations, les grandes chances que court l'ennemi si, étant battu, il est acculé contre un de ces trois côtés, ce qui serait presque immanquable, sont de fortes probabilités en faveur de l'armée française.

Si l'ennemi débouche à la fois par Bâle et par Genève, l'armée française, sortant du bassin de Besançon par le haut Doubs, peut, à volonté, tomber sur le flanc de l'une ou l'autre masse, franchir, si elle le juge convenable, la montagne de Neufchâtel, séparer et attaquer par derrière les colonnes envahissantes, et en rejeter les débris contre de grandes lignes d'eau : le haut Doubs, par son cours parallèle à la frontière, favorisera ces sorties.

Dans ce cas, on remarquera que tourner l'ennemi est une chose illusoire, si on ne se hâte pas de l'attaquer; que l'avantage réel est de trouver des corps disséminés, qui se croient couverts, et que l'on détruit partiellement.

9*

Mais si on leur donne le temps de se reconnaître, ils se rallient tous à la masse principale, et les chances alors sont changées.

Si l'armée française est tellement inférieure en forces qu'elle ne puisse tenter aucune de ces manœuvres, quelle que soit la route que l'ennemi veuille suivre, elle pourra du moins s'opposer de front à son passage, et ne reculer que lentement entre ces inondations qui la flanquent de toute part.

CHAPITRE XXII.

Les Alpes.

Les Alpes seront ici toute la masse de montagnes s'étendant depuis la gauche du haut Rhône et du lac de Genève jusqu'à la mer.

Cette chaîne de montagnes, percée de plusieurs grandes routes, est franchissable sur tous ses points.

Prétendre la défendre avec des places est illusoire; que l'on examine toutes celles qui y sont construites, et l'on verra qu'une armée pourra toujours les tourner facilement avec tout son attirail.

Chercher à retarder avec des troupes la marche invasive de l'ennemi, est le but que l'on se proposera, comme dans tous les cas précédens.

Pour y parvenir, il faut examiner les moyens que l'on emploie pour les traverser. On réunit sur la route la plus carrossable toutes ses voitures; on les fait précéder et suivre par de forts corps. A droite et à gauche, sur des directions parallèles et rapprochées, se dirigent d'autres colonnes de troupes. Lorsqu'une position gardée par l'ennemi se rencontre, on lance contre elle une nuée de tirailleurs, qui cherchent , autant que possible, à gagner les flancs. Les colonnes latérales, toujours en communication avec celle du centre , pour n'en jamais être séparées, lancent également des corps et des tirailleurs, qui cherchent à couper ou à tourner les postes défendus. Qu'un de ces corps, ainsi lancé, parvienne à franchir la position , et à venir s'emparer, en arrière de l'ennemi, de sa ligne de retraite, on aura résolu le problème le plus important de la guerre de montagnes. Au premier indice de la réussite de cette manœuvre, l'ennemi se hâtera d'évacuer cette position , de se mettre en retraite, et l'armée envahissante continuera sa marche (1).

Que la route soit ou ne soit pas belle, ces actions de guerre sont toujours les mêmes et de même durée; elles seules retardent réellement l'ennemi. Pendant qu'elles se passent, on a plus de temps qu'il n'en faut pour faciliter le chemin aux voitures. De simples charrettes isolées iraient bien moins vite sur une mauvaise route que

---

(1) Napoléon. Montholon , tome 3, pag. 62. Dans les montagnes on trouve partout un grand nombre de positions extrêmement fortes par elles-mêmes, qu'il faut bien se garder d'attaquer. Le genre de cette guerre consiste à occuper des camps, ou sur les flancs, ou sur les derrières de ceux de l'ennemi, qui ne lui laissent que l'alternative ou d'évacuer ses positions sans combattre pour en prendre d'autres en arrière, ou d'en sortir pour vous attaquer. Dans des guerres de montagnes, celui qui attaque a du désavantage; même dans la guerre offensive, l'art consiste à n'avoir que des combats défensifs, et à obliger l'ennemi à attaquer. —Tome 5, pag. 9.... Un des principes de la guerre des montagnes : ne jamais attaquer les troupes qui occupent de bonnes positions dans les montagnes, mais les débusquer en occupant des camps sur leurs flancs ou sur leurs derrières.

sur une belle ; mais pour une armée forcée d'enlever le passage, la durée du voyage est toujours la même, parce que la véritable cause de retard est dans les actions de guerre.

Mais si ce résultat présente une marche d'opérations constante à l'armée envahissante, il n'en est pas de même pour le corps défensif. Dès que ce dernier est près d'être tourné, il faut qu'il se porte rapidement vers une autre position, sous peine d'être coupé de sa ligne de retraite. Or, si la route est mauvaise, ses canons, ses caissons, ne pouvant se mouvoir que lentement, seront bientôt gagnés de vitesse par les tirailleurs, et même souvent par la cavalerie de l'ennemi (1). Il devra donc les abandonner pour atteindre cette position, qu'il n'aura plus les moyens de défendre efficacement.

Créer dans ces montagnes de belles routes perpendiculaires à la frontière, et passant par le plus grand nombre de défilés possible, est donc nécessaire.

Pour éviter d'être débordé et prévenu sur sa ligne de retraite, le corps défensif s'étend ordinairement beaucoup. Le centre craint de tenir, de peur d'être tourné ; les corps des ailes, de leur côté, redoutent, s'ils tiennent trop long-temps, d'être isolés : l'audace promet de grands succès à l'armée envahissante.

On ne serait pas soumis à cet inconvénient si l'on avait,

---

(1) NAPOLÉON. MONTHOLON, tome 2, pag. 169. La cavalerie doit être dans une armée.... sur les Pyrénées, sur les Alpes, un vingtième de l'infanterie.... — Tome 3, pag. 184. L'ennemi vivement poursuivi dans les gorges.... par quatre cents cavaliers.... y laissa 30 pièces de canon, 60 caissons, 15 drapeaux, 6 mille prisonniers.

à chaque instant, une connaissance assez exacte de ce qui se passe. Or, si de distance en distance, sur les pics les plus élevés, on établissait des télégraphes, on parviendrait à ce but (1).

Etablir ces télégraphes est donc un complément nécessaire. Des tours de dix mètres de haut, de cinq de rayon, massives jusqu'à moitié de leur hauteur, habitées par quatre hommes, situées sur des pointes escarpées par l'art, ne communiquant au dehors que par une échelle de cordes, les porteront.

CHAPITRE XXIII.

Continuation.

Cette création de grandes routes sans aucune place de guerre, étant totalement contraire à tout ce qui a toujours été proposé, il faut comparer ces deux opinions.

Les places étaient établies pour fermer directement le passage à l'ennemi, et pour intercepter ensuite ses communications, s'il parvenait à passer.

Le premier but n'est atteint que d'une manière illusoire. Tourner toutes les places est chose facile à une armée ; il ne faut que regarder pour en être convaincu. Pour parvenir au second, de mauvaises routes étaient en effet nécessaires, parce que les convois restaient plus long-temps exposés aux attaques des garnisons.

Mais sur une longue ligne, combien trouve-t-on de

____

(1) NAPOLÉON. GOURGAUD, tome 1ᵉʳ, pag. 215. Suchet y fit établir un télégraphe (au fort Montalban), il eût ainsi sur les derrières de l'ennemi une vedette qui l'instruisait de tous ses mouvemens.

places ? Trois , tout au plus. Ce ne sont donc que trois points de retard pour l'armée ennemie : la difficulté des chemins leur ajoutera peu de chose. Pour s'opposer à sa marche , il faudra donc en revenir, malgré l'opinion d'ingénieurs célèbres, à lui présenter des masses.

Or, dans les montagnes comme en plaine , toutes choses égales d'ailleurs, la plus grande masse l'emporte toujours (1). Le système de ne point avoir de garnisons fournit donc plus de chances sous ce point de vue.

Sur une communication qui ne fournit que trois places , il y a cinquante bonnes positions à défendre (2). Le système des masses et des belles routes permet de les disputer toutes les cinquante, successivement et long-temps ; le système des mauvaises routes s'y opposerait complètement.

Les grandes routes favorisent les opérations offensi-

---

(1) NAPOLÉON. MONTHOLON, tome 4, pag. 234. San-Marco, Mori, Roveredo sont de bonnes positions ; mais contre des troupes impétueuses, elles ne peuvent compenser le défaut du nombre. Dans toutes ces affaires de gorges, les colonnes une fois rompues , se culbutent les unes sur les autres et tombent au pouvoir de l'ennemi. — Pag. 337. Qu'eût dû faire Alvinzi ?... Tenir ses quarante-quatre bataillons sur les montagnes entre Monte-Magnone et le lac de Garda , de manière qu'ils fussent réunis en communication, et ne formassent qu'une seule masse ; y réunir également ses trente escadrons de cavalerie ; car c'est un préjugé de supposer que la cavalerie ne passe pas partout où passe l'infanterie ; enfin avoir à chaque colonne des pièces sur affût-traineau.

(2) NAPOLÉON. MONTHOLON, tome 5, pag. 9.... L'armée française a réussi le premier jour par des efforts inouis de courage à forcer les premières positions ; mais elle a échoué le surlendemain, parce que dans les montagnes, après une position perdue, on en trouve une autre tout aussi forte pour arrêter l'ennemi.

ves (1) ; le système de la place unique amène nécessairement ces dernières par le fait de la centralisation des
forces mobiles ; ces idées sont donc d'accord.

La configuration circulaire du Piémont a toujours fait
regarder la défensive des Alpes comme impossible (2) ;
mais l'existence de grandes routes normales à ce cercle,
modifierait bien ces propriétés. Les places, les difficultés
de chemins, amenaient au système de cordon. L'ennemi,
rassemblé au centre du cercle, près Turin, portait en

----

(1) MATHIEU DUMAS, tome 9, pag. 410. *Note sur la route du
Splungen*. Ce fut ainsi que les Romains parvinrent à subjuguer
tant de peuples divers. Ils portaient leurs armées et leurs machines
de guerre avec une étonnante célérité.... jusqu'aux extrémités de
la terre habitable. Ils rompirent.... les coalitions des princes d'O-
rient, ils prévinrent souvent la réunion des essaims de barbares, et
arrêtèrent souvent leurs redoutables invasions : enfin ces routes
militaires.... étaient les véritables chaînes dont les vainqueurs char-
geaient les vaincus, et que ceux-ci étaient contraints de forger eux-
mêmes.

(2) NAPOLÉON. MONTHOLON, tome 3, pag. 71.... Les armées françaises, campées sur les crêtes de la chaîne supérieure des Alpes sur
une demi-circonférence de soixante lieues d'étendue, depuis le
Mont-Blanc jusqu'aux sources du Tanaro, périssaient de misère et
de maladies ;.... les pertes qu'éprouvait l'armée dans les hôpitaux,
tous les trois mois, auraient pu suffire à la consommation d'une
grande bataille ; cette défensive était.... plus périlleuse pour les
hommes qu'une campagne offensive. La défensive des Alpes, outre
ces désavantages, en a qui tiennent à la nature de la topographie
du pays. Les divers corps campés sur ces sommités ne peuvent se
secourir, ils sont isolés ; pour aller de la droite à la gauche, il faut
vingt jours, tandis que l'armée qui défend le Piémont est dans de
belles plaines, occupe le diamètre et peut, en peu de jours, se
réunir en force sur le point qu'elle veut attaquer. — FEUQUIÈRES,
tome 2, pag. 145 et 146.

un instant toute sa masse sur un seul point de cette longue circonférence de postes , la forçait , et n'avait plus qu'à suivre sa fortune. Dans les nouvelles combinaisons , au contraire , on peut aller de prime-abord camper contre lui , de l'autre côté des monts. Là , on le voit, on n'a plus à craindre d'être surpris ; on est sûr de sa retraite. Si les circonstances ont empêché cette initiative, l'ennemi peut déboucher en une seule masse , et par une grande route : alors l'armée française , toujours aussi en une seule masse , mais supposée éloignée de cette route qu'il suit , peut, si elle s'en croit la force , parcourir rapidement celle qui est la plus près d'elle , déboucher dans le Piémont , et , remontant par la même direction que l'étranger , se trouver ainsi en peu de temps sur ses derrières. La convergence des routes mène à ce résultat , que quelques corps lancés de front contre l'ennemi favoriseront. Si elle est trop faible pour tenter une telle opération , ses avis télégraphiques , ses moyens industriels de transport sur toutes les grandes routes aboutissant à la place centrale , l'amèneront bientôt au point où est réellement l'armée envahissante , et lui permettront de commencer à verser du sang ; car c'est le seul moyen pour repousser l'étranger.

Enfin , pour les opérations de la plus stricte défensive , les garnisons de trois places réunies en un seul corps, disputant pied à pied la route à l'ennemi, le retarderont long-temps, lui causeront bien des pertes, et, en dernière analyse, viendront encore grossir de leurs débris l'armée principale. Dans les trois places, au contraire , elles ne l'eussent pas autant retardé , et elles ne lui eussent tué personne. Isolées dans leurs bastions, leur résultat le plus certain eût été de produire un vide nuisible dans l'armée active.

CHAPITRE XXIV.

Ensemble des dispositions précédentes.

La division précédente en portions de frontières, nécessaire pour indiquer facilement la totalité des dispositions additives, pourrait conduire à une contradiction avec l'idée générale du système ; il faut la prévenir.

Agir en masse contre l'ennemi est la base de ce système.

Par suite, si au lieu de n'opérer que sur une seule direction, l'ennemi se divise en plusieurs armées pour attaquer sur toute la circonférence, il faudra bien se garder de se diviser soi-même pour aller couvrir chaque province, au moyen des obstacles créés sur ces frontières. Mieux vaudrait qu'ils n'existassent pas, que d'être amenés à une pareille dispersion. Mais il est facile de voir qu'ils sont établis dans un tout autre esprit.

L'armée française, réunie en une seule masse, doit, s'il est possible, se porter rapidement sur une des armées envahissantes, et l'écraser ; puis se retourner de suite contre les autres.

Le but des dispositions additives, est de prononcer de plus en plus la séparation entre les armées envahissantes, si tant est que l'ennemi adopte cette marche.

Si, au contraire, toutes les forces étrangères sont réunies, le but des dispositions est de procurer à l'armée de France toutes les facilités possibles pour se retirer sûrement et glorieusement sur la place du delta (1).

Napoléon. Montholon, tome 1ᵉʳ, pag. 294. Mais faut-il défen-

La position du delta de la Loire et de l'Allier était éminemment stratégique pour la défense de la France : le but des dispositions additives n'est que d'augmenter ces propriétés. C'est pour cette défense totale, non pour celle d'une province particulière, qu'elles sont créées.

La place centrale et l'armée sont entièrement liées. Lorsque celle-ci s'en élance pour heurter l'ennemi, elle doit toujours pouvoir y retourner librement ; elle doit ne pas courir le risque de voir sa communication coupée par une des colonnes envahissantes, pendant qu'elle se porte contre une autre. Les dispositions additives ont encore eu ce résultat en vue, en bornant le nombre des routes praticables conduisant l'ennemi au delta, et en

---

dre une capitale en la couvrant directement, ou en s'enfermant dans un camp retranché sur les derrières ? le premier parti est le plus sûr : il permet de défendre le passage des rivières, les défilés, de se créer même des positions de campagne ; de se renforcer de toutes ses troupes de l'intérieur, dans le temps que l'ennemi s'affaiblit insensiblement. — Pag. 295. En général, l'idée de couvrir une capitale, ou un point quelconque, par des marches de flancs, comporte avec elle la nécessité d'un détachement et les inconvéniens attachés à toute dissémination devant une armée supérieure. — Frédéric : *Instruction*, art. 8. Dans les camps destinés pour couvrir un pays,.... il ne faut pas occuper tous les débouchés par où l'ennemi peut venir à vous, mais seulement celui qui le mène à son but.... La Marche électorale de Brandebourg.... ne peut être couverte par aucun camp, puisqu'il y a plus de six lieues de plaine et qu'elle est ouverte partout. — Art. 15. Si vous voulez faire arriver heureusement un secours, le moyen le plus sûr est de marcher à sa rencontre par un terrain difficile, et de se retirer devant l'ennemi pour éviter le combat. Par la supériorité que l'on gagne par l'arrivée du secours, on recouvrera bientôt le terrain qu'on n'a fait que lui prêter.

les rendant assez défensives pour qu'un petit corps détaché pût les faire acheter chèrement et lentement.

Enfin, l'on remarquera. que, sans être coupée de sa base, l'armée française coupera elle-même dans beaucoup de circonstances les armées envahissantes. Cette propriété servira particulièrement à garantir le port de Toulon d'un siége. Les grandes routes au travers des Alpes y ajouteront beaucoup.

CHAPITRE XXV.

Défense des Côtes.

Des batteries de côte pour protéger le cabotage, et surtout pour éloigner les vaisseaux ennemis des mouillages, ont été reconnues nécessaires.

Leur forme, fixée par une espèce de patron-modèle adopté réglementairement, quoique médiocre, leur emplacement déterminé, par suite d'une longue guerre maritime de blocus, devraient faire regarder la solution comme complète à leur égard. Il semble pourtant qu'on pourrait lui ajouter quelque chose.

L'emploi de deux nouveaux moyens de guerre y conduira : les canons à bombes et à obus à percussion, et les bateaux à vapeur.

La cause de la multiplicité des batteries de côte est leur immobilité ; on les entasse les unes sur les autres, et pourtant les mouillages ne sont réellement pas soustraits à l'ennemi. En citer quelques-unes serait facile, mais non convenable.

Placer sur les côtes, de distance en distance, des bateaux à vapeur armés de canons à obus à percussion, serait d'une très-grande utilité. La facilité qu'ils ont de

manœuvrer en tout temps et avec tout vent, leur per-
mettrait de se porter à volonté contre les vaisseaux ennemis; et s'ils parvenaient, ce qui est très-probable, à
loger dans la coque de ceux-ci quelques obus qui y écla-
tassent, les avaries terribles qu'ils leur causeraient pro-
duiraient bien souvent leur perte en les amenant à la
côte.

Leur tirant d'eau, bien inférieur à celui des gros bâtimens de guerre, leur permettant d'occuper des positions où ils n'auront pas à craindre l'attaque corps à
corps de l'ennemi, ajoutera encore à cet avantage; ce
sera, pour toutes les circonstances possibles, autant de
gagné sur la portée des projectiles.

Les batteries destinées à défendre contre des attaques
les bateaux à vapeur, devront être formidables, garnies
de fourneaux à rougir les boulets, et de canons à bombes,
et être situés aux points les plus saillans, pour donner
plus d'étendue aux excursions de leurs bateaux.

Leur forme pourrait être rendue bien meilleure et
bien plus simple; mais ce n'est qu'un objet de détail. Il
devrait y avoir près d'elles un couvert, pour cacher les
bateaux à vapeur aux vues d'une escadre chargée de les
écraser; car ce serait certainement le moyen employé
pour les détruire.

Enfin, des chemins continus, généralement parallèles
à la côte, défilés de la mer, ayant de distance en distance des épaulemens en terre, permettront la circula-
tion rapide et la mise en batterie de quelques pièces de
campagne; car il faut bien créer la possibilité de se servir de ces équipages d'artillerie, dont on a toujours
reconnu la nécessité.

Alors, au lieu d'un grand nombre de batteries faibles,

que l'ennemi insulte impunément, il n'y en aurait plus
que quelques-unes très-fortes, que l'on n'oserait approcher, et sous l'action desquelles on craindrait d'être
amené par des avaries ou des fausses manœuvres.

Au lieu d'une quantité immense de pièces, disséminées de tout côté pour chercher à battre faiblement tous
les points d'un mouillage, résultat auquel on ne parvient
même pas toujours, on aurait quelques obusiers à percussion, s'approchant à volonté des vaisseaux ennemis,
quelque position qu'ils occupent ou qu'ils parcourent,
et par un seul coup heureux pouvant les détruire.

Enfin, au lieu d'une énorme quantité de batteries
entretenues à grands frais, de magasins à poudre répan-
dus partout (1), de pièces d'artillerie éparses sur toute
la côte exigeant beaucoup d'hommes pour les servir, on
n'en aurait plus qu'un petit nombre à l'abri de l'ennemi,
et produisant un plus grand résultat.

---

(1) NAPOLÉON. MONTHOLON, tome 3, pag. 35.... On n'aura plus
besoin de construire à la hâte des corps-de-garde et des magasins
qui tombent en ruines en temps de paix : les pièces, les boulets,
les affûts, les armemens seront renfermés dans les tours. En qua-
rante-huit heures toutes les côtes de France pourront être armées
ou désarmées,.... ce système serait permanent et fixe. — NAPOLÉON.
GOURGAUD, tome 1er, pag. 28. On établit des magasins à poudre et
des corps-de-garde dans de mauvaises positions ; ils sont souvent
mal construits, quoique coûtant beaucoup, exigeant de fréquentes
réparations, sont inutiles à la défense, et ne durent qu'une ou deux
campagnes (*or ces défauts subsistent toujours*).

LIVRE VI.

Généralité du nouveau Projet.

CHAPITRE PREMIER.

De ce que l'on se propose d'examiner.

Que les systèmes connus, précédemment examinés, ne suffisent pas pour sauver l'État, dans l'hypothèse d'une armée assaillante très-supérieure à l'armée défensive;

Que le projet proposé offre, dans les mêmes circonstances, une garantie suffisante de salut;

C'est ce que l'on regardera désormais comme prouvé; c'est la base d'où l'on partira.

Mais que cette disproportion énorme entre l'attaquant et l'attaqué puisse avoir lieu;

Qu'elle doive se présenter toujours, soit d'un côté, soit de l'autre;

Que dans toute espèce de guerres, le projet soit celui qui favorise le plus les opérations, celui qui donne le plus de chances de succès;

Qu'enfin ce soit celui qui donne le plus d'essor à la science, à l'industrie, aux vertus militaires;

C'est ce que l'on va s'efforcer de démontrer. On y emploiera, non de longs discours, mais un énoncé simple des propriétés que l'on pense devoir exister. Cela doit, en effet, suffire aux esprits justes, pour reconnaître s'il y a ou non erreur.

CHAPITRE II.

De l'Initiative.

La guerre entre les États doit naissance aux circonstances les plus minimes, comme aux intérêts les plus élevés ; rarement est-elle le résultat d'un plan juste et sage. Républicain, monarchique, despotique, aucun gouvernement n'est à l'abri.

Même les États républicains sont-ils peut-être les plus exposés ; car la guerre s'y décide souvent pour satisfaire à l'orgueil d'un meneur qui ne répond de rien. Dans un gouvernement despotique, il y va de la vie du maître ; dans un État monarchique, de la conscience du Roi vis-à-vis les peuples confiés à ses soins.

De là résulte cette condition, que dans un grand État continental, il faut toujours regarder la guerre comme imminente, au moins de la part de l'ennemi.

Par suite, on doit s'organiser de manière à être à chaque instant en équilibre de forces avec ses voisins pendant la paix, et à pouvoir augmenter rapidement ses moyens à la guerre, pour résister avec avantage.

De plus, ces forces nécessaires pour l'équilibre doivent être susceptibles d'une concentration rapide ; il faut enlever à l'ennemi l'avantage de l'initiative, et se le procurer à soi-même s'il est possible (1).

______

(1) FRÉDÉRIC : *Instruction*, art. 18. Celui qui a l'entrée d'une

Or, cette concentration est toute faite dans la place centrale.

En outre, pour une quantité quelconque d'hommes armés, c'est de tous les systèmes celui qui permet d'en mobiliser la plus grande masse; car c'est celui qui en gaspille le moins pour la garde des forteresses.

Pendant la paix, c'est celui qui met forcément le plus d'hommes sur pied; car le résultat immédiat est un bien, et pour eux, et pour leur pays.

Donc la place centrale semble satisfaire mieux que tout autre système à la condition ci-dessus.

CHAPITRE III.

Continuation.

La concentration, la mobilité de cette masse serviront, dans les mêmes hypothèses, à éloigner la déclaration de guerre de la part de l'ennemi; quelquefois, **par** suite, elles l'empêcheront; car celle-ci souvent tient à des circonstances bien légères.

---

campagne assemblera le premier ses troupes et marchera en avant... obligera toujours l'autre.... de se tenir sur la défensive. —Art. 28... J'agis alors (de 1745 à 1746) selon mon principe, et je les prévins : je fis au milieu de l'hiver la guerre dans leur pays. — GUILLAUME DE NASSAU, dans *Ses Grands Capitaines.* Toutes ses réflexions sur la bataille de Zama pour prouver que dans tous les cas il vaut mieux être sur le territoire ennemi, même lorsqu'on y est battu en bataille rangée. — Duc de ROHAN : *Parfait Capitaine* , pag. 40. Il ne faut pas non plus oublier sa dextérité (de César) à diviser ceux qui se liguaient contre lui , et à les attaquer séparément : et sa diligence coutumière à les surprendre , étant venu à bout de la plupart de ses grands desseins par ces voies-là.

Si elle ne doit servir qu'à l'éloigner, alors de deux choses l'une :

Ou l'on pénétrera rapidement chez l'étranger, portant, pour ainsi dire, la déclaration de guerre par les coureurs de l'avant-garde, et profitant de tous les avantages de l'initiative contre des troupes encore disséminées (1),

Ou l'on utilisera ce temps de répit à augmenter tous ses moyens de guerre.

Mais si l'on eût été disséminé dans des garnisons, sur tout le pourtour du royaume, qui eût pu garantir que l'ennemi ne se serait pas donné l'avantage de la concentration plus rapide ? Il lui suffit, pour cela, de quelques jours d'avance. Ses marches intérieures le découvriront, il est vrai ; mais il sera déjà trop tard : déjà l'on devra désigner soi-même le rendez-vous général, bien en arrière de la frontière ; car il en est de cela comme d'une concentration de quartiers (2).

---

(1) Napoléon. Montholon, tom. 5, pag. 190. Le projet de Frédéric de s'emparer de Prague et de la Bohême était bon.... Là comme dans un grand camp retranché, il eût couvert la Saxe et la Silésie, contenu l'Autriche et l'Empire. Il devait réussir dans cette entreprise, toutes les chances étaient en sa faveur ; il avait l'initiative du mouvement, des troupes supérieures en nombre et en qualité, son audace et ses grands talens. — Pag. 334. On reproche à ce grand Capitaine de n'avoir pas profité, comme il le devait, de l'initiative qu'il a eue en 1756.

(2) Napoléon. Montholon, tome 5, pag. 20. (Turenne à Mariendal). C'est un des principes les plus importans de la guerre que l'on viole rarement impunément ; rassembler ses cantonnemens sur le point le plus éloigné et le plus à l'abri de l'ennemi. — Pag. 65. Il faut que le point de réunion d'une armée, en cas de surprise, soit toujours désigné en arrière, de sorte que tous les cantonne-

Au contraire, concentré, formé dans la place centrale, on peut se jeter chez l'ennemi dès que ses mouvemens préparatoires le trahissent.

La place centrale donne donc la certitude absolue de n'être jamais réellement surpris par l'ennemi, quelque faute que l'on ait pu faire d'ailleurs.

CHAPITRE IV.

Continuation.

Si deux nations, en contact par un grand développement de frontières, prévoient entre elles une rupture prochaine, elles se préparent mutuellement à la guerre.

Les préparatifs se poussent avec activité; les tergiversations diplomatiques continuent, enfin la première prête se hâte de déclarer et de porter la guerre à sa voisine.

L'habitude même d'entretenir des ambassadeurs dans les cours étrangères, n'est fondée que sur ce besoin; ce sont des sentinelles avancées, qui empêchent que l'on ne soit surpris. Si l'on était assez fortement constitué pour n'avoir rien à craindre, on n'aurait que des consuls (1).

---

mens puissent y arriver avant l'ennemi. — Tome 4, pag. 310. Lorsque vous êtes chassé d'une première position, il faut rallier vos colonnes assez en arrière pour que l'ennemi ne puisse les prévenir; car ce qui peut vous arriver de plus fâcheux, c'est que vos colonnes soient attaquées isolément avant leur réunion.

(1) PRINCE DE LIGNE, tome 2, pag. 59. Si j'étais roi de France, je laisserais bourdonner l'Europe autour de moi, je n'en demanderais pas de nouvelles, je défendrais même qu'on m'en donnât : je retirerais mes ambassadeurs et les petits espions. J'aurais pour défendre ma position heureuse, etc....

(149)

Les objets que l'on rassemble pour ces préparatifs,
sont de deux genres : les uns animés, les hommes et les
chevaux; les autres matériels, les armes, les machines,
les munitions de toute espèce.

Les premiers, quelle que soit leur dissémination dans
le royaume, peuvent encore se réunir assez promptement; mais les autres sont loin de présenter les mêmes
facilités : ce sont eux surtout qui peuvent le plus trahir
le secret de ce que l'on médite (1).

Ces derniers, cependant, sont de nécessité absolue;
sans eux, il n'existe réellement pas d'armée. Que serait-
ce, en effet, qu'une masse d'hommes dépourvus de ce
qui est nécessaire pour combattre (2)?

Donc, de deux nations, toutes autres choses égales
d'ailleurs, celle-là seulement pourra pousser la guerre,
qui aura su réunir tout ce qui est nécessaire à la masse
d'hommes qu'elle a mis sur pied.

Eût-elle su, par des marches de troupes, prendre l'i-
nitiative, si celles-ci sont dépourvues de munitions, ce
premier avantage se perdra rapidement, sauf des fautes
de l'ennemi.

Un des grands résultats des places fortes, est de ren-

____

(1) Frédéric : *Instruction*, art. 13. Le plus sûr moyen de découvrir les desseins de l'ennemi avant l'entrée de la campagne, est
l'endroit qu'il choisit pour le dépôt de ses vivres. — Les Français
ont fait de doubles magasins... pour empêcher l'ennemi de découvrir leurs desseins.

(2) Napoléon. Montholon, tome 4, pag. 338. Une armée doit
être tous les jours, toutes les nuits et toutes les heures, prête à opposer toute la résistance dont elle est capable ; ce qui exige que les
soldats aient constamment leurs armes et leurs munitions; que l'infanterie ait constamment avec elle son artillerie, sa cavalerie, ses
généraux.

fermer d'ordinaire, et de mettre en sûreté tous ces attirails militaires confectionnés à l'avance.

Mais si tous ceux nécessaires à une grande armée sont disséminés dans les places d'une frontière étendue, il faudra les réunir pour les mettre en action. Or, cela ne sera-t-il pas plus long et plus visible, que s'ils étaient déjà concentrés dans un emplacement unique, ayant des communications extrêmement faciles avec tous les points de la frontière.

La place centrale, mieux que tout autre système, satisfait donc de tout point, tant pour les hommes que pour les matériaux, au problème de procurer l'avantage de l'initiative.

Plusieurs places répandues sur cette frontière étendue, pourraient, il est vrai, satisfaire aussi bien à cette seconde partie; chacune d'elles n'aurait, pour cela, qu'à renfermer presque tout ce qui est nécessaire à une armée, pendant un temps considérable (1).

Mais elles sont nombreuses; par suite, la masse des attirails, répétée presque autant de fois qu'il y aurait de grandes places, deviendrait une dépense tout à la fois inutile, ruineuse; présentant, en outre, à l'ennemi de riches proies, si on négligeait de les garder.

La place centrale, sous ce rapport, semble donc devoir être préférée.

____

(1) D'Arçon, pag. 53 et 56. Toutes les places, même les plus éloignées, doivent être abondamment pourvues de vivres et de munitions;... on trouve dans ces grands dépôts tous les moyens de porter la guerre offensive au dehors. (*Cela prouve qu'en cas de revers il faut bien se garder de les abandonner à des gardes nationales.*)

CHAPITRE V.

Continuation.

L'initiative, toutes les fois qu'on a pu la prendre, a généralement amené de grands succès. Si quelquefois ces succès se trouvèrent arrêtés, la cause en fut, ou dans le manque de génie des généraux (1), qui ne surent pas profiter de cet avantage, ou dans des événemens qu'on ne pouvait prévoir. Ce sont des faits de l'histoire, que l'on ne peut ni récuser, ni oublier impunément.

Pour prévenir un si grand danger, les nations voisines auront trois moyens, entre lesquels elles opteront forcément.

1° La création d'une place centrale semblable à la nôtre ;

2° L'entretien sur pied, dans divers rassemblemens, d'une armée formidable ;

3° L'entretien d'une petite armée, et la création de l'un des systèmes de places de guerre exposés précédemment.

Le premier ne ferait que l'égaler à nous.

Le second sera une chose ruineuse, qui lui ferait subir, en temps de paix, les dépenses d'une guerre malheureuse.

Le troisième sera insuffisant, comme nous l'avons démontré, et même funeste, comme nous le démontrerons plus tard.

---

(1) Napoléon. Montholon, tome 4, pag. 341. Les Autrichiens, en général, ne connaissent pas le prix du temps.

Donc, par le fait seul de la place centrale et de son organisation intérieure, on prendra sur l'ennemi une supériorité, qu'il ne pourrait effacer que par des dépenses excessives, ou par l'emploi du même moyen.

CHAPITRE VI.

Différentes espèces de guerres.

La guerre a toujours pour but de forcer l'ennemi à accorder quelque chose qu'il refuse, ne fut-ce que la paix.

Cette guerre est dite offensive ou défensive, suivant la plus ou moins grande supériorité des masses, ou suivant le génie des généraux. En donner une définition exacte ne semble pas facile; car une bonne défensive ne doit se composer que d'actions offensives (1). Pour être attaquant, il n'est point du tout nécessaire d'être le plus fort; car, quelque chose que l'on tente, c'est toujours dans le but de nuire à son ennemi. Peut-être, militairement parlant, ne doit-on pas reconnaître de guerre défensive; peut-être est-ce une contradiction manifeste avec les principes et la raison; peut-être est-ce une périphrase pour exprimer une suite de fautes (2).

---

(1) Napoléon. Montholon, tome 2, pag. 11. Toute guerre offensive est une guerre d'invasion; toute guerre bien conduite est une guerre méthodique; la guerre défensive n'exclut pas l'attaque, de même que la guerre défensive n'exclut pas la défense, quoique son but soit de forcer la frontière et d'envahir le pays ennemi.

(2) Napoléon. Montholon, tome 3, pag. 179.... Il fallait que toute l'armée se rassemblât sur son extrême droite; opération dangereuse si les neiges n'eussent pas alors couvert les débouchés des

C'est ainsi que les langues ne reconnaissent pas de propositions négatives (1).

Mais ces expressions sont adoptées, nous nous en
servirons.

Par guerre offensive, nous désignerons celle où l'on
est supérieur à son ennemi ;

Par guerre égale, celle où l'on est égal à son ennemi ;

Par guerre défensive, celle où l'on est inférieur à l'ennemi.

De plus, nous supposerons, dans tous ces cas, que
l'on ait l'intention de se battre, ce qui est loin d'avoir
toujours lieu.

CHAPITRE VII.

De la Guerre offensive.

On veut contraindre une puissance étrangère à une
condition quelconque qu'elle refuse.

On est plus fort qu'elle ; quels moyens doit-on employer ?

Porter, le plus rapidement possible, contre elle la
plus grande masse possible ;

Atteindre par des marches rapides, rompre par des
batailles les forces qui se trouvent rassemblées (2) ;

Alpes. Le passage de l'ordre défensif à l'ordre offensif, est une des
opérations les plus délicates.

(1) DESTUTT-TRACY : *Idéologie*, chap. 4.

(2) FRÉDÉRIC : *Instruction*, art. 23. Les batailles décident le sort
d'un État,... il faut absolument dans la guerre en venir à des actions
décisives, soit pour se tirer de l'embarras de la guerre, soit pour y
mettre son ennemi. — Nos guerres doivent être courtes et vives ; il
n'est pas de notre intérêt de traîner l'affaire.

Refouler et affamer dans des places les gros corps qui auront cru trouver protection sous leur abri ;

Pénétrer aussi loin qu'il sera nécessaire, pour s'opposer efficacement à toute réunion, à toute organisation de ressources ;

S'emparer des villes riches et manufacturières, et, par suite, tarir les sources pécuniaires de l'État ;

S'emparer des arsenaux, où du moins les couper, et, par suite, neutraliser les moyens militaires ;

Mettre ainsi le gouvernement ennemi dans l'impossibilité de se défendre ;

Lui causer un mal beaucoup plus grand que celui qu'il éprouverait en accordant les demandes qu'on lui a faites,

Et, pourtant, ménager la population, jusqu'au point où elle aurait encore à perdre en s'insurgeant.

Personne, probablement, ne réfutera ces principes ; il n'y aura de discussion que sur la manière de les exécuter, et c'est une question que nous n'aborderons pas.

Mais une chose, surtout, ne pourra être contestée, c'est que la masse et la vitesse sont les élémens les plus nécessaires à ces résultats (1).

---

(1) NAPOLÉON. GOURGAUD, tome 1er, pag. 191. Pendant cette campagne (Ulm-Moreau), l'armée française qui était plus nombreuse, a presque toujours été inférieure en nombre sur le champ de bataille ; c'est ce qui arrive aux généraux qui sont irrésolus, et agissent sans principes et sans plans ; les tâtonnemens, les *mezzo-termine* perdent tout à la guerre. — Pag. 192. De cette manière.... toutes les chances étaient pour elle (l'armée française), elle profitait de son initiative pour marcher réunie, surprendre l'ennemi pendant ses mouvemens,.... c'est l'avantage de toute armée qui marche toujours réunie.

Or, qui en procurera plus , de la place centrale ou des autres systèmes ? Il semble qu'il n'y a qu'une réponse à faire , la place centrale. C'est donc elle qui , dans ce cas , offrirait le plus de chances.

CHAPITRE VIII.

Continuation.

Une puissance n'est plus seule à donner naissance à la guerre , mais plusieurs semblent se réunir pour former une coalition formidable.

Porter rapidement toute sa masse sur une seule d'entre elles , avant que leurs forces ne soient réunies ;

Surprendre et écraser dans leur marche les corps qui , des divers points, se dirigent vers le rendez-vous général de toutes ces armées ;

Enlever, incendier les principaux arsenaux et les magasins que l'on pourra atteindre ;

Anéantir ainsi, s'il est possible , cette première coalition , et se retourner aussitôt contre une de ses voisines,

Tel est le moyen le plus décisif que l'on puisse tenter , le résultat le plus beau que l'on puisse obtenir.

Là , plus encore que dans la première hypothèse , la grandeur de la masse et la promptitude à la lancer sur ces étrangers , fourniront des probabilités de réussir.

Là aussi, plus que dans le premier cas , l'existence de la place stratégique du delta satisfera à ces conditions bien mieux que les autres systèmes ; car, avec le développement des frontières ennemies, s'agrandirait nécessairement le nombre de places fortes exposées à être enlevées ; par suite, le nombre des garnisons. Le résultat immédiat en serait de diminuer d'autant la masse mobile. Ainsi, dans un péril plus grand, on aurait moins de moyens de s'en défendre.

Donc, dans une guerre offensive, la place centrale est, de toutes les masses fortifiées, celle qui fournit le plus de probabilités de succès. Or, la guerre n'est qu'une affaire de probabilités.

CHAPITRE IX.

De la Guerre égale.

La puissance ennemie contre laquelle on est forcé de combattre ne s'est pas laissé surprendre ; ses troupes, rassemblées de longue main, se présentent sur la frontière ; leur masse est égale à celle que l'on peut mobiliser, et celle-ci atteint déjà le théâtre de la guerre.

Comment conduira-t-on ses opérations, pour être d'accord avec le système de la place centrale ?

Livrer de but en blanc une bataille pure et simple, serait prématuré ; car les chances sont égales de part et d'autre.

Il faut donc chercher à rompre cet équilibre en sa propre faveur.

Le premier moyen pour y parvenir, est d'attendre qu'on ait pu organiser et rallier de nouveaux renforts plus promptement que l'ennemi.

Or, le système général se prête naturellement à ce résultat.

On campera avec toute sa masse dans une position

défensive, face et contre l'ennemi, à cheval sur la route qui le conduirait directement à la place centrale (1).

Ces positions défensives se trouveront à chaque instant, car elles ont été ébauchées d'avance dans l'ensemble du système.

L'ennemi, s'il veut en venir à un résultat, sera donc forcé, ou de livrer bataille contre une position formidable, ou de manœuvrer pour la faire évacuer :

S'il livre bataille, dans la première hypothèse, les probabilités ne sont pas en sa faveur ;

S'il manœuvre, comme l'on est aussi fort que lui, et que l'on campe constamment à sa vue et en masse, il risque d'être pris en manœuvrant, et les probabilités ne sont pas encore pour lui (2).

Il est donc contraint, ou de s'arrêter, ou d'entreprendre des opérations qui réussiront peut-être, parce que tout peut réussir, mais qui, généralement, seront des fautes.

____

(1) NAPOLÉON. MONTHOLON, tome 5, pag. 137. La conduite de Turenne, dans cette occasion, lui a été reprochée. Il a manœuvré trop loin de son ennemi ;.... toutefois, Turenne savait, mieux que personne, que la guerre n'était pas un art conjectural, il devait régler ses mouvemens sur ceux de son adversaire et non sur son idée, ... cette faute de Turenne fut un nuage à sa gloire ; c'est la plus grande faute qu'ait commise ce grand capitaine. — FRÉDÉRIC : *Instruction*, art. 10. Le point le plus essentiel auquel il faut s'attacher, est l'armée ennemie.

(2) FRÉDÉRIC : *Instruction*, art. 8. Un camp est bien choisi si, par un petit mouvement que vous ferez, vous forcez l'ennemi d'en faire un grand ; ou si après une marche il sera contraint d'en faire encore d'autres. — Art. 23. Quelquefois on n'a pas d'intention d'engager une affaire, mais on y est invité par les fautes de l'ennemi, dont il faut le punir.

Le système a donc produit tout ce que l'on pouvait demander ; réunir, dans le cas de l'égalité des forces, des chances en sa faveur.

La cause en est que l'on a pu, dès le début, réunir une masse égale à celle de l'ennemi, se tenir à côté de lui, refuser le combat, et le menacer à chaque instant, s'il faisait des fautes.

En outre, l'ennemi a été empêché de faire aucun mal au pays ; car, pour cela, il eût dû s'affaiblir par des détachemens, et l'on eût profité de cette circonstance pour l'attaquer avec avantage (1).

Plusieurs places eussent-elles produit le même résultat ? Non..... car, employant des troupes pour leur garnison, elles eussent diminué de beaucoup l'armée active ; celle-ci alors eût dû, ou recevoir un combat désavantageux, ou reculer devant l'ennemi, ou se cacher sous une place.

Recevoir un combat désavantageux eût été un grand malheur ; la perte de l'État eût pu s'ensuivre immédiatement.

Reculer devant l'ennemi eût été le plus conséquent, parce qu'en se massant, on peut espérer de ralentir sa marche à tous les débouchés, et qu'on se porte sur ses propres réserves, ce qui peut produire une supériorité

---

(1) Napoléon. Montholon, tome 3, pag. 255. Wurmser.... ne pouvait être arrivé en Italie avant le 15 juillet,.... il y avait donc trente ou quarante jours pendant lesquels on (Napoléon) pouvait faire sans inconvéniens les détachemens nécessaires. — Frédéric : *Instruction*, art. 10. Ne faites jamais de détachemens lorsque vous agissez offensivement. — Art. 11. Par des ruses on oblige encore l'ennemi à faire des détachemens, et quand ils sont partis on marche à lui.

future; mais par cette manœuvre, on livre nécessairement à sa voracité tout le pays en arrière, à ses entreprises les vastes dépôts de richesses militaires renfermées dans les places dépassées.

Se cacher sous une place, eût été une faute; car l'ennemi, profitant de sa supériorité, serait venu l'y bloquer. Par des block-hauss, des routes coupées, des cours d'eau barrés et gonflés, il y parviendra sans s'exposer. Il affamera cette armée (1), il la contraindra à se rendre ou à évacuer de bonne heure cette position; mais alors, forcée de marcher, de manœuvrer devant lui, elle courra toutes les chances funestes attachées à ces mouvemens, en présence d'un ennemi supérieur, actif, et qui guette sa proie. Coupée de ses réserves par ce dernier, qui n'aura pas manqué de s'interposer entre elle et le cœur de l'État, elle se verra engagée dans une suite d'opérations fautives et hasardeuses. Alise, Mantoue, en 1797; Ulm, en 1804, présentent le type du sort qui l'attend : elle l'évitera peut-être; mais à coup sûr les probabilités ne sont pas pour elle, et ce ne sera pas sans avoir éprouvé de grandes pertes (2).

---

(1) ROHAN : *Parfait Capitaine*, pag. 82. Ceci nous fait voir (Pompée à Durazzo) de quelle utilité sont les retranchemens, et comme quoi, par les moyens d'iceux, ... on peut réduire à la faim une armée plus puissante que la vôtre, ... et si César eût eu affaire à un autre homme que Pompée, qui dès le commencement se fût laissé resserrer, il eût ruiné son armée, ou il l'eût contrainte à combattre.

(2) FRÉDÉRIC : *Instruction*, art. 8. On se met encore sous la protection d'une place forte.... Un général qui occupe un camp pareil est inattaquable tant qu'il peut s'y maintenir : mais il sera obligé de le quitter, lorsque l'ennemi se met en mouvement pour

Arrêter l'ennemi, le contenir sur un petit espace, rallier les secours de l'intérieur jusqu'à ce que l'on ait la supériorité numérique, est donc un résultat probable avec la place centrale; avec les systèmes ordinaires, au contraire, il est improbable, et pourtant, c'est un des grands avantages que l'on prétend leur trouver.

CHAPITRE X.

Continuation.

Gagner du temps pour rallier ses ressources intérieures, est loin d'être toujours avantageux. Fournissant à l'ennemi, dans bien des circonstances, la possibilité de se rendre numériquement très-supérieur, cette résolution deviendrait dangereuse; en peu de jours, elle amènerait à une grande défensive, et celle-ci doit toujours s'éviter autant que possible.

Dans une telle hypothèse, que faire? ou se résoudre de suite et franchement à cette guerre défensive, ou tout entreprendre pour la prévenir. Le génie (1), la fortune (2) du chef, la valeur des soldats, comparés à

---

le tourner.... Un général doit bien se garder.... de se fourrer.... dans un terrain d'où il ne puisse sortir que par un défilé, car si son ennemi est habile, il l'y enfermera.

(1) FRÉDÉRIC : *Instruction*, art. 24. Il faut de bonnes têtes et de bons généraux, qui aient de la valeur, pour agir offensivement : le nombre en est petit, je n'en ai tout au plus que trois ou quatre dans mon armée.

(2) FRÉDÉRIC : *Instruction*, art. 24. Pour les accidens qui peuvent arriver à un général dans la guerre, je me retrancherai à dire qu'il y faut de l'adresse et du bonheur.

ceux de l'ennemi, seront les élémens qui devront décider; car le nombre est encore égal de part et d'autre.

La première résolution sera traitée dans la guerre défensive.

La seconde, si elle est adoptée, et ce devrait toujours être celle de la France, ne peut être exécutée qu'en se précipitant sur l'ennemi, pour le combattre et le détruire. Les circonstances du moment, et plus que tout cela, le génie du chef, dirigeront cette opération ; mais le but qu'on se propose devra toujours être présent à sa pensée. C'est une bataille à outrance, dans laquelle on joue sa fortune jusqu'au bout, et pour laquelle il ne doit pas y avoir de retraite ; c'est une bataille de géans (1).

Il faut en voir les conséquences :

Avec une détermination pareille, fondée sur le moral des troupes, des mouvemens peu étendus, et une bataille livrée par des lignes se relevant successivement et renouvelant toujours le combat, le résultat sera :

Ou une victoire décisive,

Ou une destruction presque complète des deux armées.

La première est ce que l'on peut désirer de plus heureux.

La seconde présente encore de grands avantages. L'ennemi est vainqueur; mais il est encombré de blessés, mais il n'a qu'un champ de bataille couvert des

---

(1) Frédéric : *Instruction*, art. 23. En matière de bataille, il faut suivre la maxime du Sannerib des Hébreux, qu'il vaut mieux qu'un homme périsse que tout un peuple.

cadavres de plus des trois quarts de son armée. Il n'a pas de prisonniers, car on l'a attaqué, non par de grands mouvemens hasardeux, non par de longues lignes faciles à percer, mais par une artillerie formidable et une tactique semblable à celle de Montmirail (1), qui ne reconnaît que la mort pour dernier juge du combat. Les vaincus, entièrement désorganisés, car ils ont poussé leur fortune jusqu'au bout, se retirent pêle-mêle, mais tous sur la même route de la place centrale ; car ils ne connaissent que ce point de refuge (2). Bientôt quelques-uns seront ralliés, bientôt les autres s'y rattacheront, bientôt ils garniront les défilés, les positions en avant de l'ennemi, si tant est qu'il les poursuive (3) ; bientôt ces deux squelettes d'armée deviendront stationnaires. C'est ainsi qu'après la Moscowa, dans des circonstances bien plus favorables, Napoléon fut sur le point de ne pas poursuivre les Russes, si Kutusow eut fait mine de tenir (4).

Alors l'ennemi attendra pour rallier ses immenses secours, dont on avait voulu prévenir l'arrivée, et commencer cette guerre offensive de sa part, défensive de la nôtre, que l'on avait cherché à éviter.

-----

(1) Gourgaud : *Campagne de 1815*, pag. 121.

(2) Napoléon. Gourgaud, tome 2, pag. 238.... Une partie des Mameluks rentra dans le camp retranché, par un mouvement naturel au soldat de faire sa retraite vers le lieu d'où il est parti.

(3) Frédéric : *Instruction*, art. 22. Si l'on a été battu, il ne faut pas pour cela se retirer à quarante lieues, mais s'arrêter au premier poste avantageux qu'on trouvera, et y faire une bonne contenance pour remettre l'armée, et pour calmer les esprits de ceux qui sont encore découragés.

(4) Lettre du Major-général du 27 septembre 1812.

Mais cette guerre défensive sera-t-elle plus difficile que n'eût été la première ? mais les pertes immenses que l'ennemi a faites, la démoralisation de ses jeunes troupes au récit de la grande bataille, le rendront-elles plus intraitable sur la paix ? cela n'est pas probable. Mais cela n'est pas même nécessaire à discuter ; car on ne peut être tout au plus amené qu'à une guerre défensive avec une grande infériorité, et l'on a déjà vu que la place centrale garantit le salut de l'Etat, même dans cette hypothèse, celle pour laquelle elle a été créée.

Qu'eussent fait plusieurs places de guerre dans la même hypothèse de la résolution de livrer bataille ?

L'armée, affaiblie par les garnisons, eût eu bien moins de chances de succès (1), et couru de bien plus grands dangers, parce que la supériorité de nombre eût laissé à l'ennemi des corps disponibles pour la tourner.

Si, pour éviter ces périls, elle eût retiré les garnisons, présenté une masse à peu près égale à celle de l'ennemi, et perdu la bataille avec les mêmes circonstances que ci-dessus, ses soldats, désorganisés, se réfugiant vers différentes places à portée, eussent prononcé pour toujours leur dissémination (2); l'ennemi n'eût plus vu d'ap-

---

(1) Frédéric : *Instruction*, art. 10. Si vous voulez donner bataille, tâchez de rassembler toutes vos troupes ; on ne saurait jamais les employer plus utilement.

(2) Napoléon. Montholon, tome 2, pag. 106. On a vu les Romains à Trasimène et à Cannes, Annibal à Zama, Scipion à Thapsus, Sextus à Munda, Mélas à Marengo, Mack à Ulm, le duc de Brunswick à Iéna perdre leurs armées, ne pas pouvoir se rallier quoique au milieu de leurs places fortes et près de leurs capitales. — Pag. 195. Tout l'alinéa 42 terminé par ces mots : donnez-vous toutes les chances de succès, lorsque vous projettez de livrer une

parence de masse devant lui, sa confiance s'en fût augmentée. Les forteresses que le hasard n'eût pas pourvues
d'une garnison nouvelle, facilement enlevées, mettraient
en son pouvoir les richesses militaires qu'elles renferment, et affirmeraient sa victoire; enfin, dès l'arrivée
de ses renforts, il serait à même de commencer une
guerre offensive toute probable en sa faveur. Aussi se
garde-t-on bien, avec des places, et dans les circonstances précédentes, de proposer la bataille. C'est donc
un moyen de plus que la place centrale donne, et que les
autres systèmes refusent.

CHAPITRE XI.

Continuation.

Attendre ses renforts, en se maintenant sur la frontière, a pu être, ou utile, ou dangereux, suivant l'infériorité ou la supériorité de ceux que l'ennemi appelait
de son côté. On a examiné les combinaisons qui en ré-
sultaient. Il peut encore arriver que les États belligé-
rans soient tels, que les secours à réunir de part et d'autre soient égaux et disponibles aux mêmes époques.

Dans une pareille hypothèse, le moindre événement
peut rompre l'équilibre d'une manière irrévocable. Il

---

grande bataille, surtout si vous avez affaire à un grand capitaine ;
car, si vous êtes battu, fussiez-vous au milieu de vos magasins,
près de vos places, malheur au vaincu !! — FRÉDÉRIC : *Instruction*, art. 22. Dans une bataille perdue, le plus grand mal n'est pas
la perte des hommes, mais le découragement des troupes qui s'en
suit.

faut réunir des chances, pour que ce ne soit pas en fa·
veur de l'étranger.

Camper, comme précédemment, dans des positions
défensives, toujours près de lui, toujours avec la masse
la plus grande possible, amènera les mêmes probabilités;
celles de le contraindre à une attaque périlleuse, ou de
le surprendre manœuvrant. Il ne tentera pas d'expéditions latérales partielles, parce qu'il lui serait trop dangereux de se dégarnir par des détachemens; et s'il veut
les entreprendre avec toute son armée, les retards produits par la disposition de la frontière joints à la proximité où il est de l'armée qui l'observe, lui feront courir
de grands dangers.

Tout, dans cette guerre, dépendra réellement du
génie militaire des généraux. Mais avoir une masse égale
à celle de l'ennemi, une base d'opérations à l'abri de
toute tentative, point de riches dépôts militaires qu'on
craigne de découvrir, et, par suite, une grande liberté
dans ses manœuvres; enfin la certitude que, quelque
malheur que l'on éprouve, la patrie sera toujours sauve,
ce qui, dans les batailles, permettra de pousser sa fortune jusqu'au bout (1), résolution si importante, sont

---

(1) NAPOLÉON. MONTHOLON, tome 5, pag. 22. Condé a mérité la
victoire (à Nordlinghen) par cette opiniâtreté et cette rare intré-
pidité qui le distinguait. Car.... c'est elle qui lui a conseillé après
avoir perdu son centre et sa droite, de recommencer le combat
avec sa gauche, la seule troupe qui lui restât.... Des observateurs
d'un esprit ordinaire diront qu'il eût dû se servir de l'aile qui était
encore intacte pour opérer sa retraite, et ne pas hasarder son reste ;
mais avec de tels principes, un général est certain de manquer
toutes les occasions de succès et d'être constamment battu.... La

de grandes chances de succès, entièrement dues à la place centrale.

Plusieurs places eussent rendu l'armée d'opération inférieure à celle de l'ennemi; elle eût couru les risques déjà exposés au premier chapitre de cet article.

CHAPITRE XII.

Continuation.

Enfin l'armée ennemie, égale en forces, peut être la réunion de celles de plusieurs nations, et non appartenir à une seule.

Dans ce cas, la ligne des frontières ennemies s'étend; les routes que les renforts et les convois ont à parcourir pour rejoindre l'armée principale, s'allongent et prêtent le flanc; le nombre de capitales, de points vulnérables susceptibles de produire par leur chute le changement d'une des coalisées, s'agrandit. Alors la scène la plus avantageuse s'ouvre pour les grands mouvemens stratégiques; une marche peut décider de la guerre.

Les bases de ces manœuvres sont la centralisation des forces, la rapidité des mouvemens. Or, qui s'y prête le plus, ou d'une place stratégique comme celle du delta, qui laisse disponible la plus grande masse possible, dont les abords sont créés pour tout transporter rapidement, ou de places nombreuses diminuant l'armée active, et laissant, sur tous les points dont on s'écarte, des magasins considérables exposés aux entreprises de l'ennemi?

---

conduite de Condé est donc à imiter. Elle est conforme à l'esprit, aux règles et aux cœurs des guerriers.

Mais une chose surtout est nécessaire pour tenter de grands coups : l'audace. Or, qui en inspirerait davantage que cette réflexion consolante que, quelques revers que l'on éprouve, le salut de la patrie sera toujours assuré ; il ne saurait exister d'arrière-pensée.

CHAPITRE XIII.

De la Guerre défensive.

Quelque effort que l'on ait fait, on est encore inférieur à l'ennemi ; mais on peut parvenir à l'égaler, et même à le surpasser, au moyen de secours que l'on tirera de l'intérieur par les voies ordinaires. Quelle marche doit-on suivre ?

Assurer la jonction de ces secours, en hâter le moment, diminuer le plus possible, jusqu'à cette époque, les succès de l'ennemi, être toujours à portée de profiter de ses fautes, si tant est qu'il en fasse.

Pour cela, il faut concentrer la plus grande masse possible, occuper de bonnes positions défensives, ne pas se laisser couper de la base d'opération, camper toujours à portée de l'ennemi, ne reculer que le plus lentement possible en faisant acheter chèrement les défilés.

La place centrale, avec toutes ses conséquences, amènera indubitablement ce résultat.

Plusieurs places sur la frontière ne serviraient qu'à l'écarter. Diminuée par toutes les garnisons, l'armée mobile (1), si elle ne veut être exposée à un combat

---

(1) Rogniat : *Considérations*, pag. 498.... De peur.... d'affai-

désastreux , ni être bloquée et coupée de ses renforts ,
devra marcher vers le cœur de l'Etat. Ce sera , comme
on l'a déjà prouvé , le meilleur parti ; mais avec ses détachemens dans les places, se seront éloignées , et les
chances de succès contre les fautes de l'ennemi, et l'é-
poque de la supériorité numérique ; peut - être même
celle-ci est-elle disparue pour jamais. L'ennemi aura
donc pu la pousser vivement sur sa dernière position. Le
pire qu'il puisse lui arriver, c'est de reconnaître là son
impuissance, pour la détruire ou la bloquer. Alors, ré-
trogradant lentement sur son propre pays, il n'aura rien
à se reprocher; car il aura profité de toutes les probabilités , ravagé une grande partie du territoire ennemi ,
vécu long-temps à ses dépens, emporté des contributions et des trophées, et peut-être , dans sa retraite , en-
lèvera-t-il encore quelque grande place, et tout ce qu'elle
renferme. Mais pour une telle résistance , il faut nécessairement admettre une réunion extrêmement rapide de
tous les secours, et dès le début de la guerre, des forces,
non réunies, mais sur pied, presque équivalentes à celles
de l'assaillant. Or, dans de telles circonstances, et avec
la place unique , on n'eût jamais permis à l'ennemi deux
marches offensives vers l'intérieur.

CHAPITRE XIV.

Continuation.

Être peu inférieur à l'ennemi, comme de deux cents
à deux cent cinquante mille hommes, par exemple ; ne

---

blir les forces actives, qui, en dernier résultat, décident du sort
des empires.

pas avoir à espérer plus que lui, par les voies légales ordinaires, de renforts ou plus grands ou plus prompts,
est une position très-possible.

Dans une telle circonstance, ne rien donner au hasard, maintenir l'ennemi réuni, pour l'empêcher d'é-
tendre ses contributions, retarder sa marche offensive,
être toujours prêt à l'attaquer et à profiter de ses fautes,
est une opération que l'existence de la place centrale
unique et les dispositions plusieurs fois citées rendraient
immanquable.

Le pire qui pourra arriver, sera d'être ramené jusqu'à cette dernière position, dans laquelle on n'a plus
rien à craindre.

Alors toutes les conséquences du danger de la patrie
se feront sentir; les moyens à employer pour lever des
recrues, subiront une extension extraordinaire, et bientôt, de cette vaste place qui n'a pu être bloquée, s'é-
lanceront des forces immenses qui dévoreront l'ennemi,
s'il ne s'est hâté de s'enfuir.

Dans le cas des places ordinaires, l'armée, de beaucoup diminuée par les garnisons, eût été refoulée bien
plus vite vers une dernière position, où on l'eût bloquée,
affamée et détruite.

CHAPITRE XV.

Continuation.

Profiter des probabilités à la guerre, dès qu'on les a
pour soi, ne peut jamais être une faute; car tout, dans
ce monde, est variable; demain, peut-être, elles seront
contre vous. Le grand homme de guerre est celui qui

sait, le mieux possible, saisir l'occasion, dès qu'elle se présente. L'homme de méthode l'examine longuement pour la reconnaître ; pendant ce temps, elle s'échappe (1).

Loin de la tête des armées les hommes méthodiques, il n'y faut que des hommes de génie.

Et que l'on ne dise pas que le moindre soldat n'a pas le droit d'exprimer son opinion à cet égard ; car ils nous répondent du salut de l'État comme citoyens, de notre gloire et de notre sang comme leurs instrumens et leurs victimes.

______

(1) NAPOLÉON. MONTHOLON, tome 2, pag. 191. Toute guerre conduite suivant les règles de l'art, est une guerre méthodique. Les plans de campagne se modifient à l'infini, suivant les circonstances, le génie du chef, la nature des troupes, et la topographie. — Pag. 193. Il ne faut qu'une armée ; car l'unité de commandement est de première nécessité à la guerre. Il faut tenir l'armée réunie, concentrer le plus de forces possibles sur le champ de bataille, profiter de toutes les occasions ; car la fortune est femme : si vous la manquez aujourd'hui, ne vous attendez pas à la retrouver demain. — Tome 5, pag. 117. Turenne a violé cette règle qui dit : Profitez des faveurs de la fortune, lorsque ses caprices sont pour vous ; craignez qu'elle ne change de dépit, elle est femme. — Pag. 271. A force de disserter, de faire de l'esprit, de tenir des conseils, il arrivait aux armées françaises de ce temps, ce qui est arrivé dans tous les siècles, en suivant une pareille marche ; c'est de finir par prendre le plus mauvais parti, qui, presque toujours à la guerre, est le plus pusillanime, ou, si l'on veut, le plus prudent. La vraie sagesse, pour un général, est dans une détermination énergique. — PRINCE DE LIGNE, tome 1ᵉʳ, pag. 146. Les gens qui prévoient les malheurs en attirent toujours ; la confiance en inspire ; et quand on parvient seulement à cela, on est déjà presque sûr de la victoire. Dieu punit aussi l'irrésolution et la lenteur.

Le grand général, dans toutes les circonstances de guerre déjà citées, aura donc dû plusieurs fois tenter les chances des batailles (1). Il aura dû les pousser jusqu'à fond ; car la victoire souvent reste au plus tenace. Mais il aura pu être vaincu, parce que rien n'est certain à la guerre (2). Son armée aura nécessairement éprouvé d'immenses pertes, elle aura évacué de longs espaces, elle aura vu se déclarer contre elle des nations naguère ses alliées ; la patrie sera envahie par des armées formidables de soldats qui viennent pour la combattre ; de pillards qui, sous leur protection, viennent pour la dévaster, et pourtant, de qui aura-t-on à se plaindre ? de celui qui aura déclaré la guerre, peut-être, mais non de celui qui l'aura conduite..... (3).

On doit donc regarder, pour les grands Etats surtout, la position difficile ci-dessus comme très-probable, et tout préparer d'avance pour ne pas y succomber ; car qui, plus qu'un grand Etat, peut tenter de grandes opérations ?

Ce problème, la place centrale a été proposée pour

---

(1) FRÉDÉRIC : *Instruction*, art. 18. Celui des deux généraux qui aura le plus de ressources dans l'imagination, et qui tentera le plus souvent sur son ennemi, remportera à la longue des avantages sur le rival de sa gloire.

(2) NAPOLÉON. MONTHOLON, tome 5, pag. 271. Au commencement d'une campagne, il faut bien méditer si l'on doit ou non s'avancer ; mais quand on a effectué l'offensive, il faut la soutenir jusqu'à la dernière extrémité.

(3) FRÉDÉRIC, *Instruction*, art. 24. Les généraux sont plus à plaindre qu'on ne pense : tout le monde les condamne sans les entendre..... entre plusieurs milliers de personnes, il n'y en a peut-être pas une qui sache conduire le moindre détachement.

le résoudre. On pense avoir démontré alors qu'elle y réussissait indubitablement ; le répéter serait donc inutile. Mais cette preuve suffit pour le faire admettre contradictoirement aux autres systèmes ; car pour ces derniers, dans ce cas extrême, leurs défenseurs même ont passé condamnation sur leur insuffisance (1). Subsidiairement ensuite, on a cherché à mettre en évidence sa généralité, que l'on avait aperçue d'abord, et, dans cette même intention, on présentera encore quelques observations relatives à cette guerre défensive si disproportionnée.

CHAPITRE XVI.

Continuation.

La supériorité de l'ennemi étant immense, le nombre d'opérations qu'il peut tenter, est nécessairement très-grand : les résumer paraît inutile, peut-être même impossible ; mais toutes auront nécessairement pour but :

La destruction des forces et des ressources militaires de la nation envahie ;

L'enlèvement de ses richesses ;

L'entretien de l'armée envahissante ;

---

(1) ROGNIAT : *Réponse*, pag. 79. L'ennemi ne pourrait s'opposer avec succès à ce mouvement, et la bloquer de tous côtés ,.... *qu'autant qu'il aurait des forces triples.* Mais dans le cas d'une extrême faiblesse d'un côté, d'une extrême force de l'autre, je ne vois plus de bonnes défensives possibles ; on est obligé de reculer, de perdre du terrain sans cesse ; il ne reste plus d'espoir de salut que dans les événemens politiques, les fautes de l'ennemi, ou un soulèvement général de la population.

La désorganisation de toutes les mesures défensives du gouvernement.

Les forces et les ressources militaires sont ici, les troupes sur pied, les arsenaux et les magasins. Or, les troupes sont toutes rassemblées en une masse ; elles n'ont d'autre point à couvrir que leur base ; le pays est ébauché en positions défensives, elles auront donc de bien plus grands moyens de salut, que si elles se morcelaient pour courir à différens refuges. Les arsenaux et les magasins sont tous, sans exception, dans la place centrale ; ils sont donc pour toujours à l'abri de l'ennemi.

Les richesses du pays sont ordinairement éparses dans les grandes villes. Pour les atteindre, l'ennemi est obligé à des détachemens et des expéditions partielles lointaines (1). Mais plus la masse des troupes que l'on a réunies est considérable, plus le pays intérieur est organisé pour la rapidité des routes, plus aussi l'ennemi doit être circonspect et se tenir réuni. Par conséquent, une moins grande étendue est exposée à ses coups ; d'ailleurs, l'extrême facilité des moyens de transport aura permis de réfugier ses masses les plus précieuses dans la ville inexpugnable, ce qui n'arrive pas ordinairement pour les places actuelles, parce que l'expérience a prouvé que, sous bien des rapports, c'était une mauvaise spéculation ; enfin, l'effet politique de la place centrale

---

(1) Rogniat : *Réponse à Napoléon*, pag. 90. La conquête d'un pays est dans la possession de ses villes opulentes,.... tant que l'agresseur ne les tient pas, il ne tient rien : tout se borne à des courses insignifiantes, plus propres à retarder qu'à avancer la conquête.

produira, pour le même but, une disposition de richesses, que nous ferons remarquer plus tard.

L'entretien de cette armée envahissante, sera une
chose d'autant plus ruineuse à obtenir, que la masse
réunie sur le même point sera plus considérable, et que
les détachemens éloignés seront plus périlleux. Or, c'est
à quoi l'on a vu que l'ennemi était forcément amené
par la concentration de nos troupes.

La désorganisation des mesures défensives s'obtient
en isolant le gouvernement des membres de la nation,
en empêchant ses volontés de leur parvenir, en maintenant la dispersion entre les élémens nécessaires pour
former une armée, en profitant de l'influence des riches
propriétaires ou manufacturiers, pour produire dans la
population la plus grande force d'inertie possible. Tel
est le résultat des grands coups, des marches vives. Souvent même il suffit, avec nos organisations sociales, de
s'emparer de la capitale pour y réussir; mais avec la
place centrale, ces résultats ne seront plus possibles.

CHAPITRE XVII.

Continuation.

La difficulté de nourrir et de munir les grandes masses, porte les généraux, surtout lorsque les nations coalisées sont étendues sur une longue circonférence, à
diviser les troupes d'invasion en deux ou plusieurs armées. Chacune de ces armées a une base et une ligne
d'opérations particulières; si cette base et cette ligne
paraissent assurées, si l'armée est numériquement
supérieure à celle que les défenseurs peuvent présenter,
on est d'accord qu'il n'y a pas de faute.

Supposons les forces ennemies de six cent mille hommes, celles du pays attaqué de deux cent mille hommes, et des places de guerre sur la frontière. On a répandu soixante mille hommes dans ces dernières; il reste donc une masse mobile de cent quarante mille hommes. L'ennemi, après avoir laissé cent mille hommes pour observer ces garnisons, se porte en avant sur deux lignes d'opération éloignées, avec deux armées de deux cent cinquante mille hommes chacune. Sa supériorité, dans le cas d'un choc, sera donc celle de deux cent cinquante mille hommes sur cent quarante mille. Au lieu de places fortes, qu'il n'existe qu'une place centrale, l'armée défensive sera alors de deux cent mille hommes. Pour que l'ennemi pût avoir la même supériorité relative que ci-dessus, il lui faudrait trois cent soixante mille hommes; mais il n'en aurait au plus que trois cent mille : donc, en premier lieu, il y serait plus faible, et en second lieu, il aurait une masse plus grande à nourrir, sans aucun corps sur les derrières pour l'assurer. Les difficultés se sont donc, dans ce cas, augmentées contre lui.

Répétant le même raisonnement avec d'autres nombres, on obtiendra toujours le même résultat, plus ou moins prononcé (1).

---

(1) *Seconde hypothèse.* Défenseurs, cent mille; attaquans, six cent mille; mettre dans les garnisons soixante mille, reste pour armée défensive mobile quarante mille : l'ennemi laisse trois cent mille hommes échelonnés, et s'avance sur deux lignes d'opérations, séparées avec deux armées de cent cinquante mille hommes chacune. — Supposant la place centrale unique, l'armée défensive mobile sera de cent mille hommes; l'ennemi, pour avoir la même

Si, de plus, ces armées ennemies, par leur constitution intérieure, sont telles qu'il faille absolument éviter de les laisser sans distribution régulière (1), si pourtant, par leur courage et leur expérience, il faut craindre de les engager contre des troupes qui ne seront que moitié moins nombreuses (2), on sera entraîné à des fautes par ces conditions contradictoires.

Alors, ou on les réunira sur une seule ligne d'opération, et les difficultés pour les approvisionner seront immenses ;

Ou on les laissera sur deux lignes, et le plus beau champ s'ouvrira pour les grandes opérations stratégiques, que la place centrale favorise si bien.

La place centrale, plus que tout autre système, accumule donc des obstacles contre l'entretien en toutes choses de l'armée d'invasion.

CHAPITRE XVIII.

Continuation.

Obtenir que l'ennemi évacue le sol vénéré de la patrie, est toujours un beau résultat. Souvent on y par-

---

supériorité relative que ci-dessus, devrait porter chacune de ses armées à trois cent soixante — dix mille hommes, ce qu'il ne peut.

(1) Frédéric, *Instruction*, art. 1er. La composition de mes troupes exige une attention infinie..... Vous préviendrez la désertion en ayant toujours attention que la subsistance nécessaire ne manque jamais..... Vous pouvez tout entreprendre avec elles, pourvu que vous ne les laissiez pas manquer de vivres.

(2) Napoléon. Montholon, tome 5, pag. 217. La différence de troupe à troupe est immense.

vient par quelque concentration de secours , par de légers succès , et , pour ainsi dire , par la volonté de
l'ennemi , qui , par prudence , se replie sur ses réserves
pour rétablir l'équilibre. Alors la paix est bientôt le
terme de la campagne ; les passions n'ont pas été assez
exaltées pour fournir des moyens de vengeance.

Mais si des circonstances pareilles n'ont pas eu lieu ,
si après des combats sans nombre , on a été refoulé dans
la place centrale , si l'on a été obligé de donner l'essor à
toutes les passions pour réunir une masse formidable ,
celle-ci , lorsqu'elle s'élancera pour écraser l'ennemi , ne
s'arrêtera plus aux frontières , ce sera un torrent qui
débordera avec rage sur les nations adverses ; la désola-
tion et la mort s'étendront sur l'étranger ; le silence pla-
nera long-temps sur ses villes renversées.

L'effroi d'une telle conséquence arrêtera souvent les
paroles de discorde prêtes à s'échapper de la bouche
des étrangers ; s'ils osent les prononcer , la prudence ,
prenant bientôt la place de la haine , conseillera une
guerre de 'frontières ; un simulacre de guerre , et des
concessions seront bientôt faites pour prévenir son
changement en une guerre d'extermination.

Ainsi , sous le rapport de l'humanité , la place centrale seule promettra des guerres moins fréquentes , et
si tant est qu'elles arrivent , elles ne semblent pas destinées à dépasser les frontières.

CHAPITRE XIX.

Sur les Principes de ces Systèmes.

Admettre qu'on pouvait fermer hermétiquement tous
les passages , conduisit au premier système de forteres-

ses ; l'expérience, en prouvant l'instabilité de ce point d'appui, dut nécessairement faire crouler l'édifice.

Supposer qu'une grande armée n'oserait en laisser une inférieure sur ses derrières, fut l'hypothèse qu'alors on substitua à la première. D'abord, le système qu'on proposa comme sa conséquence, eut l'inconvénient grave de diminuer la probabilité du principe, parce qu'il diminuait l'armée destinée à agir sur les derrières ; en outre, le principe lui-même étant fondé sur des spéculations, non sur des choses physiques, ses défenseurs ne purent se refuser à raisonner dans l'hypothèse où un ennemi fort et audacieux n'aurait pas la bonne volonté d'en tenir compte.

Ils reconnurent alors qu'il pourrait pénétrer, produire par suite tout le mal, conséquence d'une invasion passagère (1) ; mais ils prétendirent qu'il finirait par se retirer : seulement ils lui concédèrent, s'il était habile, la possibilité de le faire sans pertes.

Pour qu'il fût contraint à se retirer, ils admirent que la population se leverait contre lui, que ce serait elle qui le chasserait du cœur de l'État. Quant à l'armée, campée sur les frontières, elle chercherait à profiter de la victoire, si possible (2). C'était, en d'autres termes,

---

(1) D'Arçon, pag. 36. Il serait possible que dans un petit État, dont les deux tiers de mécontens tendraient les bras à l'assaillant, qui n'aurait qu'un court rayon à parcourir pour parvenir au centre, l'on pût brusquer une invasion en laissant quelques places derrière soi ; mais c'est ce qui serait absolument impossible contre *l'unité d'intention dans un grand empire*.

(2) Rogniat : *Considérations*, pag. 495. S'avance-t-il témérairement dans l'intérieur, en négligeant notre armée qui se trouve sur son flanc, il court à sa perte ; car, dès qu'il a passé, nous no us

énoncer que, dès le début de la campagne, la population ferait le devoir de l'armée, et l'armée tout au plus le devoir de la population (1).

Mais que diront les bourgeois, qui prétendent payer des soldats pour que ceux-ci se battent pour eux? que diront les citoyens, qui savent tout ce que la patrie doit espérer de l'armée?

De plus, il faudrait admettre avec eux que cette population se leverait en masse; mais on ne lui en voit pas les moyens.

Ce second système se contredisant lui-même, fondé sur une hypothèse souvent fausse, remplacée, dans ce cas, par une autre hypothèse encore moins probable, ne peut donc être rangé parmi les combinaisons généralement certaines.

Rejeter les suppositions, les hypothèses, n'admettre que des vérités de fait, a servi de base aux nouvelles idées.

A l'armée ennemie, on n'a présenté que des obstacles physiques, du canon et des baïonnettes; on lui en a

---

portons sur ses derrières, et nous le privons de toutes ses communications avec ses dépôts et sa base d'opérations. Son armée, sans magasins, sans vivres, sans hôpitaux, et bientôt sans munitions, au milieu de toute la population qui se soulève autour d'elle, à l'appui des forteresses intérieures, dépérit journellement sans pouvoir se renouveler, et n'aspire bientôt plus qu'à se retirer de ce faux pas; trop heureuse si elle y parvient. — *Réponse à Napoléon*, pag. 89. Mais, dès que sa ligne d'opérations est coupée,..... que devenir, sans munitions, au milieu d'une population ennemie?

(1) ROGNIAT, *Réponse*, pag. 89. L'armée défensive, *heureuse* d'obliger l'ennemi à la retraite, sans courir les hasards *d'une bataille*, va *se réfugier de nouveau* dans son camp retranché.

12*

présenté le plus grand nombre possible : tout ce qu'on avait ; elle n'a pas fait un pas en avant sans jalonner sa route par ses cadavres. Ce ne sont pas seulement des craintes pour l'avenir qu'on a cherché à lui inspirer, c'est la mort qu'on lui a offerte, qu'on lui a prodiguée à chaque position : elle a trouvé, non des penseurs, mais de farouches soldats ; et pour prix de tant de travaux, de tant de sang, de tant de gloire, elle n'a obtenu que le stérile honneur de camper en vue d'un horizon de forteresses qu'elle n'ose considérer.

Réduite à cette extrémité, ayant fait son devoir jusqu'au bout, l'armée défensive alors s'est adressée à la nation pour l'aider à sauver la patrie.

Mais ce n'a plus été une douteuse hypothèse ; aux uns s'est fait entendre la voix sévère de l'honneur, aux autres la voix menaçante du gouvernement ; les passions les plus nobles comme les plus viles, ont toutes reçu une impulsion vers le même but ; l'immensité de la place a permis à tous de s'y rendre, l'immensité de ses arsenaux a fourni à tous des armes pour combattre ; la supériorité numérique a changé de côté, et les étrangers ont été détruits.

Comment un gouvernement immobile dans une place bloquée, sans communication avec la nation, comment des forteresses inquiètes sur leur propre sûreté, isolant les secours au lieu de les réunir, produiraient-ils cet élan ? l'enthousiasme est comme l'électrité, il faut du mouvement pour le développer, des conducteurs pour le transmettre.

CHAPITRE XX.

Des Systèmes.

Un principe est une vérité absolue , c'est l'expression d'une condition nécessaire et suffisante à remplir pour parvenir à un certain but.

Telle est , par exemple , dans les opérations militaires, cette condition , *opérer avec la plus grande masse de ses forces un effort combiné sur le point décisif* (1).

Dans toutes les sciences exactes , on parvient au but immanquablement ; on satisfait aux principes en suivant sans déviation certaines méthodes déterminées ; ce sont de vraies formules.

Dans les sciences compliquées d'événemens imprévus , les méthodes ne peuvent plus être certaines et absolues ; la guerre est particulièrement de ce genre.

Un plan est la série des opérations qui doivent satisfaire aux principes, et mener au but qu'on se propose. Donc , à la guerre , ce but doit être très-prochain ; s'il ne l'est pas , comme tous les événemens possibles ne sont pas susceptibles d'être prévus , les opérations du plan cesseraient d'être en harmonie entre elles et avec les principes (2) ; aussi un plan général de campagne est-il impossible.

---

(1) Jomini, tom. 3, pag. 345.

(2) Napoléon. Montholon , tome 4, pag. 339. Les tacticiens autrichiens se sont constamment éloignés de ces principes, en faisant des plans basés sur des rapports incertains, et qui même, s'ils eussent été vrais au moment où ils arrêtaient les plans, cessaient de l'être le lendemain ou surlendemain ; c'est-à-dire lorsqu'ils de-

Le génie, à la guerre, est cette faculté de juger rapidement les événemens environnans, les événemens pro-
chains, les rapports qui les lient, et les meilleures opérations à suivre pour satisfaire aux principes. C'est le feu
sacré; sans lui, point de grand général, eût-on même
des succès.

Si un plan général était possible à créer d'avance, il
serait aussi le fruit du génie; mais ce génie pourrait ne
pas être le même que le précédent : le premier est cette
illumination soudaine des grands hommes, le second
est cette marche lente des gens de cabinet.

C'est la différence possible entre le grand général de
bataille et l'auteur d'un excellent traité de guerre.

Le type de cette seconde espèce de génie, est la tendance à tout réduire en système.

Un système est une marche déterminée, une méthode
absolue, un plan général constamment le même.

S'il est bien fait, il est comme les formules générales
d'algèbre, excellent pour les choses qui sont susceptibles de n'être résolues qu'une fois pour tous les cas.
Avec leur aide, du bon sens suffit pour bien opérer;
c'est le fait des ingénieurs, des artilleurs, et de bien
d'autres : le mérite réel est à l'auteur de la formule (1).

---

vaient être exécutés. —GUILLAUME DE NASSAU : *Remarques sur la
bataille de la Trebbia*. Et nous voyons que les mêmes conseils, entreprises et exécutions dans la guerre ont des succès différens,
quand ils sont appliqués en temps et lieux propres ; encore
que d'eux-mêmes, et quand ils sont appliqués ou exécutés à propos, ils sont très-excellens..... Partant, les chefs bons et parfaits
doivent..... diriger tous leurs conseils et toutes leurs actions
selon les affaires, le temps et les occasions présentes.

(1) NAPOLÉON. MONTHOLON, tome 2, pag. 51. La tactique, les

L'utilité des systèmes, lorsque ceux-ci sont possibles, est de se soustraire à la nécessité d'avoir recours à la première espèce de génie; c'est un grand avantage, parce que cette sorte de génie est rare. De plus, l'on éloigne les chances funestes.

Mais lorsque par la nature des choses un bon système ne peut exister, lorsque l'on ne peut se soustraire au besoin d'un homme de génie, lorsque la force impérieuse des événemens pèse constamment sur les résultats, rien n'est plus redoutable que ces mêmes systèmes; ce sont eux qui perdent les empires.

Bons dans une hypothèse, ils deviennent dangereux dans les autres. Si, dès leur origine, ils ont quelques succès, ce n'est qu'un malheur de plus; car alors ils deviennent routine. Long-temps l'Europe se ressouviendra du système de cordon de Lascy.

Dans l'incertitude, s'il peut en exister de bons, les systèmes doivent donc être écartés dans la défense des États.

Cependant, pour préparer les forces que l'on doit donner à diriger au génie de la guerre, il faut des dispositions préalables.

évolutions, la science de l'ingénieur et de l'artilleur, peuvent s'apprendre dans des traités, à peu près comme la géométrie.—Tome 5, pag. 76. Achille était fils d'une déesse et d'un mortel; c'est l'image du génie de la guerre : la partie divine, c'est tout ce qui dérive des considérations morales, du caractère, du talent, de l'intérêt de votre adversaire, de l'opinion, de l'esprit du soldat qui est fort et vainqueur, faible et battu, selon qu'il croit l'être; la partie terrestre, c'est les armes, les retranchemens, les positions, les ordres de bataille, tout ce qui tient à la combinaison des choses matérielles.

Ces dispositions, quand il s'agit de fortifications permanentes, deviennent forcément système ; c'est un malheur inhérent à la stabilité des points fortifiés.

Ce système sera donc le meilleur, moins il sera étendu, moins il entravera la marche du génie, moins, en un mot, il sera système. Il faut surtout qu'il donne au génie la faculté de pousser sa fortune jusqu'au bout, sans que, pour un grand revers, tout soit désespéré.

Assurer, exciter la création et la réunion des moyens, doit donc être son seul but (1) ; celui qui y atteindra le plus simplement, sera le meilleur.

CHAPITRE XXI.

Conclusion.

Avoir à soutenir une défensive excessivement disproportionnée, est très-probable ; souvent même il peut être convenable de s'exposer à en courir les chances. Pouvoir le faire sans risquer le salut de la patrie, est donc nécessaire ; s'il existe un système qui produise une pareille certitude, l'adopter est indispensable.

Le système proposé a cet avantage sur tous les autres. Pour ceux-ci, leurs partisans eux-mêmes avouent leur insuffisance dans ce cas extrême ; il paraît donc juste de l'adopter.

L'examiner ensuite dans toutes les hypothèses de guerre possibles, est nécessaire ; le résultat semble lui assurer constamment la supériorité.

______

(1) D'ARÇON, pag. 28. N'oublions jamais que les plus forts remparts résident essentiellement dans le génie guerrier des citoyens ; que les fortifications ne sont que des accessoires.

LIVRE VII.

Analyse et Comparaison de diverses propriétés attribuées aux systèmes connus.

CHAPITRE PREMIER.

Cause de ce Livre.

Établir un principe général, y rattacher avec ordre, clarté et justesse tous les faits connus, est la marche suivie pour présenter en un corps une science de spéculation quelconque. Tant que cela a lieu, le principe doit être conservé; mais si des expériences nouvelles ne sont plus susceptibles de s'y relier exactement, alors il y a eu erreur: c'est une preuve qu'on ne connaît pas encore la vérité.

Plus les sciences sont spéculatives, plus il y a à craindre pour le principe qui sert de lien; la politique, les finances, la guerre en fournissent des exemples nombreux.

L'abus, surtout, de ce moyen est à redouter; car il n'y a rien de plus aisé que de trouver un raisonnement pour soutenir un résultat quelconque, lorsque l'on fait abstraction de toutes les autres circonstances contradictoires: c'est le pivot de tous ces livres méthodiques de guerre, où l'on a été jusqu'à fixer d'une manière constante la grandeur d'élémens qui, de toute évidence, sont variables avec la force des armées.

Donc, lorsque l'on cherche la vérité de bonne foi, il faut considérer, autant que possible, tous les faits, pour voir s'ils s'accordent avec la base.

Dans ce but, on examinera ici tous les avantages théoriques partiels, que l'on a toujours présenté comme militant en faveur des systèmes connus, et, plus tard, on examinera les faits réels dans l'analyse succincte de quelques guerres.

CHAPITRE II.

S'il est vrai qu'une grande Armée ne peut subsister que par une marche toujours envahissante.

Une armée est supposée de trois à quatre cent mille hommes, elle est très-supérieure à celle qui défend le pays qu'elle attaque, doit-elle, pour la facilité de ses subsistances, séjourner long-temps sur le même point? est-elle, au contraire, dans l'impossibilité d'y faire une longue station (1)?

Deux cas se présentent à examiner, ou le pays attaqué est stérile, ou il est fertile.

S'il est stérile, l'armée d'invasion doit se créer des magasins, s'en éloigner le moins possible, et si elle marche, les faire suivre en tout ou en partie. Donc, si on

---

(1) *Mémoire sur la défense de la France par les places fortes;* par M. C********, officier supérieur. Imprimerie de Didot l'aîné. — Pag. 17. Nous avons reconnu que le système d'attaque par des grandes armées, ne pouvait se soutenir que par une marche toujours envahissante.

ne considère que les vivres et la difficulté des transports, cette armée doit marcher le moins que faire se pourra.

Si le pays attaqué est fertile, l'armée ayant pénétré dans l'intérieur sur un point qui lui conviendra, le prendra pour lieu de rassemblement de toutes les ressources des provinces environnantes. Faisant face à l'ennemi avec une partie de ses forces, elle enverra dans le sens opposé des détachemens, pour faire arriver du plus loin possible des approvisionnemens considérables : tout se réunira sur cette base, tout se fera avec ordre et soin, et l'armée sera alimentée. Si, au contraire, toute cette armée fait continuellement des marches envahissantes, elle devra être beaucoup plus réunie; car la non-concordance des mouvemens des corps d'armée trop éloignés donnerait des chances favorables à l'ennemi. En position autour d'un point, elle saurait bien mieux jusqu'à quel degré elle peut se développer; *en marche,* arrivant tous les jours sur des terrains qu'elle ne connaît pas, elle ne peut que bien imparfaitement les exploiter : le gaspillage, le désordre s'en mêlent; il n'y a pas de centralisation, et tel corps est dans la disette la plus affreuse, lorsque d'autres sont dans une abondance nuisible.

En repos, elle fait affluer vers elle, en une seule masse, les ressources de toutes les provinces qu'elle couvre; *en marche,* elle va chercher par elle-même ces vivres disséminés sur une vaste étendue.

En marche, toujours envahissante, elle est dans le cas d'une armée sans base; en s'arrêtant, au contraire, elle s'en crée une (1).

____

(1) Mathieu Dumas, tom. 12, note 3. Il (Napoléon) luttait

Donc, dans tous les cas, en ne considérant seulement que le besoin de vivres, on ne peut pas poser comme principe, qu'il y a impossibilité à une grande armée de séjourner quelque temps sur le même point, et qu'elle est sans cesse obligée à se porter en avant par des marches rapides, et à envahir un grand territoire (1).

CHAPITRE III.

Sur la Conclusion qui a été tirée du Principe précédent.

Du faux principe précédent, on a conclu cette vérité : Il faut arrêter le plus long-temps possible l'ennemi sur le même point, et le forcer à une marche lente (2).

Mais, pour une vérité aussi palpable, il n'était pas nécessaire d'aller chercher au loin un principe faux.

C'eût été lui trouver seulement un avantage de plus ; malheureusement, il n'existe pas.

Pour satisfaire à cette vérité, on énonce que plusieurs

---

contre une difficulté insurmontable, celle de nourrir une grande masse *sans cesse en mouvement*..... Comment suffire aux distributions..... pendant une continuité de marches forcées, sans les disséminer et les exposer à tous les inconvéniens du pillage ?

(1) M. C***, pag. 3. La nécessité de s'étendre pour faire vivre ces grandes réunions d'hommes, et l'impossibilité, par là, de séjourner quelque temps sur le même point, doivent sans cesse obliger à se porter en avant par des marches rapides, et à envahir un grand territoire pour pouvoir vivre.

(2) Le même, pag. 4. Une conséquence naturelle de la difficulté de pouvoir faire vivre une grande armée long-temps sur le même lieu, vient se placer ici comme principe de la défense ; c'est qu'il faut arrêter l'ennemi le plus long-temps possible sur le même point.

places fortes sont les seuls moyens à employer (1). Mais cela n'est pas conséquent au principe d'où l'on veut partir; car, en se disséminant dans les places, on donne à un ennemi supérieur la faculté de se disséminer lui-même, sans danger, en corps d'observation devant ces places, et, par suite, de vivre sans grands mouvemens.

Mais, du moins, les places forcent-elles à cette dernière manœuvre? arrêtent-elles ainsi la marche de l'ennemi? Cela suffirait, car cela satisferait à la vérité ci-dessus. La réponse semble négative; c'est ce que l'on a déjà plusieurs fois démontré. On a cherché, en outre, à prouver que la place centrale en approchait davantage.

CHAPITRE IV.

L'Action attribuée aux grandes Garnisons serait-elle constamment la même?

Raisonner sur une certaine hypothèse, puis regarder comme général le résultat obtenu pour ce seul cas, est une erreur que l'on ne commet pas dans les sciences exactes.

Dans les sciences de spéculation, au contraire, cette faute est commune.

La cause principale de cette différence est celle-ci. Dans les sciences exactes, on commence toujours par

---

(1) M. C***, pag. 17. Le système de défense doit donc être d'arrêter l'ennemi le plus long-temps possible sur le même point, et le forcer à une marche lente. Les places fortes sont le seul moyen de remplir cet objet conjointement avec les armées mobiles.

énoncer les conditions qui constituent l'hypothèse ; dans les sciences de spéculation, au contraire, on raisonne souvent sans bien examiner sous quelles conditions, quelquefois même sans s'en inquiéter.

C'est encore la source de ces interminables discussions, si nuisibles aux progrès des sciences générales.

La science militaire est une de celles qui présentent les plus fréquentes répétitions de cette erreur, et la partie qui traite de la défense des États par les places fortes, est loin d'en être exempte.

Ainsi, admettre que quarante mille hommes, laissés devant vingt-cinq mille, pourront rétablir l'équilibre numérique, est supposer, par le fait, les forces ennemies à peu près égales (1).

Admettre que les autres garnisons pourront détacher une masse de vingt mille hommes, qui, se joignant aux vingt mille bloqués, écrasera le corps d'observation de quarante mille hommes, est supposer : 1° que ces

____

(1) M. C***, pag. 24. Mais, dira-t-on, si vous avez vingt à vingt-cinq mille hommes dans une place, l'ennemi en laissera trente-cinq à quarante mille, vous sera supérieur, et passera sans s'inquiéter de ses derrières. D'abord, cette diminution de forces pourra rétablir l'équilibre numérique entre vous et lui..... De plus, les quarante mille hommes laissés devant vingt-cinq mille retranchés, suffiront-ils pour conserver une supériorité numérique constante ?.... ne pourra-t-on pas rassembler contre eux une vingtaine de mille hommes, tirée des garnisons des autres places ?.. Alors, attaqués de toute part par des forces supérieures..... ils succomberont, et l'armée, qui aura pénétré en avant,.... bientôt entourée par les garnisons réunies des places fortes et par l'armée qu'elle aurait en tête, serait bientôt détruite. L'on voit donc que cette marche à travers des places fortes dont les garnisons sont des corps d'armée, est impossible.

garnisons elles - mêmes ne sont pas observées par des corps *ad hoc;* 2° comme conséquence, que les forces de l'ennemi, formées de l'armée offensive, plus ces quarante mille hommes, sont inférieures à celles de l'attaqué, puisque celles-ci sont formées d'une armée défensive égale à l'offensive (car, dit-on, l'équilibre est rétabli), plus vingt-cinq mille hommes, plus vingt autres mille hommes, plus le restant des garnisons dépassées.

Admettre que la destruction du corps de quarante mille hommes entraînera facilement celle de l'armée envahissante, est rester toujours dans les mêmes suppositions.

Déduire de ces seules bases que la marche au travers de places dont les garnisons sont des corps d'armée ne pouvant avoir lieu, on acquiert ainsi le temps de rassembler de nouvelles forces, est une conclusion qui ne pourrait être gardée que pour les mêmes hypothèses : celles de forces à peu près égales de part et d'autre.

Mais si l'armée envahissante eût été triple de celle du pays attaqué, comment les garnisons se fussent-elles réunies? comment les corps de quarante mille hommes d'observation eussent-ils été écrasés? comment l'armée défensive fût-elle devenue égale, numériquement, à l'armée offensive?

Pourquoi donc, sur ce seul raisonnement, conclure que quelques grandes places à grandes garnisons sont toujours, et dans tous les cas, ce qu'il faut pour défendre la France (1)! Vains épouvantails, vous rappelez la fo-

---

(1) M. C***, pag. 26, ligne 18 et suiv.

rêt enchantée du Tasse ; qu'un Tancrède ose vous regarder sans effroi, il vous franchira sans péril (1).

CHAPITRE V.

Les grandes Places rétablissent-elles l'équilibre numérique (2)?

Partageons les places de la frontière envahie en groupes de trois, formant à peu près des triangles équilatéraux de deux marches de côté.

Supposons dans chacune de ces places une garnison de vingt-cinq mille hommes, en tout soixante-quinze mille hommes.

Supposons au centre de gravité du triangle un corps d'observation ennemi de quarante mille hommes.

Si ce corps d'armée est confié à un général habile, il saura bien contenir ces trois garnisons, les écraser séparément, si elles cherchent à se réunir, et empêcher qu'elles ne reçoivent des convois un peu considérables par l'intérieur du triangle ; des coupures aux routes, des barrages aux cours d'eau et des éclaireurs actifs seront ses aides ; des marches vives et en masse seront ses moyens.

Pour les places du triangle voisin, les mêmes dispositions ayant lieu, on empêchera bien qu'elles ne secourent celles du premier.

Même les corps d'observation pourront bien des fois,

---

(1) Forse l'incendio che qui sotto i' vedo,
Fia d'effetto minor, che di sembianza.
GERUSAL. *Cant.* 13, *st.* 35.

(2) M. C***, pag. 24 déjà citée.

par la configuration du terrain ou des triangles , être réduits à un seul de soixante mille hommes.

Ainsi, dans l'hypothèse la plus faible, quarante mille
hommes de l'ennemi suffisent pour en maintenir soixante-
quinze mille. Donc, loin de se rétablir, l'équilibre ira toujours en s'éloignant, à mesure que le nombre des places
augmentera.

Mais comme, par la rapidité des marches actuelles,
une armée se porte facilement aux extrémités d'une longue ligne, la frontière menacée sera généralement très-
étendue ; donc le nombre des places à garnisons sera
très-grand, si on ne veut pas être exposé à en voir tomber quelques-unes sans coup férir, et perdre avec elles
tout ce qu'elles renferment.

Cette remarque générale pourrait diminuer d'importance, s'il ne s'agissait que d'une extrémité de frontières
ou de circonstance semblable ; mais elle ne cesserait
pas pour cela d'avoir lieu.

Donc , 1° pour les places à grandes garnisons , quel
que soit leur nombre, l'armée défensive est plus diminuée que l'armée offensive de toute la différence de
quarante à soixante-quinze mille hommes, répétée autant de fois qu'il y a trois grandes garnisons, plus de
toutes les petites garnisons des autres places ;

2° Ces groupes de trois places continuant à être main-
tenus par des corps d'observation , l'armée offensive
peut subitement changer sa ligne d'opération , et la faire
passer entre les places peu garnies ; par conséquent il
faut, ou augmenter le nombre des grandes garnisons et
l'inconvénient ci-dessus, ou risquer de ne plus avoir le
système de défense sur lequel on comptait.

13

CHAPITRE VI.

Sur ce que c'est réellement qu'être coupé de sa Base.

Tout principe posé comme base de raisonnement doit être examiné avec soin ; il faut distinguer dans quel cas il est vrai, et quelles conditions il entraîne.

Il en est un qui, dans ces derniers temps surtout, pour avoir été admis trop légèrement, a fait la perte de bien des armées.

On le trouve exprimé ainsi : « Une armée ne peut, » sans se mettre dans une position critique, se laisser » couper de sa ligne d'opération et séparer de sa » base (1). »

Ce principe suppose deux choses : 1° que l'on ait constamment besoin de recevoir des secours de sa base ; 2° que l'on risque à chaque instant d'avoir besoin de se replier sur elle.

Si, par les circonstances et la nature de la guerre, ni l'une ni l'autre n'a lieu, être coupé de sa base sera sans conséquence nuisible ; souvent même ce sera un avantage majeur.

Si la première seulement a lieu, et si par la supériorité de ses forces on n'est pas soumis à la seconde, on se trouve dans une des circonstances suivantes : l'on a besoin de recevoir toujours des vivres et des munitions, ou des munitions seulement.

Avoir besoin de recevoir des vivres de chez soi, indique que l'on est dans un pays ou bien pauvre, ou bien

____

(1) M. C***, pag. 30.

barbare; car maintenant on n'incendie plus les provinces. Dans ce cas, il faut calculer exactement ce que l'on
peut porter avec soi, faire des opérations courtes et
vives, reprendre ensuite ses communications, puisque
la grande supériorité que l'on a sur l'ennemi le permet,
ou bien employer toute l'armée à escorter et couvrir
d'immenses convois (1), pénétrer avec eux jusqu'à une
position centrale qui deviendra base, l'assurer, y déposer ses vivres et ses munitions, et opérer vivement sur
la partie la plus sensible de l'État attaqué.

Avoir besoin de recevoir des munitions seulement,
indique que l'on est dans un pays riche et cultivé : la
France est particulièrement dans ce cas. Or, une armée
envahissante d'une force très-supérieure, trouvera toujours moyen, dès ses premières opérations, d'en amener un approvisionnement immense dans une ville bourgeoise bien intérieure, qu'elle fortifiera, et qui lui
servira de base et de pivot. Elle pourra donc se passer
long-temps de communiquer avec son propre pays; elle
ne rétablira cette ligne que lorsque le tact de son général lui fera sentir qu'il y aurait du danger à ne plus la
maintenir, ce qui arrivera lorsque les conditions précédentes seront sur le point de changer.

Donc, il existe une multitude de circonstances pour
lesquelles une armée d'invasion ne sera pas compro-
mise, par le fait seul de savoir ses communications coupées avec son propre pays.

Et, généralement, cela aura lieu toutes les fois que le

____

(1) Frédéric : *Instruction*, art. 10. Toutes les fois que vous
ferez la guerre en Moravie, etc.

13*

chef aura su organiser la guerre de manière à se passer de son pays pendant un laps de temps donné (1).

Mais il faut que le général sache juger exactement du moment où les circonstances vont changer de nature, et le mettre dans une position réellement critique, s'il persiste à ne point rétablir sa communication.

Donc, dire que ce principe est le seul qui doit déterminer la position des places fortes en France, dire qu'un ennemi sage attaquera toujours de front l'armée défensive, et jamais de flanc, par la seule crainte d'être coupé de sa base, sont autant de conclusions qu'on ne peut admettre comme générales, et qui sont loin de satisfaire au problème de la défense de la France dans tous les cas possibles (2).

CHAPITRE VII.

Du Système déduit des propositions précédentes.

Les propositions réfutées dans les chapitres précédens, regardées, au contraire, comme principes incontestables, ont été reliées entre elles par le système suivant, donné comme leur conclusion (3).

Une armée envahissante doit toujours marcher si elle veut subsister; l'arrêter sur un petit espace est la détruire.

Quelques grandes places à deux ou trois marches

---

(1) NAPOLÉON. MONTHOLON, tome 2, pag. 233. Est-ce qu'Annibal en passant les Alpes, César en débarquant en Épire ou en Afrique, regardaient en arrière?

(2) M C***, pag. 31 et 36.

(3) *Le même*, pag. 17, 44 et 65.

l'une de l'autre, situées dans tous les sens, renfermant des garnisons de vingt-cinq mille hommes, produisent ce résultat.

Car si l'ennemi veut toujours marcher en avant, comme il faut absolument qu'il conserve sa base d'opération, il faudra, 1° qu'il pousse l'armée défensive devant lui, sans chercher à la tourner; 2° qu'il mette des corps pour masquer les places fortes (1).

Or, il résulterait d'abord que l'équilibre numérique se rétablirait entre l'armée d'invasion et l'armée défensive; ensuite, que l'armée d'invasion s'éloignant de ses corps d'observation, ceux-ci seraient détruits par les garnisons des places; qu'alors celles-ci, coupant cette ligne d'opération, se porteraient en masse contre l'armée d'invasion, et l'écraseraient conjointement avec l'armée défensive.

Par conséquent, l'ennemi serait réduit à opérer sur la frontière, à y faire des siéges, et y mourir de faim (2).

Mais d'après les remarques faites sur les mêmes propositions, et d'après l'hypothèse d'une grande supériorité numérique,

S'il s'arrête sur les frontières, mettant le siége devant une place, masquant les autres, observant l'armée défensive, qu'il aura poussée à une distance moyenne, il aura toutes les facilités pour vivre;

S'il veut pousser vivement l'armée défensive, loin de voir en s'enfonçant au milieu de ces places l'équilibre numérique se rétablir, il prononcera de plus en plus

____

(1) M. C***, pag. 36 et 24.

(2) *Le même*, pag. 37.

sa supériorité, ses corps d'observation ne seront pas écrasés, il n'aura pas à craindre l'action des garnisons réunies, il ne perdra pas sa ligne d'opération ; s'il veut manœuvrer sur le flanc de l'armée défensive, et s'il y réussit, il ne courra aucun risque, et pourra la refouler dans une position funeste.

Si, négligeant totalement sa communication avec son pays, il veut organiser la guerre dans le centre même de celui qu'il attaque, les places et leurs grandes garnisons ne l'en empêcheront pas.

Ce système n'atteint donc pas le but proposé.

CHAPITRE VIII.

Contradictions de ce Système.

Resserrer l'armée envahissante sur un petit espace, tel est le but.

Lui permettre de s'étendre dans de vastes provinces, en se disséminant soi-même excentriquement dans de grandes places éloignées, est le moyen ; c'est une contradiction.

Admettre que, sa base coupée, cette armée est perdue, est dire qu'elle tire tout de son propre pays.

Admettre qu'elle ne peut subsister que par une marche envahissante, est dire que la source de son existence en guerre est dans le pays attaqué, non dans le sien ; c'est une seconde contradiction.

Admettre que, l'équilibre numérique étant rétabli entre les armées offensives et défensives, par suite des corps d'observation, ceux-ci seront détruits par les garnisons, c'est admettre que l'assaillant n'a jamais été supérieur à l'attaqué ; demander trois cent mille hommes pour mettre en service un pareil système , est rester toujours dans la même hypothèse (1).

Dire que ce système est créé pour sauver la France dans les grands revers , est bien l'énoncé du problème, mais n'est plus d'accord avec l'hypothèse qui étaye la solution (2) ; c'est une troisième contradiction.

CHAPITRE IX.

Sur un reproche fait à Napoléon.

On reproche généralement à Napoléon d'avoir laissé de fortes garnisons dans les places d'Allemagne et d'Italie ; on lui reproche de n'avoir pas concentré toutes ses forces sur le Rhin. On sait assez que ce reproche , juste pour le fait, ne fut pas mérité réellement ; que des circonstances particulières jetèrent forcément dans ces dispositions ce grand capitaine.

Ne semble-t-il pas naturel d'en conclure que si, dès l'instant qu'il fut maître de ces places , il les eût démolies, il se fût par là évité de grandes calamités (3).

Il vainquit sans en avoir une seule; il fut vaincu pour avoir voulu les conserver.

Mais, ce qu'on serait loin de penser, ce reproche lui

---

(1) M. C***, pag. 51.

(2) *Le même*, pag. 26 et 27.

(3) Napoléon. Montholon, tom. 5 , pag. 129. Louvois fit disséminer l'armée dans cinquante places fortes, ce qui l'affaiblit au point qu'elle ne pût plus rien faire. Il fallait démolir quarante-cinq de ces places, en transporter toute l'artillerie en France, et en garder quatre ou cinq pour servir aux communications de l'armée.

a été fait par ceux-là même qui demandent plusieurs grandes places pour défendre un État (1).

Pourtant, si ce pays eût été Français, s'il se fût agi de chercher les moyens de le défendre, ce sont précisément ceux que l'on eût proposés : *de grandes places et de fortes garnisons.*

Pourquoi donc cela n'a-t-il plus lieu pour un pays conquis que l'on cherche à défendre ?

L'action de terreur et de diversion que l'on exerce sur la province conquise, vaut bien l'action d'enthousiasme et de concentration qu'on veut exercer sur la province nationale.

On néglige une garnison ennemie sur le territoire étranger, on ne la perd pas de vue sur le sien ; car on redoute ses excursions contre la province.

Bien plus, on lui reproche de ne les avoir pas entièrement abandonnées ; il eût dû se concentrer sur le Rhin. Qui ne voit que c'est regarder l'ancienne France comme une place centrale sur laquelle il se réfugie ? Mais si le Rhin et les places de ceinture sont franchis par la masse ennemie, pourquoi donc ne pas continuer le même raisonnement ? évacuer toutes les places de ceinture, et se concentrer sur une seule forteresse inexpugnable, et d'une grandeur en rapport avec les masses qu'elle doit recevoir ?

----

(1) *Mémoire* de M. C***, pag. 22. Les forces laissées par Napoléon à Dantzick, Hambourg, Magdebourg, Wurtzbourg, Glogau, et tant d'autres places de l'Allemagne et de l'Italie, après la perte totale de ses armées, n'y furent d'aucune utilité à sa cause ; leur réunion sur le Rhin eût empêché l'invasion de 1814, ou du moins l'eût long-temps retardée.

Pourquoi, au-delà du Rhin, le raisonnement n'est-il pas le même qu'en deçà? pourquoi des places nous sont-elles nuisibles sur une rive, et utiles sur l'autre?

Pourquoi?..... c'est que, d'un côté, on se laisse guider par le raisonnement, pour trouver la vérité, et que de l'autre, on se donne une prétendue vérité, pour laquelle on torture le raisonnement : de l'un, on imite Newton ; de l'autre, Descartes.

Car, s'il est vrai qu'une armée quelconque n'osera jamais passer outre à une place renfermant vingt mille hommes (1), Napoléon a très-bien fait en en laissant trente mille dans Dantzick, vingt-cinq mille dans Hambourg, trente mille dans Dresde, seize mille dans Magdebourg, etc. ; et si ce fut une erreur, comme l'expérience semble l'avoir démontré, c'est une preuve que l'hypothèse ci-dessus est fausse.

On peut émettre des doutes sur la vraie valeur de ces dispositions de Napoléon, du moins est-il que ce ne sont pas les partisans des grandes places et des garnisons de vingt mille hommes infranchissables qui doivent les trouver mauvaises.

----

(1) M. C***, pag. 24. Mais, quelle que soit la supériorité de l'ennemi, il n'osera jamais laisser sur ses derrières une armée retranchée de trente à quarante mille hommes, même une de vingt mille, renfermée dans une place forte.

CHAPITRE X.

Sur les idées de détail.

Il semble naturel que, dans la formation des détails, l'on se propose toujours d'atteindre le but présenté par l'idée principale. Si cette condition n'était sévèrement observée, on serait porté de suite à conclure de ce manque d'ensemble, qu'il n'y a pas eu unité de tête.

Cette conclusion, pourtant, ne serait pas toujours juste, un exemple important le prouvera.

On a proposé, dans le système précédent, de n'avoir que des places grandes et susceptibles constamment d'être bases d'opérations (1).

On a déterminé ensuite la forme de ces places; on les a composées d'une ville à enceinte bien simple, entourée au loin par des forts isolés (2).

Puis, on a ajouté qu'après la prise de l'un des forts et de la ville, l'ennemi se trouverait encore forcé de prendre les autres forts l'un après l'autre (5).

Or, premièrement, cette conclusion est de trop; car la ville prise, les provisions de tout genre tombent au pouvoir de l'ennemi, qui les enlève, et qui détruit les fortifications si bon lui semble. Quant aux autres petits forts, ils auront beau tenir, ils ne sont pas susceptibles, par eux-mêmes, d'être la base d'une armée qui devrait

---

(1) M. C***, pag. 32.

(2) *Le même*, pag. 46.

(3) *Le même*, pag. 47.

y trouver des approvisionnemens en toute chose ; il est donc inutile de les prendre (1).

Secondement, puisque la ville prise, la base est perdue et le système violé, pourquoi ne pas rendre son enceinte plus formidable ? des forts à distance ne la protégeront pas très-efficacement. Couper ceux-ci du centre par des sapes, comme Vauban coupa Coëhorn devant Namur, neutraliser leur effet par de fortes batteries environnantes, se bien garder de chercher à les prendre, mais passer entre eux pour attaquer la ville, amènerait bientôt la destruction de celle-ci. Bien plus, si, lorsqu'on se présentera devant cet ensemble, la garnison de vingt-cinq mille hommes en était éloignée en grande partie, sa chute pourrait être instantanée. Distraire à la ceinture les forts par des démonstrations, pousser une forte masse contre la ville, et l'enlever de vive force, serait une opération probable ; car les attaques de vive force sont bien plus faciles qu'on ne le pense généralement, et cette ville-ci est si faible (2) !

Il semble donc impossible de regarder cette forme de place comme pouvant faire partie du système général de défense exposé ci-dessus.

Donc, quand bien même ce système général serait accepté comme le meilleur, on devrait se garder d'adopter le système particulier proposé pour chaque place.

----

(1) ROGNIAT : *Réponse*, pag. 75. La prise d'un seul (fort) lui suffirait.

(2) NAPOLÉON. MONTHOLON, tome 2, pag. 201..... Il vaut mieux centraliser, réunir, rapprocher ses forces, ses canons, ses machines de guerre, que de les disséminer. — Tome 1er, pag. 294. Il serait aussi beaucoup plus facile de surprendre une des places de ce nouveau système.

Mais quelle a été la cause de cette discordance? La voici. On a confondu la nécessité, pour l'ennemi, d'annuler la base, avec celle de s'emparer totalement de la position (1) ; on l'a supposé gratuitement dans le second cas, lorsque, d'après l'idée du système, il devrait être tout au plus dans le premier.

CHAPITRE XI.

Raisonnement à revers.

Pour faire la preuve d'une addition, on recommence celle-ci par la gauche ; essayons une chose semblable pour le système précédent.

Organiser la défense sur la frontière, organiser une seconde ligne pour arrêter l'ennemi, si cette première est forcée ou franchie, continuer ainsi jusqu'à la capitale, et enfin jusqu'à une position dernière, tel est le système désigné comme le meilleur, pour des États assez riches pour le créer.

Mais pour des États pauvres, on n'en peut exécuter qu'une partie; par quel point faut-il commencer?

Avec les fatigues, les maux, le découragement, fruits d'une guerre défensive longue et désastreuse, après avoir vu forcer successivement toutes les lignes, on espère, refoulé sur ses dernières positions (2), détruire un ennemi enhardi par de grands succès, maître de vos provinces, et qui vous coupe de toutes les ressources militaires que vous y avez disséminées. On prétend y

---

(1) M. C***, pag. 47.
(2) *Le même*, pag. 65.

défendre son indépendance (1) ; jusque là on n'avait songé qu'à l'intégrité du territoire (2).

Il faut, pour cela, que l'on ait dans ce dernier point une bien grande confiance ; il faut qu'on le regarde comme bien au - dessus des premières lignes défensives.

Donc, pour un État pauvre, c'est par le centre qu'il faudrait commencer à le fortifier ; on sera tout au plus dans le même cas que si l'on avait vu forcer les premières lignes, et que l'on eût été rejeté avec toutes ses forces sur le centre de résistance.

Si l'on eût eu, au contraire, une première ligne et point de centre, cette ligne forcée, plus de chance de salut.

Dans le premier cas, *d'après les expressions,* on préfère l'indépendance à l'intégrité ; dans le second, on préfère l'intégrité à l'indépendance.

Cependant, dans ce même système, on propose aux États pauvres de commencer par une ligne de places fortes sur les frontières (3), n'est ce pas là ne plus être d'accord avec soi-même ? n'est-ce pas indiquer quelque part une erreur de raisonnement (4) ?

---

(1) M. C***, pag. 27.... Et après avoir défendu sur ses frontières l'intégrité du territoire, il doit trouver dans son intérieur les moyens de défendre l'indépendance de la nation, et l'on doit y placer les bases d'une nouvelle défense.

(2) *Le même,* pag. 26. La première garantie de cette intégrité (du territoire) est dans les moyens de défense déployés sur la frontière.

(3) *Le même,* pag. 64.

(4) Rohan : *Parfait Capitaine,* pag. 236. Le seul moyen qui leur

CHAPITRE XII.

D'un indice certain de l'insuffisance d'un Système.

Toutes les fois qu'un système proposé ne sera pas calculé pour les mœurs, le caractère, les habitudes des hommes auxquels il est destiné, il ne conviendra pas exactement.

S'il leur demande moins que ce que l'on peut exiger d'eux, il sera susceptible d'exécution ; mais, très-probablement, il tendra à les amollir ;

S'il leur demande, au contraire, des choses extraordinaires pour eux, à coup sûr, il ne sera pas exécuté complètement ; il sera illusoire.

Ce dernier défaut frappe de nullité tout système qui en est essentiellement atteint.

Or, compter sur les habitans organisés en garde nationale pour défendre les places, lorsque les garnisons sortiront en tout ou en partie pour faire le service de l'armée active, prétendre unir les lauriers de Numance et d'Arbelles (1) ;

Vouloir persuader que la France n'est pas dans Paris, et que la possession de cette capitale peut devenir fatale à l'ennemi (2) ;

Vouloir persuader que, tant qu'il reste un champ de

---

reste (aux petits états abandonnés à leurs propres forces) est d'avoir une place ou deux très-bien fortifiées, des armes et de l'argent suffisamment pour se bien défendre.

(1) M. C***, pag. 64.

(2) Le même, pag. 89.

bataille, tout Français doit y défendre son indépendance ou y périr (1) ;

Vouloir fortifier Paris par des forts isolés, liés entre eux par des ouvrages de campagne, et en confier la défense au patriotisme de ses habitans (2) ;

Compter sur la bienveillance de l'ennemi, qui ne cherchera plus à renverser un gouvernement, et qui ne fera plus la guerre aux capitales (3) ;

Sont-ce là des prétentions appropriées à l'égoïsme mercantile de notre siècle, ou aux qualités guerrières et généreuses de nos pères?

Par honneur national, on doit n'émettre aucun doute sur les causes nobles de ce qui a été fait; mais, par amour de son pays, on ne peut plus raisonnablement s'appuyer sur de pareilles ressources, pour le maintien de son indépendance.

Que tout système fondé essentiellement sur de pareils besoins soit donc écarté, quelque bon d'ailleurs qu'il puisse être en théorie.

CHAPITRE XIII.

Malheur de l'habitude (4).

Attaquer tant de principes, tant de conclusions, semblerait vouloir montrer que personne, jusqu'à présent, n'a vu exactement les choses.

---

(1) M. C***, pag. 50.
(2) *Le même*, pag. 92.
(3) *Le même*, pag. 92.
(4) LLOYD : *Mémoire politique et militaire*, pag. 74. La coutume est un tyran plus impérieux que tous les despotes de l'Orient : qu'on

Une pareille prétention serait trop hardie, car elle n'aurait pas de probabilités en sa faveur. De plus, elle serait fausse.

Les grandes vérités sur la défense des États ont été aperçues, publiées ; seulement, on y a mal satisfait, parce que l'on a voulu employer à toute force les instrumens (1) dont on s'était toujours servi.

Déployer les plus grands moyens de défense sur la frontière ;

Avoir dans l'intérieur une base solide de résistance où l'on trouve de nombreux renforts ;

Profiter, dans la retraite sur cette base, de toutes les lignes de défense naturelles,

Tels sont les principes que l'on trouve dans divers ouvrages ; tels sont ceux que l'on doit réellement suivre.

Mais pour opposer une grande force défensive sur la frontière, on morcelle dans dix garnisons différentes une armée déjà faible par elle-même.

Pour profiter des lignes de défense, on y établit des places et des garnisons, et l'on appelle cela se les assurer (2).

Pour se retirer sur une base solide offrant de nombreux renforts, on va s'appuyer sur une place ayant une garnison de 25 mille hommes, lorsque soi-même on vient d'en disséminer cent mille dans quatre autres places éloignées.

---

s'éloigne d'elle le moins du monde, on est réputé traître et rebelle.

(1) D'Arçon, pag. 18. *En attendant....* disons un mot de l'*instrument* qui doit être employé à cette intéressante solution.

(2) M. C***, pag. 29 et 41.

Serait-ce là satisfaire réellement aux principes précédens? n'y parvient-on pas mieux par les moyens suivans déjà exposés?

Réunir jusqu'au dernier soldat en une masse sur la frontière (1);

Profiter des lignes de défense par la simple disposition des eaux, des canaux et des routes;

Augmenter la lenteur de la marche en retraite par le moyen de ces lignes;

L'augmenter par le fait même de la masse que l'on a su réunir. Napoléon, en 1812, employa vingt-sept jours à faire le trajet de quatre-vingt-dix lieues, de Smolensk à Moscow, à la suite de l'armée russe, et celle-ci, pourtant, n'avait pour elle que sa masse;

Enfin se retirer dans une position vaste, inexpugnable, réunissant toutes les richesses militaires, tous les cadres, tous les hommes que l'on a pu y diriger depuis l'ouverture de la campagne.

Ces moyens sont-ils préférables? c'est ce que je m'efforce de prouver, et c'est dans ce but que j'amoncelle tant de chapitres, tant de répétitions, tant d'ennuis.

Si cela a lieu en effet, si surtout certaines solutions ne peuvent être admises, ne doit-on pas attribuer leur création à l'habitude, pour ainsi dire machinale, que l'on a contractée de prendre des places pour des corps d'armée immortels, non compris dans les cadres. Il semble, lorsqu'on peut les dire à cheval sur une route ou sur une

---

(1) Napoléon. Montholon, tome 5, pag. 273. Règle générale : quand vous voulez livrer une bataille, rassemblez toutes vos forces, n'en négligez aucune; un bataillon quelquefois décide d'une journée.

14

rivière , qu'elles vont à chaque instant déboucher en masse sur le flanc des ennemis qui les tournent (1).

Certainement, ce ne dût être qu'à la lecture d'idées semblables , que le comte de Cessac, pour guider son jeune officier, s'imagina de lui dire , comme une vérité remarquable , que des fortifications ne pouvaient se défendre sans défenseurs (2).

De plus, si l'ennemi est amené à les masquer par des corps, de suite on calcule ceux-ci par la règle de trois contre un pour bloquer ; on les enchaîne définitivement à ces positions ; on ne veut pas considérer que souvent ces opérations doivent n'être que momentanées ; que souvent ces corps doivent avancer avec l'armée envahis-

-----

(1) D'Arçon, pag. 76.... *Les places de base de nos frontières étaient toujours là : il semblait que les ennemis les considérassent comme des masses vivantes et agissantes ; elles suspendirent tous les malheurs.... Eh bien! la seule vertu stationnaire des places fortes a tout sauvé.* — Pag. 83. *Il faut compter aussi pour beaucoup l'espèce de résistance muette des places ,... leur silence paraissait menaçant.* — Bousmard.... *Strasbourg et Landau équivalent à deux armées prêtes à déboucher.* — *Les positions occupées constamment par les corps nombreux de M. de Berwick ont été converties en places fortes qui feraient maintenant , au moyen de garnisons assez faibles , le même effet , mais plus assuré, que les corps qui y campèrent.* — *Une position ainsi convertie en place de guerre ,.... fait consumer à l'ennemi un temps précieux , et lui tient , avec peu de monde , une partie considérable de ses forces en échec.*

(2) Cessac : *Guide de l'Officier en campagne*, pag. 2. *Les ressources du terrain et de l'art auraient été en vain prodiguées à des ouvrages dépourvus de défenseurs ; l'assaillant le plus faible parviendrait bientôt à s'en rendre maître.* — Frédéric : *Instruction. Il vaut mieux les faire (les retranchemens) trop petits que trop grands, ce ne sont pas eux qui arrêtent l'ennemi , mais les troupes qui les défendent.*

sante , lui servant successivement de flanqueurs et d'ar-
rière-garde.

Est-il donc étonnant qu'une pareille habitude de raisonner ait conduit à des systèmes fautifs ? et que, dans
les dernières guerres, des hommes nouveaux, étrangers à
cette habitude , s'abandonnant aux impulsions du bon
sens, aient sans effort déchiré ces faibles toiles.

CHAPITRE XIV.

Conclusion sur la différence de tous ces Systèmes.

Fermer tous les passages praticables par trois lignes
de places fortes, a formé (ou est censé avoir formé) le
premier système.

Cette clôture ayant cessé d'être admise comme exacte,
les garnisons de ces places durent produire le même résultat par leur action sur les communications.

Ces places, par leur nombre , diminuant trop l'armée
défensive, et n'ayant néanmoins sur les convois et les
communications qu'une action rendue facilement nulle,
durent , à leur tour, être réduites de nombre, et trans-
formées en vastes camps retranchés. D'autres camps
semblables durent en même temps être établis dans l'intérieur et la capitale fortifiée.

Faire de ces camps gardés par peu de monde des bases d'opération , établir, par leur secours, l'armée défensive sur les derrières de l'armée offensive , a été une
méthode proposée pour s'en servir ;

Les garder chacun par des armées de vingt-cinq à
quarante mille hommes, reculer devant l'armée offensive avec l'armée défensive , a été un autre moyen ;

Conclure, dans chacun de ces cas, que l'ennemi sera écrasé, et que la méthode que l'on emploie est la meilleure, a toujours lieu.

Serait-il donc absurde de déduire de toutes ces dissidences d'opinions sur l'emploi des moyens, quelques probabilités contre le moyen lui-même?

CHAPITRE XV.

Examen d'un cas particulier de Guerre offensive.

Il faut examiner en détail une méthode que l'ennemi peut employer pour faire la guerre offensivement, et que l'on a déjà plusieurs fois citée.

Ayant couvert son propre territoire par un corps assez considérable, soutenu des milices et de tout ce qu'il continue à lever, il prend la résolution de pénétrer jusqu'au centre du pays attaqué, avec une seule masse très-supérieure à toutes les forces adverses, et cela sans laisser le moindre corps pour garder ses communications (1).

---

(1) Napoléon. Montholon, tome 2, pag. 16. Il (Annibal) mit cinq mois à faire cette marche de 400 lieues, et ne laissa aucune garnison sur ses derrières, aucun dépôt.... Aucun plan plus vaste, plus étendu n'a été exécuté par les hommes.... Cependant cette guerre offensive fut méthodique;... s'il eût laissé sur ses derrières des places et des dépôts, il eût affaibli son armée et compromis la sûreté de ses opérations; il eût été vulnérable partout.... Le principe d'Annibal était de tenir ses troupes réunies, de n'avoir garnison que dans une seule place qu'il se conservait en propre, pour renfermer ses ôtages, ses grosses machines, ses prisonniers de marque, et ses malades, s'abandonnant pour ses communications

Pour y parvenir, il formera d'immenses convois de munitions; il couvrira leur marche avec toute son ar-

---

à la foi de ses alliés.... Quoique vaincu aux portes de sa capitale, il ne put prévenir son armée d'une entière destruction. — Pag. 25. Les principes de César ont été les mêmes que ceux d'Alexandre et d'Annibal : tenir ses forces réunies, n'être vulnérable sur aucun point. — Pag. 51. Les troupes modernes n'ont pas plus besoin de pain et de biscuit que les Romains : donnez-leur pendant les marches de la farine, ou du riz ou des légumes, elles ne souffriront pas. C'est une erreur de supposer que les généraux anciens ne portaient pas une grande attention à leurs magasins : on voit dans les Commentaires de César, dans plusieurs de ses campagnes, combien ce soin important l'occupait. Ils avaient seulement trouvé l'art de ne pas être esclaves, et de ne pas dépendre de leurs munitionnaires. — PRINCE DE LIGNE : *Sur les grands généraux de la guerre de trente ans*, tome 1er, pag. 240. Ce qui distingue le plus les grands hommes de cette guerre, c'est l'extrême rapidité de leurs opérations; on les voit à Stralsund, à Prague, en Saxe, en Bavière, à Neuhausel, dans un instant; ceux des rebelles s'y transportent au même moment sans argent et sans magasins.... (Pag. 244.) Gustave Adolphe fut le premier qui eut beaucoup d'artillerie dans son armée; car au passage de la Leck il avait eu trois batteries croisantes, 72 pièces de canon.... On a vu Turenne, en 1645, vainqueur à Nordlinghen, y déployant tous ses talens militaires; on l'a vu l'année d'ensuite faire sa jonction avec Wranges après une marche de 140 lieues, rétablir l'électeur de Trèves, forcer celui de Bavière à faire la paix, le punir de la rompre en le chassant de ses états, après l'avoir battu à Sommerhausen en 1648, et terminer ainsi la guerre de trente ans. — NAPOLÉON. MONTHOLON, tome 2, pag. 28. Ces marches si hardies, si longues, frappèrent d'étonnement la France, mais jusqu'à ce qu'elles eussent été fortifiées par le succès, elles furent l'objet de la critique des hommes médiocres.—Tome 5, pag. 37. Dans cette campagne et dans celle de 1646, Turenne parcourut l'Allemagne en tout sens, avec une mobilité et une hardiesse qui contrastent avec la manière dont la guerre s'est faite depuis; cela tenait à son habileté et aux bons principes de guerre de cette

mée ; il se portera, près de la capitale (généralement), sur une ville bourgeoise, qu'il videra d'habitans, qu'il crènelera, qu'il entourera de block-hauss et de barrages d'eau (1). Cette ville recevra toutes ces munitions de guerre, et deviendra sa base. Par des détachemens rapides sur tous les pays environnans, il y rassemblera des ressources de toute espèce. Portant le plutôt possible toute sa masse contre la capitale, il bloquera, brûlera, affamera celle-ci, et la forcera bientôt à se rendre. De cette conquête, il tirera pour sa place de base des secours immenses ; il y trouvera même de quoi faire de la poudre, des balles, des boulets ; peut-être même y trouverait-il des entrepreneurs ? Mais il se gardera bien d'y mettre ses troupes ; elles camperont toujours près de leur base, lorsqu'elles ne seront pas en manœuvre.

Quels seront les résultats ?

Il exploitera à son profit, mais avec douceur, toutes les provinces qu'il couvre, protégeant l'ordre, les tribunaux, l'industrie, mais menaçant, contre les soulèvemens, de l'exécution militaire, toujours redoutable à des gens auxquels on a laissé beaucoup à perdre.

Au centre de plusieurs grandes places, remplies de richesses militaires suffisantes pour une armée pendant plusieurs mois, il se portera rapidement sur celles qui seront le plus dégarnies. Très-probablement, il en en-

---

école. — Pag. 315. Turenne est le seul général dont l'audace se soit accrue avec les années et l'expérience. — Mathieu Dumas, tome 6, la note 7.

(1) Napoléon. Montholon, tome 2, pag. 199. Des ouvrages de campagne, à moins d'être couverts par des inondations, exigeront des garnisons énormes ; il vaut bien mieux fortifier des villes.

lèvera quelques-unes de vive force, parce qu'il n'y trouvera personne (1); d'autres, par des siéges bien courts, parce qu'elles n'auront que peu de défenseurs. Il les démantèlera, et fera refluer sur sa base tout ce qu'il y aura trouvé; c'est-à-dire de quoi vivre et combattre pendant des années.

Les garnisons, qui ne pensaient qu'à enlever tous les jours des convois et à détruire des corps d'observation, les armées qui s'attendaient à osciller indéfiniment autour des fleuves perpendiculaires à la frontière (2), déconcertées par ces opérations, voyant dans l'abondance de toute chose cette masse qu'on leur avait dit devoir mourir de besoin, et ne pouvant attaquer avantageusement le territoire d'où elle s'est élancée, se rapprocheront d'elle pour l'observer et prévenir ses manœuvres.

À cette nouvelle, les corps de réserve successivement organisés, qui couvrent le territoire ennemi, se porteront en avant, envahiront la frontière évacuée, suivront avec soin cette armée défensive; les combinaisons militaires naîtront de toute part contre celle-ci, et le moins qui puisse arriver à la première armée d'invasion, est de voir ses communications avec son propre pays rétablies, et sa jonction avec la seconde armée envahissante opérée. La suite immédiate serait le refoulement dans une position, et la destruction complète de l'armée défensive.

---

(1) Napoléon. Montholon, tome 3, pag. 215. Les Français mettaient de l'importance à chasser de suite l'ennemi de Pizzighitone, pour qu'il n'eût pas le temps de l'armer, ... à peine fut-elle cernée qu'elle se rendit; il y avait trois cents hommes.

(2) Rogniat : *Considérations*, pag. 476.

Si, parvenue au centre du pays, la première armée d'invasion, par suite de circonstances funestes, avait vu son espoir trompé et les chances prêtes à se déclarer contre elle, elle eût fait sa retraite lentement et en bon ordre; sa masse l'eût garantie de toute attaque redoutable; et si la configuration du terrain lui eût permis, pour cette marche, de prendre une autre direction qu'à son entrée, elle eût encore pu espérer des succès contre quelque place dégarnie; du moins, elle fût revenue chargée des dépouilles de toutes les provinces traversées.

CHAPITRE XVI.

Conséquences du Chapitre précédent.

Lorsque l'ennemi tente une opération, qui, si elle réussit, peut être ou mortelle ou funeste, se fier aux obstacles qu'il rencontrera comme insurmontables, ne peut que bien rarement être sage; il faudrait être certain qu'ils ne pourront réellement être franchis, et combien peu sont dans ce cas?

Il est donc naturel de conclure que si l'ennemi démontre l'intention formelle de tenter une telle invasion, l'armée défensive, les grandes garnisons devront tout tenter pour l'entraver.

Le moment le plus critique pour lui, sera celui où, escortant ses convois immenses, il se dirigera vers sa base future; mais pour en profiter, il faudra bien en venir à l'attaquer.

Le fait immédiat de cette marche envahissante sera donc, très-probablement, d'amener à sa suite ces armées défensives, qui démontraient l'intention de rester toujours sur ses derrières (1). Que pourraient-elles y faire d'ailleurs? pourquoi chercher à couper des communications dont l'ennemi lui-même a fait abnégation?

Mais en s'approchant ainsi, elles courront malgré elles les chances des batailles. On n'échappe pas aussi facilement qu'on le veut à un ennemi supérieur, actif, qui désire une action plus que toute chose, qui simule des fautes, qui les assure, pour ainsi dire, par le sacrifice de quelques corps, de quelques convois, pendant qu'il se prépare, en dernier résultat, à engloutir l'adversaire sous la masse de ses forces.

Le mot *manœuvrer* est encore un de ceux dont on a fait abus. Quand, dans un raisonnement, on peut amener *manœuvrer sur les flancs, sur les derrières,* on a tout gagné; mais la seule vraie manœuvre est celle qui tue l'ennemi. On y parvient par la faim ou par le fer. Si la première ne peut réussir, il faut avoir recours au second; mais pour cela, il faut se joindre, il faut jeter une masse sur une plus faible; il faut jouer, non regarder; et contre un ennemi supérieur, ce jeu-là n'est pas sûr.

Avec ces systèmes, le sort des empires dépendra donc encore d'une bataille, et cette bataille, on ne sera pas toujours maître de l'éviter.

---

(1) Frédéric : *Instruction*, art. 11. Car l'ennemi prend toujours jalousie quand on menace d'assiéger les endroits qui communiquent avec la capitale, et ceux où il a établi ses dépôts de vivres.

CHAPITRE XVII.

Différence entre les Systèmes à petites et à grandes Places.

Trois lignes de places frontières, une armée défensive faible, entre elles, une capitale bien fortifiée, le système d'invasion ci-dessus ne sera pas impossible. Mais si cette capitale ne peut tomber qu'après un siége très-long, l'ennemi y fera une immense consommation de munitions de guerre. La triple ceinture, munie de garnisons, lui présentera pour leur remplacement des difficultés qu'il ne vaincra que par sa masse et par des corps momentanés d'observation. S'il veut s'emparer des arsenaux, comme ceux-ci sont dans les places, il faudra qu'il reporte la guerre sur la frontière. Tous ces obstacles ne sauveront pas constamment l'État attaqué; mais ils pourraient du moins le faire dans diverses circonstances.

Plusieurs grandes places semées sur toute la surface du royaume, une capitale également fortifiée, peuvent amener la même invasion et la même longueur de siége. Mais cette marche sur le centre n'a plus menacé seulement la capitale, elle a menacé aussi toutes les grandes places de l'intérieur : si on ne s'est hâté d'y jeter des garnisons, il y en aura nécessairement quelques-unes qui tomberont entre les mains de l'ennemi, soit par une attaque de vive force, soit par un léger siége.

Mais ce ne seront plus des places insignifiantes qu'il aura ainsi enlevées, ce seront de vastes dépôts, dans lesquels il puisera des ressources immenses pour pousser le siége de la capitale, pour faire de nouvelles conquêtes de places, et pour vaincre militairement la nation attaquée. La guerre, loin d'être pour cela reportée à la frontière, sera au cœur même du royaume; ses communications même auront été rouvertes naturellement, car on aura couru au plus pressé.

En outre, il y a généralement plus de probabilités pour enlever de vive force une grande place qu'une petite; car, pour ce cas, les garnisons devraient croître plus rapidement que le périmètre.

Il semble donc naturel de conclure que tous ces systèmes à grandes places sont inférieurs au système de la triple ceinture, soutenu par une capitale solidement fortifiée : aussi Vauban, qui s'élevait contre la création de bien des nouvelles forteresses, demandait-il à grands cris la fortification de Paris (1). Vauban organisait la frontière en lignes défensives; Vauban, dont le génie marchait avec le siècle, remplaçait, dans les places destinées à les soutenir, les larges espaces découverts par de petits abris casematés, donnant plus de sûreté, et exigeant bien moins de monde. Enfin, il est permis de penser que, si cette vaste expérience eût été exécutée, ce grand homme, voyant s'en développer les conséquences, eût laissé tomber peu à peu ces places, dont il avait construit un bon nombre à contre-cœur.

Rien n'est aussi favorable aux progrès de toute chose que la centralisation. Les résultats de résistance seront immenses, si l'on applique cette remarque aux moyens défensifs.

---

(1) VAUBAN : *De l'importance dont Paris est à la France;* à lire en entier.

CHAPITRE XVIII.

Distinction à faire entre les différentes Guerres.

Il existe une différence bien grande entre faire la guerre sur une frontière, et empêcher un ennemi puissant de franchir cette frontière.

Cette distinction doit être soigneusement observée, lorsqu'on raisonne sur les systèmes défensifs.

Il n'est peut-être pas hors de propos de voir quelles circonstances principales donneront lieu à ces guerres :

1° Si l'armée attaquante est supérieure aux défenseurs, et en même temps très-forte par rapport au pays attaqué, elle a tout à gagner à entrer ;

2° Si l'armée attaquante est toujours supérieure aux défenseurs, et peu importante par rapport à la nation attaquée, ce sont des excursions passagères pour lever des contributions, c'est une station aux frontières qu'elle doit faire ;

3° Si elle est égale aux défenseurs, et peu forte relativement à la nation attaquée, elle joue généralement gros jeu ; elle doit prendre conseil du temps et du génie de son chef ;

4° Si, égale, comme précédemment, aux défenseurs, elle a de plus une masse très-formidable relativement à la nation attaquée, elle devra tout mettre en œuvre pour détruire l'armée qui lui est opposée ; puis, celle-ci détruite, si tant est qu'elle y réussisse, pénétrer rapidement dans l'intérieur.

Dans le premier cas, des places sur les frontières ne pourront être que nuisibles : cela résulte de tout ce que l'on a dit plusieurs fois ;

Dans le second, des places diminuant l'armée défensive, ne feront que protéger le séjour et les incursions de l'ennemi;

Dans le troisième cas, des places seront également nuisibles, en donnant par le fait une supériorité numérique à l'armée assaillante;

Dans le quatrième cas, la controverse semble devoir se présenter; car,

Si, malgré la diminution forcée de l'armée défensive par les garnisons, l'étranger veut s'emparer réellement et uniquement de cette frontière, des forteresses pourront amener des siéges, s'il ne se sent pas la résolution de bloquer l'armée adverse. Mais si, comme cela doit être, on affame cette armée ainsi diminuée, ou si l'on marche sur l'intérieur pour frapper un coup qui doit être funeste, les places, en facilitant ce résultat, auront été nuisibles. Ainsi, pour ce quatrième, la controverse ne devrait pas avoir lieu plus que pour les autres.

Ce quatrième cas est, par le fait, le seul que l'on ait considéré dans toutes les créations de systèmes; il suffit de bien examiner les discussions qui furent présentées pour le reconnaître. Comme on pensait raisonner pour tous les cas, l'adoption générale des places suivit, pour certains États, la solution en leur faveur; d'autres États, au contraire, par leur dénuement presque absolu de ces soutiens, semblent avoir adopté la solution opposée, et l'expérience ne prouve pas qu'ils aient été plus maltraités que la France, qui en était hérissée.

La cause de cette adoption des places fortes, résida toute entière dans une illusion produite par de grands événemens et de grandes gloires.

Les guerres civiles, féodales et de religion, avaient

partagé l'Europe en petits États indépendans ; tous avaient une place forte , en laquelle ils consistaient réellement. La chute d'un tel État ne pouvait évidemment s'obtenir que par la conquête de sa place ; c'était la place centrale sur une petite échelle. La guerre d'extermination faite aux Hollandais, avait transformé cette population en une nation de soldats exploitant la mer, et se réfugiant dans certaines places fortes , qu'ils défendaient tous jusqu'à la dernière extrémité. On ne pouvait soumettre une telle nation qu'en lui enlevant tous ses refuges ; alors les siéges étaient forcés , par suite des places fortes utiles.

Tel est , en même temps, l'exemple de ce qu'on doit nommer faire la guerre sur une frontière.

Mais , avec les nations et les mœurs d'à présent , quand verra-t-on naître de telles guerres ? Comment surtout se fonder sur leur possibilité , pour des systèmes généraux ?

Cette distinction entre ces deux espèces de guerres bien recherchée , donnera souvent la cause d'erreurs dans les raisonnemens faits sur l'emploi des forteresses.

Louis XIV (1) et ses généraux, entraînés par l'appât de la gloire attachée , par suite de ces événemens, à la prise d'une place, confirmèrent cette erreur ; et lorsque, sous le règne suivant, on fut obligé, pour conduire les

______

(1) *Mémoires de Louis XIV* (1806), tome 2, pag. 142. J'avoue que je me sentais quelque plaisir de me voir nécessité , pour avoir déjà fait ce qui paraissait possible, d'assiéger des places que les plus grands capitaines de notre siècle n'avaient osé regarder, ou devant lesquelles ils avaient été malheureux.

armées françaises, d'aller chercher des généraux chez
l'étranger (1) , il n'est pas étonnant d'avoir vu éclore
tant de faux raisonnemens sur cet objet; car, chose à
remarquer, de cette époque seulement datent les systèmes. Vauban, le grand Vauban, s'en était bien gardé;
il marchait avec le temps.

CHAPITRE XIX.

Sur un Principe du siècle passé.

Faire consister entièrement l'existence de l'armée
d'invasion dans l'arrivée régulière de ses convois, sub-
ordonner toutes les opérations, soit grandes, soit petites, à des calculs de fourgons et de rations de pain, devint, dans le siècle dernier, l'idée prédominante chez
un grand nombre de tacticiens.

C'était un principe dont les marches des grandes
guerres d'autrefois, particulièrement de celle de trente
ans, avaient bien démontré la fausseté; mais, adopté
comme une vérité fondamentale , on ne le discutait
plus.

En conclure qu'il suffisait d'empêcher cette arrivée
pour détruire l'armée ou pour la forcer à rétrograder,
devint une seconde vérité;

S'établir, par suite, en arrière de l'ennemi, sur la
ligne que suivaient ses convois , fut le but qu'on se pro-

---

(1) NAPOLÉON. MONTHOLON, tome 5 , pag. 214. Ce n'est pas une
armée (celle de France à Rosbach) commandée par de pareils officiers, dont l'âme et l'esprit étaient si faibles ; dont tous les ressorts
étaient si mous, qui pouvait entreprendre une marche de flanc devant une armée bien constituée.

posa, et qu'on désigna par l'expression de couper la ligne d'opération ;

Déduire de là que toute armée dont la ligne d'opération serait coupée, à l'instant même serait paralysée, devint une nouvelle vérité que l'on substitua aux deux autres, et à laquelle il suffisait de satisfaire.

Pour couper l'ennemi, il fallait le tourner : on s'étendit. Par ce moyen, dès qu'il se dirigeait sur un point de la ligne, les corps des ailes se repliant, interceptaient sa communication, et ne perdaient pourtant pas la leur, parce qu'ils formaient tous une courbe continue.

Tels furent les principes de Lloyd sur la ligne d'opération et sur la guerre défensive (1); telles furent les idées mères du système de cordon de Lascy, et, plus tard, des calculs de tirailleurs de Bulow.

Lorsqu'on eut à résister à deux armées ayant deux lignes d'opérations éloignées, au lieu de chercher à les séparer de plus en plus en occupant soi-même une position intérieure, on regarda comme un chef-d'œuvre de

---

(1) LLOYD : *Mémoire politique et militaire*, pag. 272.... Cinquante mille ennemis campés à Exeter marchent sur Londres. Lloyd avec une armée défensive de trente mille hommes campe le plus près possible d'Exeter,.... recule devant l'ennemi ;.... à douze lieues d'Exeter laisse dix mille hommes en front, jette dix mille sur le flanc gauche ennemi, étend dix mille le long de la ligne d'opération jusqu'à Exeter,.... continue ainsi jusqu'à Salisbury, à trente lieues d'Exeter :.... l'ennemi ne peut recevoir ses convois, reste au plus quinze jours dans son camp, et se retire avec une vitesse de soixante lieues en vingt jours.... Et généralement Lloyd divise son armée défensive en trois corps : un cinquième en front, trois cinquièmes sur le flanc, un cinquième éparpillé le long de la ligne d'opération.

les forcer à se réunir sur une seule ligne et sur une même base (1).

On ne parla plus que de l'avantage d'une circonférence cernante contre une circonférence cernée (2).

Quelle que fût la ténuité de cette ligne cernante, peu importait; on ne craignait même pas de supposer sa totalité inférieure à la masse cernée : on avait traversé la ligne d'opération, tout était obtenu. L'ennemi devait nécessairement se retirer en toute hâte; qu'il pût se précipiter sur cette faible enveloppe, la percer et l'anéantir successivement, ne venait pas à l'idée (3).

Avec de pareils préceptes, des places devenaient un complément important, car on ne devait pas oser les dépasser. La seule chose possible, si on ne voulait pas les assiéger, était de les bloquer, ce qui devait exiger des forces triples des garnisons. Or, comme un pareil dispositif devenait impossible à une armée d'invasion, si le nombre des places à bloquer était un peu considérable, il fallait nécessairement en revenir aux siéges.

De là, sur l'emploi des places pour la défense des États, une foule de conclusions nécessairement erronées, parmi lesquelles se distinguent celles-ci :

Que n'y eût-il pas d'armée rassemblée, l'ennemi n'oserait traverser la ligne des forteresses (4);

---

(1) LLOYD, pag. 287 et suivantes, conseille de battre une des deux armées, ou, ce qui vaut mieux, les forcer à se réunir sur une seule ligne d'opération, parce qu'alors ne pouvant subsister, elles seront forcées de se dissoudre.

(2) D'ARÇON, pag. 71 et 72.

(3) LLOYD, pages déjà citées, suppose que l'ennemi fera seulement des détachemens pour escorter ses convois.

(4) D'ARÇON, pag. 40 et 16.

Qu'eût-on perdu trois places et trois batailles, l'ennemi ferait encore de nouveaux siéges pour élargir sa trouée (1);

Qu'une armée ne pourrait être bloquée et prise dans une place, à moins que cette place ne fût seule (2);

Qu'une armée défensive serait toujours attaquée de front, sans qu'on osât jamais la tourner (3).

Frédéric, Maurice de Saxe, Lowendhal, les seuls généraux qui eurent alors de grands succès, étaient

---

(1) D'Arçon, pag. 44.

(2) *Le même*, pag. 41.

(3) Lloyd avait dit, p. 308 : « La grande faute des généraux fran-
» çais (guerre de la Succession) fut de s'opposer à l'ennemi de
» front, tandis qu'il fallait opérer sur ses flancs et lui couper sa
» ligne d'opération. » Ces paroles ont été attribuées au maréchal
de Saxe (C***, pag. 34). Nous ne nous rappelons pas les avoir vues
de ce grand homme de guerre, elles seraient d'une toute autre importance; mais, de plus, sont-elles exactes? Villars à Sierek, Ven-
dôme à Gand, Villeroi en retraite sur Bruxelles après Ramillies,
étaient-ils donc sur le front de l'ennemi? Celui-ci n'était-il pas
libre de passer outre? Toute cette guerre ne fût-elle pas basée de
part et d'autre sur des sûretés de convois? Ce principe est-il en
rapport avec ceux du maréchal qui, dans ses *Rêveries* (pag. 179),
conseille aux défenseurs de n'entrer qu'à l'automne en campagne,
parce qu'alors l'ennemi aura employé tout le beau temps à faire des
siéges et à s'affaiblir. — C'est pourtant de cette observation qu'a
été déduite la proposition ci-dessus (M. C***, pag. 36). Ce n'était
pas ainsi qu'en pensait Napoléon. — Le même Lloyd a dit, pag.
314 : « La France trouverait à son tour les mêmes difficultés pour
» aller des rives du Rhin aux frontières de l'Autriche et de la Bo-
» hême, et vraisemblablement elle perdrait son armée, comme il
» lui est arrivé quand elle a voulu s'avancer jusqu'au Danube. »
Ab uno disce omnes. Aussi regarde-t-il (pag. 316) toute la partie
entre le Tyrol et Passau comme impraticable, même pour des troupes légères.

bien loin, par leurs actions et par leurs écrits, de professer de telles maximes ; aussi ne voit-on pas qu'ils eussent une confiance bien marquée dans les forteresses.

Depuis eux, de nouveaux généraux ont paru, qui, étrangers à toutes ces routines, se sont élevés à une hauteur extraordinaire, et par leurs marches audacieuses et la seule force de leur génie, rappelant le temps des Waldstein, des Gustave, des Turenne, ont démontré la futilité de ces dogmes d'école, que le pédantisme s'efforce de ressusciter (1).

CHAPITRE XX.

Sur les Progrès des moyens de guerre.

Des distances, des obstacles, surtout, qu'on regardait comme impossibles à franchir, l'ont été. Un pareil résultat, pour être obtenu, n'a jusqu'à présent exigé que du courage et une volonté ferme. Pour la guerre, on n'a pas encore (fréquemment du moins) employé d'autres moyens.

Mais croire qu'on en restera là, serait une erreur des plus fortes. De toute part, on voit des hommes de mérite appliquer les découvertes de l'industrie au profit de cette grande science de la guerre (2).

---

(1) Maréchal DE SAXE : *Rêveries*, avant-propos. La guerre est une science couverte de ténèbres dans l'obscurité desquelles on ne marche pas d'un pas assuré. La routine et les préjugés en font la base, suite naturelle de l'ignorance.

(2) Maréchal DE SAXE, pag. 34. Le chevalier Folard définit assez bien la question qui s'élève quelquefois : savoir si la guerre est un

Les moyens de transport et de destruction seront nécessairement augmentés ; les fardeaux seront allégés, les volumes réduits, les routes les plus longues presque annulées ; les parties les plus éloignées de la terre se rapprochent chaque jour (1).

On doit donc, dans la création de tout système de défense, ne pas négliger ces craintes, chercher à se prémunir contre la possibilité de changemens que l'on croirait, au premier aperçu, impossibles, mais que le raisonnement fait concevoir ; se mettre surtout à portée de profiter de ces mêmes progrès de l'industrie pour son propre intérêt (2).

Que l'on se rappelle, par exemple, l'explosion des magasins à poudre d'Almeida, en 1810, et que l'on juge de l'annihilation des forteresses par la seule découverte d'une machine à vapeur, qui pourrait lancer un simple cube de quatre mètres de côté, renfermant cent trente milliers de poudre, ou un volume encore plus petit d'un corps plus détonant.

La place centrale, par sa vaste industrie, par sa position à la jonction de toutes les routes, de tous les ca-

métier ou une science ? Il dit : la guerre est un métier pour les ignorans, et une science pour les habiles gens.

(1) Prince DE LIGNE, tome 2 , pag. 254. Remarquez-vous, au sujet du changement d'idées, qu'il n'y a plus de distances à présent ? les armées s'élancent du nord au midi, l'infanterie court la poste en voitures, la cavalerie est au galop dans les montagnes..... On n'a jamais fait ce qui était facile ou possible, on n'a fait que ce qui paraissait le contraire de l'un et de l'autre.

(2) D'ARÇON, pag. 89. Sur quoi l'on ne manquera pas de rappeler la maxime : qu'en fait de fortifications, il faut toujours voir au moins un demi-siècle d'avance.

naux , par ses chemins de fer et ses machines à vapeur,
par sa possibilité de tout essayer, et surtout par l'action
réciproque de tant d'individus, si favorable à la création
d'idées nouvelles, précédera de bien loin les autres nations dans la carrière des découvertes.

LIVRE VIII.

Possibilité du nouveau Système, et Considérations diverses.

CHAPITRE PREMIER.

Sur l'ensemble de ce Livre.

QUELQUE justesse que l'on puisse admettre dans les considérations précédentes, quelque bonté que l'on veuille accorder au nouveau système, sous le rapport militaire, on ne saurait pourtant être dispensé de démontrer la possibilité de ce dernier.

Cette possibilité est de deux natures : la possibilité physique, et la possibilité morale, s'il est permis de s'exprimer ainsi.

La possibilité physique est celle considérée sous le rapport du travail et de la dépense.

La possibilité morale est celle considérée sous le rapport des changemens qu'une telle création entraînerait nécessairement dans l'ordre des fortunes publiques et particulières.

La première ne peut être démontrée par des devis, comme pour un simple édifice ; pour une telle masse, ce moyen est impraticable. Mais elle le sera par des comparaisons d'immenses dépenses actuelles et par des compensations, ce qui doit suffire.

La seconde le sera par l'examen de quelques-unes des conséquences principales.

CHAPITRE II.

Fortifications. — Maçonneries.

Le budget annuel de France désigne une somme de trois millions de francs pour l'entretien et l'agrandissement des fortifications du royaume (1).

Cette somme représente un capital de soixante millions. Il faut chercher s'ils suffiraient pour les fortifications de la place centrale.

Déterminer l'ensemble de celles-ci n'est pas chose facile; heureusement ce n'est point indispensable dans le moment actuel : des considérations générales peuvent y suppléer.

La place du delta a quarante-cinq lieues de développement; elle est entourée d'eau de tout côté : des redoutes en maçonnerie de deux mille mètres en deux mille mètres, sur trois lignes en échiquier, pourront être l'équivalent des fortifications maçonnées à construire : deux cent cinquante suffiront.

Ces redoutes seront composées de maçonneries purement *fortificatives,* de terres et de bâtimens d'habitation disposés pour la défense. Estimer les premières maçonneries à cent cinquante mille francs, est plus que la vérité; c'est les porter à près de trois fois la valeur des tours-modèles n° 1, complètes. Cela ferait pour toutes une somme de trente-sept millions.

----

(1) Budget de 1822, chap. 14. Ces sommes sont plus fortes dans le budget de 1826.

Il resterait donc disponible , après la construction de toutes les maçonneries réellement de fortification , une somme de plus de vingt-trois millions.

CHAPITRE III.

Fortifications. — Terres.

Les Romains employaient les légions à la construction des routes et des grands canaux. Les Romains avaient raison ; car, chez eux, tout le monde étant soldat, tout le monde travaillait pour soi.

On a proposé en France de donner la même occupation aux troupes ; cela ne paraît pas également juste.

Dans le système social actuel , l'argent est l'objet de comparaison ; c'est avec lui et par lui que chacun , suivant ses moyens, participe aux charges de la patrie , et contribue au revenu public ; c'est par lui que s'établissent les distinctions électorales, les impositions, les cautions, la majeure partie des peines.

L'imposition en nature n'est point d'accord avec ces idées ; elle ne peut être admise que dans l'impossibilité absolue de se borner au premier moyen. C'est ce qui a fait dire plusieurs fois à la tribune , que les engagemens volontaires étaient le seul mode juste de recruter l'armée.

Mais comme ce mode est loin de suffire, comme il ne donne trop souvent que des hommes sur lesquels on ne peut compter, l'intérêt de la patrie a forcé de recourir à un tirage au sort ; c'est un excédant de charge que l'on impose à une fraction de la nation.

Cette surcharge n'est juste que parce qu'elle est de nature à ne pouvoir être divisée ; elle n'a lieu , par conséquent, que pour ce qui a absolument trait au service militaire. Mais pour tout ce qui est susceptible d'être obtenu toujours par argent, la répartition doit être faite sur la nation : toute surcharge est injuste.

Ainsi une route, un canal, un objet semblable d'utilité publique, pouvant toujours être obtenus pour de l'argent, ne doivent, sous aucun prétexte d'économie, être imposés à l'armée : une loi qui prescrirait cela, ne ferait, en dernière analyse, que forcer à jouer à qui travaillerait pour les autres ; elle serait dans le même cas que celle qui prescrirait de jouer à qui aurait de la fortune, ou à qui serait domestique.

On ne peut donc réellement exiger de l'armée que ce qui est absolument service et instruction militaire.

Or, tous les généraux, de tous les temps, se sont accordés à faire apprendre aux troupes tout ce qui est fortification de campagne (1). Une armée qui sait remuer

---

(1) Napoléon. Montholon, tome 2, pag. 185. Les fortifications de campagne sont toujours utiles, jamais nuisibles lorsqu'elles sont bien entendues. Les principes des fortifications de campagne ont besoin d'être perfectionnés : cette partie de l'art de la guerre est susceptible de faire de grands progrès. — Tome 5, pag. 75. Turenne se retrancha : ce grand capitaine faisait usage fréquemment des ouvrages de campagne.... Il est des militaires qui demandent à quoi servent les places fortes, les camps retranchés, l'art de l'ingénieur ; nous leur demanderons à notre tour comment il est possible de manœuvrer avec des forces inférieures ou égales sans le secours des positions, des fortifications, et de tous les moyens supplémentaires de l'art. — Tome 5, pag. 93 et 95. Ceux qui proscrivent les lignes de circonvallation et tous les secours que l'art de l'ingénieur peut donner, se privent gratuitement d'une force et d'un moyen auxiliaires, jamais nuisibles, presque toujours utiles et souvent indispensables.... Les principes de la fortification de cam-

de la terre et se retrancher rapidement, est reconnue pour avoir de grands avantages. A Austerlitz, Napoléon, à pied, dès la pointe du jour, dirigeait lui-même les retranchemens du Santon. Si l'on en avait les moyens, on ferait actuellement pour l'armée entière une partie de ce que l'on fait pour les artilleurs et pour les sapeurs, et, de même que pour eux, on effacerait dans l'hiver le travail de la belle saison. Mais si ces travaux d'école étaient exécutés dans un lieu où ils pussent être utiles, les détruirait-on? Non. Aurait-on violé la justice? Non.

On pourra donc, par ce moyen, obtenir à peu de frais les terrassemens, les parapets et tous les ouvrages militaires de campagne de la place centrale; il n'en coûtera que des outils et des habits de travail.

CHAPITRE IV.

Fortifications. — Casernes défensives.

Les redoutes doivent renfermer des casernes qui leur serviront en même temps de réduit.

Ces casernes pourraient être très-petites, car les redoutes doivent être d'une forme à ne demander que bien peu de défenseurs.

---

pagne ont besoin d'être améliorés; cette partie importante de l'art de la guerre n'a fait aucun progrès depuis les anciens; elle est même aujourd'hui au-dessous de ce qu'elle était il y a deux mille ans; ..... officiers et soldats ont de la répugnance à manier la pioche et la pelle; .... ils répètent à l'envie : les fortifications de campagne sont plus nuisibles qu'utiles.... Discours méprisables. — ROHAN : *Parfait Capitaine*, pag. 82.... Car la science de la guerre consiste principalement à ne combattre que quand on veut, et pour cet effet faut.... savoir bien faire ses retranchemens.

Mais comme on peut les faire de dimensions assez grandes, sans néanmoins déroger à la condition, on les supposera susceptibles de recevoir quatre cents hommes. De cette manière, cent mille hommes pourraient habiter dans ces deux cent cinquante redoutes. Or, le casernement, par soldat, revient à trois cent trente francs (1). Cela ferait donc une somme de trente-trois millions. Vingt-trois seront fournis par l'excédant des dépenses précédentes ; les dix autres seront produits par le capital de cinq cent mille francs, que l'on emploie annuellement pour locations de casernes (2).

Donc, au moyen des seuls fonds que l'État destine à l'entretien des forteresses du royaume et à la location de quelques casernes particulières, on parviendrait facilement à fortifier toute la place du delta, et à caserner en outre cent mille hommes.

CHAPITRE V.

Casernes. — Magasins à poudre.

Trois millions six cent mille francs figurent annuellement au budget pour les bâtimens militaires (3).

Ce sont principalement les quartiers et les casernes des places, des batteries de côte, des villes ouvertes ; les pavillons d'officiers ; certains magasins, entre autres ceux à poudre, et les chapelles militaires.

Cette somme ne suffit pas pour l'immense quantité de bâtimens de cette espèce, et néanmoins, à cause de

------

(1) *Mémorial du Génie*, n° 6.
(2) **Budget** déjà cité, chapitre 8.
(3) *Idem*, chapitre 14.

leur dispersion , ces bâtimens sont loin d'empêcher qu'on ne soit soumis à de grands besoins et à des locations, tandis qu'un nombre considérable d'entre eux reste sans emploi.

Ces trois millions et demi représentent un capital de de soixante et treize millions.

Trente-trois fourniront des casernes pour cent mille hommes. Ainsi jointes à celles des redoutes , une armée de deux cent mille soldats aura son casernement dans la place du delta. Quant aux pavillons d'officiers, ils seront fournis par l'indemnité même que le gouvernement accorde pour cet objet, dans toutes les circonstances où ces logemens en nature n'existent pas.

Quarante millions resteront donc disponibles pour les autres établissemens.

Pour les magasins à poudre, la place centrale produira de suite la réduction d'une grande dépense, même d'une grande perte ; il est facile d'en juger.

La construction ordinaire des magasins à poudre à l'épreuve de la bombe est très-chère ; elle peut s'estimer à mille francs par mille kilogrammes (1).

Leur nombre actuel n'est pas suffisant pour l'approvisionnement jugé nécessaire pour la France ; on en construit sur plusieurs points, et bien des places eu manquent (2).

Les poudres confectionnées s'avarient ; il en résulte une perte annuelle.

Les barils qui les renferment exigent, par an , une

______

(1) Gassendi : *Aide-Mémoire* , pag. 726.
(2) *Idem*, même page.

réparation d'environ cent mille francs, représentant un capital de deux millions (1).

Une idée bien simple fut proposée; celle de ne point confectionner les poudres, mais d'avoir toujours un grand approvisionnement des matières composantes. On ne put la suivre (2); on craignit, ou de démasquer ses propres intentions par de grandes confections, au moment d'une rupture, ou d'être surpris par l'ennemi. Mais avec la place centrale, rien de cela ne doit être redouté. Dans une circonstance extrême, improbable, on pourrait d'ailleurs momentanément n'employer qu'un simple mélange des composans. On doit donc regarder l'adoption de cette idée comme une conséquence de la place centrale.

Les cinq millions de capital produits par cette économie sur les pertes de poudres et de barils, tous ceux que l'on se voit dans la nécessité d'employer à la construction des nouveaux magasins à l'épreuve, appliqués dans ce sens, fourniront, et au-delà, tous les espaces fermés nécessaires pour ces composans.

Donc, en dernière analyse, avec le capital des fonds accordés annuellement pour le service du génie militaire, on construirait les fortifications de la place centrale, les casernes pour deux cent mille hommes, les nouveaux magasins à poudre, et quarante millions resteraient encore disponibles pour les autres parties.

---

(1) Gassendi, pag. 726.
(1) *Idem*, même page.

CHAPITRE VI.

Suppression de diverses Dépenses.

L'armée actuelle de France reçoit annuellement, pour indemnité de route dans l'intérieur, une somme d'un million soixante mille francs. Les militaires isolés, voyageant pour le service, figurent également pour une somme de neuf cent cinquante mille francs (1).

La place centrale renfermant constamment l'armée entière, celle-ci n'aura plus ces perpétuels changemens de garnisons que, dans le système actuel, l'on ne peut pourtant pas négliger. Plus de la moitié des voyages d'isolés cessera également d'avoir lieu. Cela produira donc une réduction annuelle de plus d'un million cinq cent mille francs, représentant un capital de trente millions.

Le service des marches et transports consistant en convois pour troupes et détachemens, en transports pour habillemens, équipemens, munitions, produit une dépense annuelle qui serait également supprimée. Cette dépense d'un million six cent mille francs, représente un capital de trente-deux millions (2).

Cent quarante mille francs sont employés annuellement pour pouvoir mettre une immensité de sentinelles, la plupart bien inutiles (3). La place centrale les réduira de plus des neuf dixièmes. Cela produira une économie de cent vingt mille francs, ou d'un capital d'un million et demi, auquel il faudra joindre au moins autant pour

---

(1) Budget de 1822, récapitulation et chapitre 2.
(2) *Idem*, chapitre 12.
(3) *Idem*, chapitre 8, campement.

l'éclairage et le chauffage d'un grand nombre de corps-
de-garde supprimés.

Un million est attribué annuellement au recrutement
des enrôlés volontaires (1). Mais avec l'industrie de la
place centrale, et le grand changement que celle-ci produira dans le sort des soldats, ce moyen deviendra su-
perflu. On aura donc disponible un nouveau capital de
vingt millions.

Ajoutant toutes ces sommes aux quarante millions
restant du chapitre précédent, on aura un total de cent
vingt-cinq millions disponibles, pour s'occuper des établissemens intérieurs de la place du delta. Cela serait
suffisant pour caserner trois cent quatre-vingt mille
hommes.

Ainsi, sans augmenter en rien le budget, on fortifiera
la place centrale, on construira des casernes pour deux
cent mille hommes et leurs officiers, on fera les magasins à poudre, on aura cent vingt-cinq millions disponibles pour les autres établissemens, tout cela par les
seuls fonds accordés au génie militaire, et par la suppression de diverses dépenses, conséquence immédiate
de la centralisation.

CHAPITRE VII.

Compensations entre diverses Dépenses.

La place centrale comprend une étendue de cent
lieues carrées, renfermant en outre des villes et des
villages ; il est de toute nécessité d'en devenir possesseur.

––––––––––––––––––

(1) Budget de 1822, chapitre 9.

Or, admettre une compensation entre ces terrains et tous ceux des places de guerre actuelles, serait-ce être dans l'erreur?

La France renferme actuellement cent soixante-dix points fortifiés : trente comme Strasbourg, Metz, Maubeuge, ont une grande étendue, ou possèdent d'immenses camps retranchés; soixante comme Thionville, Toul, Brisack, Embrun, Landrecies, occupent des terrains considérables ; les autres, très - variables, sont loin d'enceindre d'aussi grandes surfaces. La superficie totale peut, probablement sans erreur notable, être estimée équivalente à celle de la place du delta. En outre, ces terrains sont tous dans des situations adaptées naturellement pour bâtir; ils ont donc une bien plus grande valeur que la majeure partie de ceux du delta : on peut donc regarder la possibilité de l'échange comme bien près de la vérité.

La destruction complète de ces fortifications s'obtiendra sans peine pour le produit des démolitions, d'autant plus que les matériaux qui en proviendront, seront précisément à pied d'œuvre pour les nouvelles bâtisses.

Enfin, l'immensité de magasins, établissemens, casernes renfermés dans ces places et dans plus de cent villes dites de casernement, équivaudront et au-delà aux maisons d'habitation répandues dans le delta.

L'on pourra donc, par de simples échanges, devenir complètement maître de tout ce qui est renfermé par le contour de la place centrale.

Mais une considération surtout, que l'on ne doit pas négliger, viendra donner une nouvelle force à tous ces raisonnemens.

Toutes les forteresses ont des rayons de servitude extérieurs et intérieurs, qui frappent de nullité une multitude de bâtimens que la loi défend de restaurer. Par la même raison, et dans la même étendue, les propriétaires ne peuvent établir de constructions nouvelles. Cela, nécessairement, diminue de beaucoup la valeur de ces propriétés. L'abolition de ces servitudes serait une suite de la destruction des forteresses; on pourrait donc en toute justice exiger par imposition, de ces propriétaires, une portion de l'augmentation de leur revenu. On vendrait, pour ces terrains, la permission de restaurer et de bâtir.

En outre, avec l'industrie actuelle, toutes les villes, généralement, tendent à s'agrandir; celles qui sont entourées de fortifications, éprouvent, sous ce rapport, une gêne extrême, dont elles voudraient s'affranchir à tout prix. On obtiendra donc d'elles des facilités de toute espèce pour l'exécution du projet, et des dons volontaires pour le prompt établissement de la place centrale.

Ainsi, sans augmentation de dépense, par suite de toutes les considérations précédentes, on sera complètement maître du delta; on l'aura fortifié, on y aura créé des casernes pour deux cent mille hommes, et l'on aura plus de cent vingt-cinq millions disponibles pour transformer en établissemens militaires et d'industrie tous les bâtimens qu'il renferme. Joignant à cela les cent quarante-six millions, capital de sept millions trois cent mille francs accordés annuellement pour le matériel de l'artillerie (1), on pourra mettre en activité les usines

______

(1) Budget 1822, chap. 13.

et ateliers nécessaires pour la confection des munitions et des approvisionnemens de guerre.

CHAPITRE VIII.

Réduction de diverses Dépenses.

La centralisation a détruit complètement certaines dépenses; il en est d'autres qu'elle diminuera : il faut en citer quelques-unes rapidement.

Pour les subsistances militaires, un personnel de quatre cent soixante-six administrateurs ou gardes, occasione une dépense annuelle en traitemens de neuf cent mille francs (1). Jointe à celle des grains et aux frais de manutention, elle porte le prix moyen de la livre de pain de munition à treize centimes. Dans celui-ci ne sont pas compris les frais de magasins et d'établissemens, tous appartenant à l'État, tous à sa charge. Ainsi l'on paye au moins, moyennement, quinze centimes la livre de pain noir, souvent bien mal fait. Dans les bonnes provinces de France avoisinant le delta, les particuliers n'achètent pas aussi cher, et en détail, la livre de pain blanc bien travaillé ; cependant, les boulangers y font de grands bénéfices.

Il est donc de toute évidence que, confectionnant en un seul point le pain pour toutes ces bouches actuellement dispersées, et le gouvernement administrant lui-même et par lui-même, on obtiendra facilement une économie de cinq centimes, le tiers du prix actuel ; ce serait annuellement plus de deux millions et demi par

____

(1) Budget de 1822, chap. 4.

cent mille hommes , représentant un capital de cinquante millions.

A cette économie devra se joindre celle de l'entretien de l'approvisionnement de réserve actuel, parce que celui-ci passera dans la masse totale, et cet entretien a été de cent seize mille francs (1).

Pour les chevaux, la ration de fourrages coûte environ quatre-vingt-dix centimes (2). Tout le terrain de la place centrale en fournira nécessairement une immense quantité : de là, une nouvelle économie. Ce n'est pas que tous les terrains militaires actuels, susceptibles d'être loués, ne le soient par enchères publiques, au profit du Trésor ; mais leur morcellement, leurs servitudes, mettent un obstacle constant à leur produit.

Les hôpitaux militaires offriront aussi une grande réduction ; elle proviendra de la suppression d'une partie de cent quarante-neuf administrateurs, et surtout de l'avantage inhérent à l'achat, en une seule masse, des approvisionnemens et médicamens actuellement à disperser sur toute la France. Mais un point sur lequel elle ne devra nullement porter, c'est le nombre des officiers

______

(1) Budget 1822 , chap. 4 : *Réforme dans la législation militaire,* pag. 184. J'imagine qu'on a senti de toutes parts la nécessité d'avoir des greniers d'abondance.... afin de se rendre maître des prix , ... pour mettre un frein à la cupidité des particuliers ; .... les fonds consacrés à de tels établissemens.... pourraient être augmentés des fonds de la guerre , ... et l'on élèverait des magasins.... qui serviraient ordinairement à l'armée et viendraient quelquefois au secours de la population, sauf à distinguer, par le nom de *réserve,* l'approvisionnement qu'on destinerait à nourrir les peuples et à influer sur la hausse et la baisse des prix.

(2) Budget 1822 , chap. 4.

de santé. On ne connaît que trop , par la pénurie de ces hommes dans les dernières grandes guerres, l'immensité des mutilations et des pertes que le petit nombre des anciens savait si bien éviter. Dans la place unique , leur concentration augmentera leur émulation et leur science.

Enfin , les élèves militaires, au milieu de cette grande école de guerre , recevront une toute autre éducation , et occasioneront néanmoins à l'État une dépense bien inférieure au million et demi donné pour les écoles actuelles (1).

CHAPITRE IX.

Organisation intérieure.

La place centrale est un arsenal complet et unique de guerre ; on y fabrique tout, au moral comme au physique. Telle est l'idée dont il faut partir.

C'est là que l'on envoie encore bruts les hommes et les matériaux ; c'est là que le travail doit augmenter rapidement leur valeur.

Il faut donc tout disposer pour parvenir le mieux possible à ce but. Ce résultat ne doit s'espérer que comme fruit d'une longue expérience ; mais on peut du moins regarder rapidement quelques-uns des grands bénéfices que l'on obtiendra sur le système actuel , et juger en masse l'organisation intérieure.

---

(1) Budget de 1822 , chap. 16.

CHAPITRE X.

Instruction.

Des hommes enlevés pour la première fois aux occupations de la vie civile, transportés tout à coup seuls devant de vieilles troupes aguerries, ne doivent point espérer de résultat favorable, quelle que soit leur bravoure personnelle.

Penser le contraire est une erreur bien reconnue par les militaires, par ceux, surtout, qui viennent de faire la grande guerre de vingt ans (1).

Malheureusement pour la France, cette erreur se propage. Pour toute précaution contre les immenses préparatifs militaires de l'étranger, on ne demande que des institutions fortes, mutuelle garantie des monarques et des sujets, qui, procurant le bonheur aux citoyens, les engageront à aller d'eux-mêmes mourir avec enthousiasme pour une patrie qui assure leur prospérité.

Rendre les citoyens heureux, est une pensée noble; appeler la France en première ligne des nations, non en seconde, sous la protection des vaisseaux d'Albion ou

____

(1) Napoléon. Montholon, tome 2, pag. 187.... *Oui, braves!* manœuvriers et adroits...., La discipline lie les troupes à leurs drapeaux. — Pag. 189. Un bon général, de bons cadres, une bonne organisation, une bonne instruction, une bonne et sévère discipline font de bonnes troupes, indépendamment de la cause pour laquelle elles se battent. — Pag. 285. Ces 50 mille hommes (gardes nationaux) en rase campagne, s'ils ne sont pas des soldats faits et commandés par des officiers expérimentés, seront mis en désordre par une charge de quelques milliers de chevaux.

des pulks de la Moscovie, est une expression française (1); soutenir un tel projet, est le devoir de tous; mais, pour l'exécuter, il faut éviter les erreurs.

La guerre ne consiste pas dans la seule action de tirer un coup de fusil, de donner ou de recevoir bravement un coup de baïonnette; cela n'est pas difficile. Les batailles sont des jours de fête; mais par combien de peine ne faut-il pas les acheter (2)?

Endurer la faim, le froid, les marches forcées par des pluies battantes dans des chemins défoncés, faire une continuelle abnégation de ses souffrances et de sa volonté, pour ne songer qu'à exécuter le mieux possible un ordre quelconque donné, ou à prévenir ceux qui furent négligés (3), mettre de l'élan, de l'enthousiasme à faire réussir la pensée, peut-être absurde, d'un chef absolu (4), ne se rebuter jamais, arrêter chez ses subordonnés, chez ses camarades, tout sentiment décourageant, telles doivent être les vertus de l'homme de guerre.

Ces vertus sont l'apanage des vieux soldats. Mais

---

(1) Dupin : *Observations sur la puissance de l'Angleterre et sur celle de la Russie*, pag. 67 et 68.

(2) Napoléon. Gourgaud, tome 1er, pag. 157. La première qualité du soldat est la constance à supporter les fatigues et les privations; la valeur n'est que la seconde.

(3) Napoléon. Montholon, tome 5, pag. 100. Un corps de cavalerie d'élite de 1,500 hommes eût été détruit, si les vieux cavaliers, d'un commun accord, ne se fussent écriés : *au défilé !* voilà l'avantage des vieilles bandes : elles prévinrent l'ordre; elles firent la seule chose qui pouvait les sauver.

(4) Napoléon. Gourgaud, tome 2, pag. 75. La bravoure des Français fut mal employée, et le sang de ces braves ne servit qu'à *réparer les fautes* du général en chef et celles causées par l'ambition inconsidérée de ses lieutenans-généraux.

comment les trouver dans les jeunes gens, ou dans ces hommes qui furent toujours libres de toute chose? Elles sont trop contraires à l'impulsion si forte de la nature. Comme les belles fleurs et les bons fruits, elles sont le produit de l'éducation; sans elles, il n'y a réellement point d'armée.

Mais fussent-elles inculquées dans l'esprit des citoyens par l'instruction et le désir, les souffrances physiques l'emportant bientôt sur la résolution morale, viendront mettre un obstacle invincible. Il faut y être accoutumé de longue main, car le corps, comme l'âme, s'habitue à la douleur (1).

Enfin, toutes ces qualités pussent-elles se trouver dans de simples citoyens s'arrachant pour la première fois à leurs habitudes domestiques, il faudrait encore qu'ils possédassent l'instruction militaire nécessaire pour exécuter sans hésitation, sans erreur, tout ce qui serait ordonné (2).

Il est donc impossible de ne pas admettre l'éducation

______

(1) Napoléon. Montholon, tome 3, pag. 177. Les privations, la pauvreté, la misère sont l'école du bon soldat.

(2) *Idem*, tome 2, pag. 223. Est-ce que tous les hommes de ces armées (de Hohenlinden et de Marengo) étaient des recrues? Si de pareils faits étaient vrais, il ne faudrait plus d'armées permanentes, la garde nationale serait plus que suffisante.... Le premier Consul fit de très-bonnes choses, mais il ne fit pas des miracles : les héros de Hohenlinden et de Marengo n'étaient pas des recrues, mais de bons et vieux soldats. — Pag. 296. Avec de pareils principes, il ne faut pas d'armée de ligne, la garde nationale suffit. — Tome 5, pag. 93. Votre armée ne peut-elle pas être composée de braves gens plus nombreux que ceux de l'armée de secours, mais peu exercés et peu en état de manœuvrer en plaine?... Croyez-vous qu'il faille

et l'instruction militaire chez une partie de la nation,
comme base principale dans les systèmes défensifs (1).

Plus cette éducation sera soignée, plus l'armée qui la
possédera sera redoutable ; plus elle sera répandue dars
la nation, plus celle-ci sera forte. Alors ce ne sera plus
la ressource de mourir avec enthousiasme, ce sera la
certitude de vaincre que l'on aura obtenue (2).

CHAPITRE XI.

Continuation.

A la guerre, la plupart des résolutions doivent être
instantanées, et prises dans des situations où le fracas, le
danger, l'importance du sujet se joignent au manque de
temps pour influer sur le jugement.

L'expérience est, dans ces positions, un des plus
grands secours donné aux hommes ; c'est la mémoire des
moyens qui réussirent dans des cas pareils.

---

courir à votre perte en allant avec des troupes braves, mais non
manœuvrières, affronter en plaine une nombreuse et bonne cavalerie ?

(1) Napoléon. Montholon, tome 4, pag. 347. Quand une nation n'a pas de cadres et un principe d'organisation militaire, il lui
est bien difficile d'organiser une armée. Si la France, en 1790, a
mis promptement sur pied de bonnes armées, c'est qu'elle avait un
bon fonds que l'émigration améliora plutôt qu'elle ne le détériora.
La Romagne et les montagnes de l'Apennin étaient fanatisées ; ... les
peuples de l'Apennin sont naturellement braves ;... cependant ils ne
purent opposer aucune résistance à une poignée de troupes bien
disciplinées et bien conduites.

(2) Rohan : *Parfait Capitaine*, pag. 158. Il ne suffit pas d'aller
en un lieu pour s'y faire assommer, il faut y aller pour vaincre, et
non pour y être battu.

(249)

L'expérience peut s'obtenir par l'étude, en lisant ce
que firent les autres ; mais exécuter soi-même, est d'une
ressource mnémonique bien supérieure (1).

L'expérience est nécessaire à tous, même pour les moin-
dres mouvemens d'exercice. Dégénérant alors en habitude
machinale (2), elle dispense de réfléchir dans des circonstances où l'on n'en a mathématiquement pas le temps ;
elle détruit tout intervalle entre le commandement et le
commencement d'exécution.

Les camps d'exercice, pour ces raisons, ont été toujours reconnus comme portant à un haut degré la valeur des armées. Là, tout se forme, généraux, officiers,
soldats ; mais lequel a pu jamais être comparé à la place
centrale (3) ?

Réunissant tout ce qui est troupes et objet de guerre,

---

(1) Napoléon. Montholon, tome 2, pag. 52. Les généraux en
chef sont guidés par leur propre expérience ou par leur génie....
La connaissance des hautes parties de la guerre, ne s'acquiert que
par l'expérience et par l'étude de l'histoire des guerres et des batailles des grands Capitaines. — Pag. 179. Voulez-vous savoir comment se donnent les batailles ? lisez, méditez les relations des 150
batailles de ces grands Capitaines. — Pag. 195. Faites la guerre offensive comme Alexandre, Annibal, César, Gustave-Adolphe, Turenne, le prince Eugène et Frédéric ; lisez, relisez l'histoire de leurs
88 campagnes, modelez-vous sur eux : c'est le seul moyen de devenir grand Capitaine, et de surprendre les secrets de l'art : votre
génie ainsi éclairé, vous fera rejeter des maximes opposées à celles
de ces grands hommes.

(2) Frédéric : *Instruction*, art. 27. Il faut non-seulement exercer les recrues, mais aussi les vieux soldats pour les tenir dans l'habitude.

(3) Frédéric : *Instruction*, art. 8. Tout ce qu'il dit sur les
camps de repos.

la grandeur des masses agissantes sera bien supérieure à celle des camps ordinaires ; leurs manœuvres seront continuelles , et non bornées à quelques jours d'automne.

Les officiers ne seront plus isolés dans la connaissance de leur arme seule. Les voyant toutes et à chaque instant, bientôt ils les connaîtront toutes ; ils apercevront les rapports qui les lient entre elles, les secours mutuels qu'elles peuvent se prêter ; ils deviendront généraux (1).

Une communication réciproque et facile de leurs idées, développées par les matériaux d'instruction militaire réunis de toute part, et mis à leur disposition , donnera naissance à une imposante académie de guerre (2). Par le régime actuel, ces moyens leur sont enlevés, ils ne peuvent les trouver que dans la capitale. Mais combien

_____

(1) Napoléon. Gourgaud, tome 1er, pag. 147. Pour les affaires publiques, administratives et militaires , il faut une forte pensée, une analyse profonde , et la faculté de pouvoir fixer long-temps les objets sans être fatigué. — Maréchal de Saxe : *Rêveries*, pag. 363. Au lieu qu'il n'y a pas encore soixante ans que l'on trouvait dans plusieurs régimens d'infanterie des capitaines capables de commander en ligne une division.

(2) Frédéric : *Instruction*, art. 28. Le peu d'expérience que j'ai acquis dans la guerre, m'a appris qu'on ne peut pas approfondir cet art, et qu'en l'étudiant avec application, on y découvrira toujours quelque chose de nouveau. — Prince de Ligne, tome 1er, pag. 176. Il existe des académies d'agriculture, de lettres, etc.... C'est la plus belle de toutes les sciences qui devrait avoir son académie. Pendant la paix le seul moyen de nous dédommager de la privation de la gloire est celui d'en acquérir par le travail. Le repos nous en procurera dans le pays même où nous sommes ragardés comme des mercenaires payés par les citoyens.

peu y sont appelés! et si cela est concédé à quelques-
uns, éloignés de tout ce qui est troupes et exécution,
ils les oublient bientôt sans s'en apercevoir, pour ne
plus être que des hommes à papiers.

Faire des marches forcées, porter ses vivres pour
quelques jours, bivouaquer, se baraquer, sont des
choses d'urgence que l'on ne peut actuellement apprendre aux soldats d'infanterie;

Endurcir les chevaux, les fatiguer, les mettre dans le
cas de fournir des charges vives et prolongées (1), habituer les cavaliers à les panser, à les nourrir dans toutes
les positions, ne peut pas davantage s'obtenir pour la
cavalerie;

Instruire ces deux armes à se garder, à tirailler, à
s'éclairer, et à toutes ces petites opérations que le simple soldat ou le sous-officier doivent exécuter d'eux-
mêmes et avec intelligence, ne peut se faire non plus.
Quant aux officiers, ne les apprenant que par théorie,
ils courent risque, dans leur début, de négliger bien
des précautions (2).

Dans l'artillerie, le soldat du train, comme le canon-

____

(1) Maréchal DE SAXE : *Rêveries*, pag. 84 et suivantes. Tout ce
qu'il dit sur la cavalerie, sur la nécessité d'endurcir les chevaux au
mal. « Quand ils y sont faits, vous pouvez compter avoir de la ca-
» valerie, au lieu que vous n'en avez point avant : ... Il faut les faire
» galoper, courir à toutes jambes en escadrons. — Pag. 111. Tout
» escadron qui ne peut charger 2 mille pas à toutes jambes sans se
» rompre n'est jamais propre à la guerre.... Les chevaux doivent
» être tenus en haleine en temps de paix par des courses et des
» exercices violens, trois fois la semaine au moins. »

(2) *Réforme dans la législation militaire*, pag. 172.... En sorte
que le soldat se considère toujours, en tout et partout, comme a

nier, apprendront à faire passer rapidement leurs pièces dans tous les chemins, et à traverser tous les terrains possibles.

Une multitude d'officiers de mérite de divers corps, fixés enfin au milieu de ces troupes qu'à présent ils dédaignent, perdront leurs habitudes, ou pédantes, ou égoïstes, ou bourgeoises, pour pratiquer ces qualités brillantes et généreuses indispensables aux militaires. Alors ils seront des officiers précieux.

Enfin, les jeunes élèves destinés à former des officiers instruits, amenés de bonne heure dans ce centre de sciences militaires, auront leur temps partagé avec discernement entre l'étude et la pratique des choses. Leur corps se fortifiera au milieu de toutes ces fatigues graduées; leur âme, électrisée par la gloire, fournira à leur esprit une nouvelle vigueur pour sonder toutes les sources des sciences et de l'industrie militaire. Ils mettront de l'orgueil à bien servir, et l'on ne verra plus venir dans les rangs quelques-uns de ces jeunes gens qui, fiers d'examens scientifiques subis tant bien que mal, affichant un dédain de supériorité pour tous les détails et exercices militaires, énervent la discipline, ne réussissent jamais à faire seulement manœuvrer un peloton, et, dans l'impossibilité de fournir une étape à pied, suivent en voiture la marche de leur compagnie.

Mais une considération, surtout, qu'il ne faut pas négliger, est celle de l'agrandissement que recevra la science. Les expériences seront toujours là pour rectifier la théo-

---

la guerre.... Il contractera ainsi l'habitude des précautions qu'on viendrait vainement, à la veille du danger, prescrire à sa confiante sécurité.

rie, la théorie pour analyser les expériences. Les hommes instruits ne manquent certainement pas maintenant ; mais comment tenter, comment examiner, comment discuter ? où en sont les moyens ? la place centrale les fournira.

CHAPITRE XII.

Administration.

Administrer, c'est déterminer l'emploi général de toutes choses, de manière à produire le plus possible avec les moyens donnés (1).

Le fait principal de ce produit est le bien-être des intéressés : le gouvernement et l'armée. Rien, d'ailleurs, ne doit faire naître de discussions entre eux ; l'intérêt de l'un est nécessairement l'intérêt de l'autre, car l'armée n'est-elle pas la famille de l'État (2) ?

Il faut donc prévoir, sans exception aucune, tous les besoins de l'armée, ce dernier mot étant pris dans sa plus grande généralité. Ainsi, ce ne sera pas seulement les troupes en elles-mêmes que l'on considérera, ce sera tout ce qui est relatif à l'industrie militaire, et tout ce qui assure la renaissance indéfinie de cette armée.

Les troupes ont un besoin constant de casernement,

---

(1) *Réforme dans la législation militaire*, pag. 226. Administrer c'est gouverner ; .... mais on est convenu de donner plus particulièrement cette dénomination à la partie du gouvernement qui s'occupe du bien-être des peuples ; il en est de même pour ce qui concerne l'armée.

(2) *Réforme dans la législation militaire*, pag. 3. Cette portion de la grande famille (l'armée) est, à proprement parler, la famille de l'État.

d'habillemens, de nourriture, de service de santé. La presque totalité en est actuellement exécutée par des entrepreneurs. Ceux-ci font d'immenses bénéfices, les conditions sont mal remplies, le soldat en souffre, et à l'arrivée de la guerre, on cherche tout, matériel et personnel; mais tout manque sans retour (1).

Le casernement des troupes ne consiste pas simplement en bâtimens, ceux-ci ont été déjà mentionnés, il faut encore les meubler : le gouvernement y consacre annuellement trois millions par entreprise. Mais là ne s'arrête réellement pas la dépense. Toutes les dégradations sont à la charge du soldat; elles sont excessivement chères. Aux départs, les bataillons ont de fortes imputations; aux arrivées, malgré tout le soin possible, la presse leur fait recevoir, comme bonnes, des fournitures que bientôt après on leur fera payer comme devenues mauvaises. Tout cela est au détriment du soldat, et ce qui nuit au soldat nuit à l'État. Mais, dans le système actuel, peut-on adopter un autre moyen? Non. Les entreprises sont encore, pour cela, ce qu'il y a de moins coûteux; ce qu'il y a de plus à l'abri contre le défaut de soin ou l'infidélité.

Dans la place centrale, au contraire, tout est cons-

---

(1) *Réforme dans la législation militaire*, pag. 237. Les entreprises sont donc à leur naissance un signe de calamité, et leur fin ne vient que trop souvent réaliser le présage. — Et quand on changera de régime, l'Etat ne possèdera plus que ce qu'on n'a pu dégrader et non détruire; il aura tout à refaire, tout à restaurer; il devra retrouver des employés, des ouvriers, des relations commerciales, tout, jusqu'à l'art de faire ce que faisait l'entrepreneur. — Pag. 244. Les entreprises ruineuses à la fin, ... laissent le gouvernement sans crédit, sans approvisionnemens, sans ressources.

tant, tout est immuable. L'ordre établi sera simple, et toujours le même ; rien ne pourra donc être détourné, sans que de suite on s'en aperçoive. Que l'État se charge donc lui-même de ces fournitures ; qu'il établisse des manufactures dans sa place centrale ; qu'il fabrique ses lits, ses toiles, ses matelas, ses couvertures (1).

L'habillement est confectionné aux corps, avec des draps envoyés par suite de marchés généraux. Le gouvernement, dans le cours des grandes guerres, a toujours trouvé un avantage réel à soutenir des manufactures expressément pour cet objet ; c'était, pour les cas de crise, un approvisionnement assuré. Mais ces manufactures ont été négligées ; la dispersion, d'ailleurs, entre tous les corps produit une multitude de pertes et de faux frais. La création, dans la place centrale, d'établissemens capables de manufacturer tout ce qui est nécessaire pour habiller le soldat, sans en excepter le linge ni la chaussure, sera une opération tout à la fois économique et militaire.

Le service des vivres devra être exploité par le gouvernement ; il y gagnera, comme on l'a déjà prouvé, sous le rapport de l'économie, de la bonté et de la prévoyance dans un cas de guerre.

Les hôpitaux seront également gérés par l'Etat, et l'on ne sera plus forcé de mettre la vie des hommes au rabais (2).

Quant à l'industrie militaire, ayant pour but de fabri-

---

(1) *Réforme dans la législation militaire*, pag. 234 et suivantes. Tout ce qui y est dit relativement aux agences.

(2) *Réforme dans la législation militaire*, pag. 239. Au reste, il y a tel service, où le nom seul d'entreprise est une sorte de blas-

quer tout ce qui peut être nécessaire pour faire la guerre, tant en armes qu'en machines , elle sera l'objet de toutes les usines et autres établissemens d'artillerie.

La place centrale renfermera ainsi une suite de manufactures qui, toutes recevant la même impulsion vers un but constant et unique, se prêteront une assistance mutuelle , qui portera leurs avantages à un haut degré.

Enfin les haras, cette branche si importante des prévoyances militaires , seront créés dans ce vaste espace ; les races seront préparées, améliorées pour la guerre , et les remontes ne seront plus impossibles, comme cela n'arrive que trop souvent.

Tels seront les travaux principaux de l'administration. Il faut en considérer les administrateurs.

CHAPITRE XIII.

Continuation.

Le Ministre, chef suprême pour le Roi (1), donnera l'impulsion générale. De lui, elle sera transmise aux diverses parties du système , par des intermédiaires placés exprès. Plus ces parties sont éloignées et éparpillées, plus l'impulsion donnée se perd , et plus le nombre des seconds intermédiaires, communiquant avec les premiers, s'accroît. Mais, dans la place du delta, la concentration de tous les services , le rapprochement de

---

phème ; mettre en entreprise le service des hôpitaux, n'est-ce pas mettre la vie des hommes au rabais ?

(1) *Réforme dans la législation militaire*, pag. 24. Sous l'autorité immédiate du Roi, le Ministre de la guerre est le chef suprême de l'armée.

l'origine d'action détruisant tous ces rouages intermédiaires, causes de tant de frottemens, augmentera la
force vive, la force qui produit.

Ces intermédiaires sont les administrateurs, et chaque partie distincte du système formera une branche
particulière d'administration, rattachée au tronc principal, au ministère, par un seul chef de service.

Les manufactures seront dirigées, dans toutes leurs
parties, par des employés du gouvernement. Ils perfec-
tionneront les procédés, ils augmenteront les écono-
mies, ils transmettront d'année en année la science et
la connaissance des arts. Et que l'on n'attaque pas la
possibilité de ces résultats, l'expérience est là pour la
démontrer. Que l'on regarde tout ce que font les officiers d'artillerie dans les usines, tout ce que font les
officiers du génie dans les constructions, l'amour-pro-
pre, la gloire qu'ils mettent à perfectionner les procédés, à pousser les arts qu'ils pratiquent, à poursuivre
toute fraude, toute infidélité; et, pourtant, quelles espérances ont-ils? bien peu, à vrai dire; car, de toute
part, ils doivent se heurter contre des difficultés, résultat du mode inerte que l'on est forcé d'adopter; quels
avantages personnels attendent-ils? aucun, car le grade de
capitaine et une retraite minime après trente années de
service pendant la paix : un avancement très-inférieur à
celui des autres armes pendant la guerre, telle est leur
perspective. Mais ils sont conduits par ce sentiment invincible, résultat d'une forte éducation, de mettre son
honneur à ne pas mentir à sa conscience. Dégoûtés trop
souvent par des tracasseries sans fin d'un service qu'ils
s'apprêtent à quitter, ils poussent leur exactitude et leurs
recherches jusqu'au dernier moment; ils craindraient,

avant leur départ, l'idée même de la possibilité d'un reproche. Presque tous sortis de l'Ecole polytechnique, élevés alors comme aujourd'hui pour la patrie, les sciences et la gloire, ils ne voient jamais que ces idées qui leur sourient; que l'on cherche donc une partie de ces administrateurs dans les fils de cette école, et l'on n'aura pas besoin de l'appât de forts traitemens ou de grands profits, pour obtenir de grands résultats; qu'on les mette seulement à même de gagner de l'honneur et de la gloire.

Le service des vivres et fourrages dans toutes ses parties, tant approvisionnemens que confections, sera fait par des employés fixes du gouvernement. En cherchant bien, on obtiendra d'eux le même zèle et la même fidélité (1). Par ce mode, l'Etat aura a soi, pour la guerre, des vivriers instruits à fond de leur art, connaissant exactement les besoins des troupes, les moyens d'y subvenir, et sachant promptement organiser un service et profiter des ressources d'un pays. C'est une science qui veut être étudiée, et le premier venu n'y est pas apte (2).

Le service de santé, en guerre, est un des plus importans; il faut préparer des hommes instruits dans l'art

(1) Lloyd : *Mémoire politique*, pag. 159. On trouvera toujours dans une armée des gens d'honneur qui auront du zèle et de l'activité, et qui remplaceront avec avantage les entrepreneurs dans toutes leurs fonctions.

(2) *Réforme dans la législation militaire*, pag. 242. On ne sent peut-être pas assez l'importance de gens habiles.... pour ce service de campagne.... où il faut juger et agir avec promptitude, ... où il faut être habitué, être habile.... Il faut du temps pour faire un vivrier, un hospitalier.

de guérir, des administrateurs intègres et savans dans l'art d'établir et d'approvisionner les hôpitaux, et des surveillans fidèles pour le soin intérieur des salles. Si, dans la place centrale, on confie ce service en entier à un corps d'officiers de santé assistés par des corps réguliers d'hospitaliers, ayant pour leur approvisionnement des relations directes avec le service des vivres, on aura fait un grand pas vers le but à atteindre. Une école gratuite, dirigée par les plus savans professeurs, sera entretenue avec luxe dans la place centrale; mais nul n'y sera admis, s'il ne livre pas ses talens acquis au gouvernement, pour un certain temps. Dans cette vaste enceinte, au milieu de tant de sujets d'expérience, l'instruction prendra un essor rapide, et la gloire de cette académie de médecine militaire se répandant au loin, éclipsera toutes les autres (1).

Par ce mode, on obtiendra des corps constans d'administrateurs pour toutes les branches. Ces administrateurs auront leur carrière assurée; ils feront partie de la grande famille; l'Etat s'enrichira de tous leurs perfectionnemens, transmis d'âge en âge à leurs successeurs (2); et dans les grandes crises comme dans les

---

(1) *Réforme dans la législation militaire*, pag. 72. Pour ce qui est des officiers de santé, loin de les appeler dans le moment du besoin pour les renvoyer peu décemment le moment d'après, on assurerait aux militaires les secours des plus habiles en formant en faveur de ces officiers une institution permanente. — Les pages suivantes à lire.

(2) *Réforme dans la législation militaire*, pag. 241. D'habiles maîtres forment d'habiles employés, d'habiles ouvriers, ils se préparent des successeurs habiles. La division des travaux et l'application constante des mêmes hommes aux mêmes choses amènent le

grandes conquêtes, ces hommes précieux, organisant toutes les ressources du moment pour le plus grand bien possible, en détruisant les obstacles, créeront des probabilités de succès (1).

CHAPITRE XIV.

Exécution.

Où trouver, où choisir pour tous ces travaux les hommes nécessaires ? comment les conserver ? telle sera la question effleurée dans ce chapitre.

L'armée, recrutée par la loi de conscription, voit annuellement arriver dans ses rangs des hommes déjà instruits dans la pratique des arts, des hommes chez lesquels cette instruction est à peine ébauchée, et une foule d'autres à qui il n'a manqué que l'occasion de pouvoir s'y livrer. Là, ils laissent inutiles tous ces avantages. C'est une conséquence forcée du surcroît de fatigues qui résulterait pour les non-travailleurs, par l'immensité des gardes, des parades, des corvées.

Dans la place centrale, on conçoit facilement que cela doit changer.

Lorsqu'un homme, après un an de service militaire dans les bataillons, aura acquis la portion indispensable de l'instruction du soldat, il pourra, s'il le demande,

---

perfectionnement de toutes ; l'art se conserve, s'améliore et se propage.

(1) FRÉDÉRIC : *Instruction*, art. 2. Il ne faut jamais se servir d'entrepreneurs que dans le plus grand besoin, parce qu'ils sont plus usuriers que les juifs même : ils font augmenter le prix des vivres et les vendent extrêmement chers.

être détaché dans les manufactures ; il y recevra une augmentation de solde proportionnée à son travail. Ce sera pour lui un bénéfice réel, et l'État également en trouvera dans cet emploi productif donné à tout ce que reçoit le soldat.

Dans ces manufactures, où l'ordre est si nécessaire, tout devra être organisé militairement, ce sera un pas vers la perfection. Comme pour les bataillons, il y aura des cadres fixes composés de chefs d'ateliers, de maîtres, contre-maîtres, tous assimilés à des grades militaires, tous ayant des marques distinctives qui les feront obéir et respecter par qui que ce soit dans la place. Les directeurs eux-mêmes des établissemens seront classés dans la même loi.

De là, il résultera que tout membre de l'armée active, ayant par des événemens quelconques suivi long-temps la carrière purement militaire, mais possédant néanmoins une instruction sur d'autres branches, pourra entrer pour son grade dans ces établissemens, et une navette de la guerre aux arts, des arts à la guerre, pourra s'établir, jusqu'à un certain point, pour ces hommes de feu auxquels toutes les instructions, toutes les gloires sont nécessaires.

Ici se présente de soi-même l'occasion d'énoncer une nouvelle idée sur les grades militaires.

On a quelquefois proposé la suppression des colonels pour les régimens, n'admettant que les bataillons pour unité. Avec la disposition actuelle de l'armée, on a admis que cela était impossible, et un excellent ouvrage critique l'a très-bien démontré. La raison a été qu'en paix, ce sont les élèves généraux, parce que là seulement est une école pour apprendre à commander (ce mot dans toute sa généralité) plusieurs bataillons , et qu'en ligne , le général contraint par la brièveté du temps de n'avoir affaire qu'à peu de personnes, et toujours aux mêmes , ils deviennent très-utilement ces intermédiaires *responsables* pour plusieurs bataillons.

Mais dans la place centrale, l'administration complète de ce qui est habillement, et prestations en nature ou en deniers, est , pour la totalité, réunie en un seul faisceau. L'instruction militaire est générale , et poussée au plus haut point ; il semble que l'on pourrait par suite admettre une disposition électrique de toute gloire.

Il n'y aurait de grades que jusqu'à celui de chef de bataillon inclus ; au-delà, rien : ce ne seront plus que des emplois passagers. A la mise d'une armée en campagne, on prendrait parmi ces chefs de bataillon, le général et tous ses intermédiaires. Investis de toute l'autorité, de toutes les fonctions que donnent ces emplois, ce ne seront pourtant plus pour eux une propriété indéfiniment acquise ; l'habitude se prendrait bientôt de repasser sans honte sous les ordres momentanés de ceux que l'on aurait commandés. C'est ainsi qu'à Rome les consuls redevenaient simples tribuns , simples légionnaires , et que, même dans nos institutions, un lieutenant-général ministre de la guerre commande aux maréchaux.

Cette classification militaire de grades et d'emplois, appliquée à tout ce qui fait partie de la place centrale , permettra d'avoir des hommes qui deviendront tout à la fois instruits dans l'art de la guerre et dans celui d'administrer. Ce ne sera pas le plus grand nombre ; mais ce sera tous ceux qui auront le génie de la chose : ce seront des germes que l'on fera fructifier, loin de les empêcher d'éclore.

Tous les services de vivres, d'hôpitaux, de transports, seront régis par la même marche militaire ; il y aura des bataillons de boulangers, d'hospitaliers, d'équipage et d'ouvriers de guerre (1). On sera soustrait à l'influence de ces idées sordides de gain, qui conduisent actuellement les fournisseurs et leurs agens, et l'on aura complètement rempli ce principe du grand Frédéric, que dans une armée, tout doit dénoter l'influence d'une seule volonté (2).

CHAPITRE XV.

Continuation.

La renaissance assurée de l'armée, cette partie si importante de l'administration, sera la conséquence immédiate de toutes ces dispositions.

Le sort du soldat, en temps de paix, sera changé entièrement. Maintenant, il est tourmenté, fatigué par des gardes, des inspections, des exercices sans attraits, et dans les intervalles, le désœuvrement le laisse en proie au plus complet ennui ; ce sont des années qu'il perd sans aucun fruit, et ces années sont les plus belles de sa vie.

Dans la place centrale, au contraire, les exercices, les

---

(1) *Réforme dans la législation militaire*, pag. 214. Le service des hôpitaux peut donc être amélioré dans l'intérieur ; et l'on n'aura un service d'hospitaliers à la guerre, que quand il sera militairement organisé. — Pag. 260. Tous les membres (des agences) et leurs salariés, feront partie de l'armée et seront soumis aux lois de l'armée. Les premiers seront assimilés à des officiers, les seconds a des sous-officiers et soldats.

(2) Frédéric : *Instruction*, art. 1er, pag. 5.

mouvemens, les travaux de guerre qu'il exécutera, exciteront vivement son imagination et sa curiosité. Cela sera pour la première année. Les moyens d'instruction qu'on lui prodiguera fourniront à l'esprit des alimens pour les suivantes, et peut-être pour le reste de sa vie.

Les nombreux établissemens d'industrie, régies paternellement, assurant un travail permanent, des avantages en argent, et une continuation d'instruction à tous ceux qui voudront y prendre part, deviendront le but des désirs d'une multitude d'ouvriers.

Une retraite raisonnable et assurée, après de longs services, à des hommes qui seront encore capables de figurer d'une manière extrêmement utile dans les manufactures des particuliers, seront un appât de plus.

On peut donc être assuré que la loi de recrutement de l'armée cessera de paraître une charge à la nation, et que grand nombre de jeunes gens devanceront d'eux-mêmes son appel (1).

Quant aux fonctionnaires gradés de tous les rangs, des appointemens raisonnables, et des retraites pouvant être égales à ceux-ci, leur assurant pour toute leur vie une existence honorable, les contentera. Un homme qui aime réellement l'étude et la gloire ne porte pas ses désirs

----

(1) *Réforme dans la législation militaire*, pag. 95. Car le citoyen donnera avec d'autant moins de peine son fils à la patrie, qu'il sera plus évident pour lui que ce fils, en se soumettant à une discipline austère, ne cessera point d'être un homme libre; que sa vie sera ménagée, son bien-être assuré; qu'on remplira réellement à son égard tous les devoirs de la famille; et que, s'il se fait un état de la profession des armes, une existence honnête et des honneurs le dédommageront de l'abnégation qu'il aura faite de tout autre moyen de fortune.

au-delà du nécessaire. Il lui suffit de savoir qu'il lui est assuré pour toujours. Le besoin de fortunes considérables n'est ordinairement la maladie que des gens désœuvrés ou des grands ambitieux. Mais, ni les uns, ni les autres ne sont nécessaires aux états : il leur faut des gens qui n'aient que le besoin de bien servir.

La réduction de cette foule de grands traitemens permanens, suite de la suppression des grades, donnera un moyen de fournir aux dispositions précédentes, et tous les états-majors de places et de divisions, les administrations et l'intendance, fondus dans cette nouvelle organisation, en participant positivement à l'industrie de la place, feront fructifier, pour l'état, des traitemens qui maintenant sont dépensés sans produit.

L'instruction que l'on sera assuré de puiser dans ce vaste arsenal ; la certitude d'une fortune raisonnable après de bons services ; le champ si librement ouvert à tous pour attacher son nom à de grandes opérations (1), et en conquérir les récompenses, seront des motifs bien plus que suffisans pour amener dans l'armée cette belle jeunesse de France, capable de tant de gloire, et qui, fascinée par les idées sophistiques du temps, dégénérant en femmelettes par ses occupations et sa parure, ne voit plus d'autre bonheur que celui des sens, d'autre honneur que l'argent, d'autre moyen d'obtenir que la corruption et l'égoïsme..... Que ceux qui produisent de tels résultats sont coupables (2) !

---

(1) Frédéric : *Instruction*, art...... Le désir de faire des méditations sur un métier qui leur ouvrira la plus brillante carrière, pour acquérir de la gloire, pour tirer leur nom de l'oubli, et pour se faire par leurs actions une réputation immortelle.

(2) Prince de Ligne : tome 2, pag. 258. Il y a eu des siècles

CHAPITRE XVI.

Régime.

Tout a été jusqu'à présent pour les travaux et pour la gloire : mais il faut des délassemens. C'est un moyen de reposer l'esprit, et de lui faire produire beaucoup plus.

Cette idée amène de suite la question : les femmes seront-elles admises dans la place centrale ? La réponse sera négative.

La raison en est que la place centrale est un camp, et que l'admission des femmes en ferait bientôt une ville bourgeoise, ce qui serait subversif de tout le système. On gardera le règlement actuel, deux blanchisseuses par bataillon.

Mais comme les habitudes clostrales ne sont point en harmonie avec la nature ordinaire, il y a de grands inconvéniens à prévenir. On y parviendra par des congés. La moitié de tous ces hommes peuvent, s'ils le désirent, s'absenter successivement de la place. Ces congés ne pourront être de plus de trois mois, ni l'intervalle qui les séparera moindre de trois mois. Ils seront accordés dans un moment quelconque de l'année, parce que toutes les saisons, et non une seule, seront employées, soit aux manufactures, soit à l'instruction militaire. L'hiver est une saison de guerre (1).

---

d'argent et de fer, mais malheureusement nous pouvons dire, nous vivons dans un siècle de boue.

(1) Napoléon. Montholon, tome 5, pag. 130. La marche de Turenne.... est à la fois politique et militaire ; il fut insensible aux murmures de son armée. Les soldats virent avec peine une campagne d'hiver dans un pays éloigné, dans le temps qu'ils soupiraient pour leurs quartiers d'hiver. Ses marches, des portes d'Ams-

Ces congés, accordés à tous indistinctement, auront sur le reste de la nation une influence immense que l'on examinera plus tard.

A des hommes, maîtres de rompre ainsi tous les trois mois l'uniformité de leur genre de vie, fournir, malgré l'absence de femmes, des délassemens, sera bien facile.

On instituera des jeux gymnastiques et des prix.

Les musiques régimentaires sont de toute nécessité ; leur influence sur l'homme de guerre dans les momens difficiles est incontestable. Régularisées par le gouvernement, elles feront partie d'une immense académie de musique, propageant cet art dans toute la nation. Elles instruiront et récréeront l'armée, et ne l'abandonneront pas au jour du danger, comme le font tant de ces gagistes non disciplinés, que les régimens actuels louent à si grands frais.

Des spectacles pourront être élevés : au centre de tant de ressources, ce sera une dépense légère. On en profitera pour élever les esprits par des pièces dignes en tout de l'armée d'un grand peuple ; il restera bien encore assez d'occasion pendant les congés, pour aller entendre sur les théâtres de la capitale bafouer tout ce qui est dévouement, vertu, et bonne foi.

---

terdam à celle de Munster, de Cologne à Trèves, sont rapides et dignes d'être remarquées. — Pag. 136. Pendant l'hiver de 1672 à 1673 il va du Bas-Rhin au Weser, bravant les frimas des régions septentrionales. — Maréchal DE SAXE : *Rêveries*, pag. 179 et suivantes. Qu'il ne faut pas craindre de faire la guerre en hiver parce que, d'après son expérience, les hommes et les chevaux se portent mieux qu'en été.

CHAPITRE XVII.

Du Gouvernement militaire.

Tout cet immense projet sera-t-il exécuté.... Jamais?... Sera-t-il seulement lu et examiné avec soin ?..... Probablement par bien peu de personnes. Qu'il soit donc le moins incomplet possible pour éviter le travail à qui sera tenté de le regarder.

De toutes les objections probables une ne manquera pas d'être faite. Prévue depuis long-temps, on a cru devoir attendre que l'exposition du système fût achevée avant de la combattre.

Gouvernement militaire....... tel est le cri d'alarme qu'on ne manquera pas de pousser.

Mais ce gouvernement, que d'anciennes calamités rendent si effrayant; quel est-il donc au juste? Car enfin, faut-il connaître ce que l'on redoute?

Un gouvernement est militaire quand l'autorité tout entière réside dans le militaire. L'armée alors confie momentanément cette autorité à tel chef qui lui plaît, elle la lui enlève, quand bon lui semble, pour la donner à tel autre que son caprice lui fait préférer. C'est une république de soldats, quiconque ne l'est pas est ilote (1).

____

(1) Montesquieu : *Grandeur et décadence*, chap. 16. Ce qu'on appelait l'empire romain dans ce siècle-là était une espèce de république irrégulière, telle à peu près que l'aristocratie d'Alger où la milice qui a la puissance souveraine fait et défait un *magistrat* qu'on appelle le Dey; et peut-être est-ce une règle assez générale que le gouvernement militaire est, à certains égards, plutôt républicain que monarchique.... Et qu'était-ce qu'un empereur, que le ministre d'un gouvernement violent élu pour l'utilité particulière

Rome, sous quelques empereurs, les Francs lors de la conquête, les Turcs sous leurs sultans, en offrent divers exemples. On ne sait pas qui ils pourraient tenter; assurément ce ne sont pas les rois dont ils menacent constamment la tête (1).

Qu'à ce seul mot, un secret effroi transmis d'âge en âge par les peuples vaincus qui en furent les victimes, se réveille dans les cœurs, c'est chose naturelle. Mais il ne faut pas oublier ce qu'il désigne (2). C'est un gouvernement républicain, par conséquent mobile, ingrat et funeste, rendu encore plus dangereux par l'habitude qu'ont des armes ceux qui ont le droit de délibérer. C'est le système populaire chez des gens braves. Telle était Rome au temps des Graques (3), telle elle était surtout au temps de Marius et de Sylla.

Profitant de ce sentiment d'effroi, on a qualifié de gouvernement militaire ceux de Louis XIV, de Frédéric, de Napoléon. Quel but a-t-on eu pour chercher à abuser les peuples?

---

des soldats?.... L'armée dans ses divers jugemens, exerçait la magistrature suprême.

(1) Montesquieu : *Esprit*, liv. 6, chap. 15. Les empereurs ayant établi un gouvernement militaire, ils sentirent bientôt qu'il n'était pas moins terrible contre eux que contre leurs sujets.

(2) Rogniat : *Considérations*, pag. 442. Car le gouvernement despotique, essentiellement militaire, n'a d'autre soutien que l'armée.

(3) Montesquieu : *Grandeur et décadence*, chap. 9. Il fallait bien qu'il y eût à Rome des divisions : et ces guerriers si fiers, si audacieux, si terribles au dehors, ne pouvaient pas être bien modérés au dedans. Demander dans un état libre des gens hardis dans la guerre et timides dans la paix, c'est vouloir des choses impossibles.

(270)

Si l'on examine les temps écoulés et ceux avec lesquels nous passons, on en trouvera facilement la cause dans de grandes ambitions chez des hommes de mérite étrangers aux armes (1).

Désireux de commander et de conduire, présumant trop, peut-être, de leurs talens de discussion et de brigue, ils veulent tout ramener à ces derniers moyens. Substituant ainsi ce sol mouvant aux fondemens plus solides des institutions stables, ils comptent se soutenir seuls au milieu des chutes et s'élever sur des ruines.

Mais une armée permanente et disciplinée, habituée à des idées d'ordre et de fixité, obéissant avec zèle au gouvernement légitime auquel elle a prêté serment, est une masse trop imposante dans les fondemens du repos général pour qu'on puisse espérer de l'ébranler ainsi (2). Que faire, en effet, de gens qui répondent à des insinuations perfides, qu'ils ne connaissent que la foi jurée, et qu'ils ne conçoivent pas que des dissensions perpétuelles puissent former le bonheur de la patrie. Eh d'ailleurs !... si, obéissant à cette impulsion, ils se trouvaient lancés au milieu de scènes de discorde, habiles dans les armes,

----

(1) NAPOLÉON. MONTHOLON, tome 3, pag. 124. Commissaire à Mayence pendant le siége, il (Rewbell) ne fit pas ce qu'on devait attendre de lui, il ne s'opposa pas à la reddition de la place qui pouvait encore se défendre ; il avait comme les praticiens un préjugé d'état contre les militaires, qu'il ne pouvait pas dissimuler. — ROHAN : *Parfait Capitaine*, pag. 150. Ce qui cause ce mal est que les gens de lettres ont occupé presque partout le gouvernement des États ; lesquels à cause qu'ils haïssent les gens de guerre les font toujours maltraiter.

(2) *Réforme dans la législation militaire*, pag. 369. Les principaux fondemens d'un État sont, suivant l'expression d'un grand politique, les bonnes lois et les bonnes armées.

forts par l'esprit d'union qui les réunit en un faisceau ,
confiant leur fortune et celle de la patrie au plus habile
d'entre eux , ils auraient bientôt renversé ces représen-
tations éphémères et ramené la stabilité dans l'État. Ainsi,
amis ou ennemis, ils ne peuvent être que funestes à ceux
qui les tenteraient.

De là , cette antipathie contre l'armée que l'on voit se
produire sous tant de formes. Sa destruction totale serait une victoire. Frapper du nom de gouvernement militaire tout gouvernement qui la soigne, qui l'honore, qui
la fait honorer, devient pour lors une bonne manœuvre.
N'importe que cette dénomination soit fausse, on profite
de l'effroi qu'elle inspire en se gardant bien de la justifier.

L'esprit du temps vient y joindre de nouvelles attaques.
On propage l'idée qu'elle est inutile , qu'au moment de
l'invasion la nation saura bien repousser l'ennemi. Veuil-
lent les dieux protecteurs de la patrie que nous n'ayons
pas à faire l'expérience cruelle du contraire !

On cherche à l'abreuver de dégoûts : on la représente comme un amas de furieux , toujours prêts au
meurtre et au désordre, auxquels, hors le service , il
faut s'empresser d'enlever armes et distinctions. A peine
les citoyens, sur les droits desquels on discutait tant ,
désignés par le sort, sont-ils entrés dans l'armée, qu'ils
ne passent plus que pour des esclaves rétifs qu'il faut
contraindre (1).

---

(1) *Réforme dans la législation militaire*, pag. 178. Un des
moyens d'accroître la puissance morale d'une armée, est de la traiter
convenablement ; car la différence d'être défendu par des hommes
heureux et satisfaits ou par des hommes mécontens et malheureux,

On donne comme exemple un peuple voisin, qui, entouré d'un vaste fossé, compose son armée du rebut de la nation. Mais on ne fait pas attention à cette différence de position de guerre. Ce même peuple se garde bien de traiter ainsi sa marine, les défenseurs de ce fossé, de sa liberté politique (1).

En temps de paix ce grand corps politique, cette famille de l'État est négligée, parce qu'il est dans la nature de tous de négliger ce dont on ne ressent pas le besoin pressant, ce qui n'est que de prévoyance. Ses travaux, quoique précieux restent inaperçus, parce qu'ils portent sur l'instruction intérieure. C'est le moment opportun pour l'attaquer dans l'opinion (2).

---

est trop généralement sentie pour qu'il soit nécessaire de le démontrer.

(1) NAPOLÉON. MONTHOLON, tome 2, pag. 58. L'opinion généralement reçue que les Anglais ménagent leurs soldats est tout-à-fait fausse ; ils en sont au contraire fort prodigues. — NAPOLÉON. GOURGAUD, tome 2, pag. 194. La discipline anglaise est une discipline d'esclaves ; c'est le patron devant le serf. Elle ne se maintient que par l'exercice de la plus épouvantable terreur. Un pareil état de choses dégraderait et avilirait le caractère français qui a besoin d'une discipline paternelle, plus fondée sur l'honneur et les sentimens. — Maréchal DE SAXE : *Rêveries*, pag. 12. La guerre est un métier honorable : combien de princes ont porté le mousquet ! — ROGNIAT : *Réponse*, pag. 20. C'est un trait de prudence que d'avoir transporté à leurs institutions militaires l'aristocratie de fortune introduite dans leurs institutions politiques. En greffant les grades militaires sur les principales familles politiques, on consolide le gouvernement : l'armée telle qu'elle est composée maintenant en sera toujours l'appui et jamais la terreur.... *Tous les véritables amis de la liberté applaudiront* aux précautions des Anglais pour se prémunir contre la brutalité d'un soldat parvenu.

(2) MONTESQUIEU : *Grandeur et décadence*, pag. chap. 18. Mais

En temps de guerre, par son dévouement héroïque et désintéressé, sauvant la patrie de l'étranger, les gouvernemens et les peuples reconnaissans, prodiguent les récompenses et leur admiration à ceux qui ont pour eux prodigué tant de fois leurs talens , leur fortune , leur vie (1).

Dans ces momens difficiles , la nation conçoit bien alors qu'elle a besoin d'hommes qui sachent agir avec enthousiasme pour sauver l'État , et non discuter pour le troubler et affoiblir son gouvernement.

Mais de telles époques ne peuvent convenir aux gens qui, même dans les grandes défaites , ne voient jamais l'invasion de l'ennemi et les déchiremens de la patrie , qui en profitent pour venir en hâte à l'affaiblissement d'institutions qui leur permettaient d'être utiles sans pouvoir jamais être nuisibles , qui nous ramènent ainsi vers ces temps « où les grandes réputations furent toutes » attaquées , et les ministres et les officiers de guerre » furent mis sans cesse à la discrétion de cette sorte de » gens qui ne peuvent servir l'État ni souffrir qu'on le » serve avec gloire (2). » Par eux, de telles époques doivent être proscrites.

Joignant alors le tableau des calamités qui suivent quelquefois la guerre , à cette idée si belle (si la certi-

---

comme lorsqu'un Etat est dans le trouble, on n'imagine pas comment il peut en sortir ; de même, lorsqu'il est en paix et qu'on respecte sa puissance , il ne vient pas dans l'esprit comment cela peut changer. Il néglige donc la milice dont il croit n'avoir rien à espérer et tout à craindre, et souvent même il cherche à l'affaiblir.

(1) Napoléon. Montholon, tome 3 , pag. 194. Grâces vous en soient rendues , soldats! la patrie reconnaissante vous devra sa prospérité.

(2) Montesquieu : *Grandeur et décadence* , chap. 17.

tude de son impossibilité ne la rendait illusoire (1)
d'une paix perpétuelle , ils tonnent de tout côté , ils frappent les imaginations , ils flétrissent du nom de gouvernement militaire tous ceux qui honorèrent des armées
qui avaient généreusement prodigué leur vie à la patrie.
Mais si ces guerres furent injustes , que le blâme en retombe sur ceux qui les commandèrent , non sur l'armée
qui , comme le reste du peuple , en fut l'instrument.
Placée seulement au poste du danger , dans toutes ces
grandes luttes , elle mit toute sa gloire à couvrir de son
corps contre l'étranger, le trône et le reste de la population dont elle tirait le moins possible , et pour prix de
tant de dévouement , elle ne demanda jamais le droit de
troubler l'État.

Que ceux qui , de bonne foi , désirent le repos per-
pétuel des nations , croient y parvenir en effaçant de la
terre les masses armées, pèsent toutes ces raisons ; qu'ils
ne commencent pas l'expérience par leur pays (2) ; et qu'ils

---

(1) Mathieu Dumas , tome 1ᵉʳ, pag. 106. C'est une triste vérité
reconnue par d'habiles publicistes , que la lutte incessante des passions , et la complication d'intérêts dans nos sociétés modernes , y
rendent quelquefois le fléau de la guerre utile , et presque nécessaire à leur conservation.

(2) *Réforme dans la législation militaire* , pag. 40. Je conclus
qu'une armée n'est rien si elle n'est forte ; qu'à vrai dire, les petits
peuples , inévitablement asservis sous le patronage des grands
Etats , devraient n'en pas avoir (car la police intérieure, chez les
peuples civilisés , est faite par des citoyens commandés par des
magistrats); qu'ainsi il n'appartient qu'aux grands Etats d'avoir une
force militaire toujours disponible , toujours mobile , et qu'alors
ceux-ci ont besoin d'une armée proportionnée à leur situation,
une puissante armée (*neque quies gentium sine armis*).... Pag. 54.
Cette heureuse chimère, enfant de l'harmonie universelle , ne peut

craignent de se rendre, en répétant des sophismes, les instrumens involontaires de ceux qui, sous le même voile, marchent vers les Conventions et les longs parlemens.

CHAPITRE XVIII.

Du module des gouvernemens.

Un gouvernement dans lequel un seul entraîne tout par sa volonté, sans règle ni loi, est despotique (1). C'est une limite extrême qu'il n'est pas probable d'atteindre jamais (2). De là, jusqu'à celui également improbable, où tout serait complètement prévu et à l'abri des volontés particulières de qui que ce soit, existe la série in-

---

être réalisée par un peuple qu'autant qu'elle le serait par tous, non en cessant d'entretenir des armées régulières, comme quelques philantropes sembleraient l'insinuer, mais en prenant pour base des armemens ordinaires, sept mille hommes tout au plus pour un million d'habitans. — MONTESQUIEU : *Grandeur et décadence*, chap. 18. Ainsi ils établissaient des usages tout contraires à ceux qui les avaient rendus maîtres de tout : et comme autrefois leur politique constante fut de réserver l'art militaire et d'en priver tous leurs voisins, ils le détruisaient pour lors chez eux et l'établissaient chez les autres, ce n'est pas la fortune qui gouverne le monde,... lorsque sous les empereurs toutes ces vertus s'évanouirent, l'art militaire leur resta, avec lequel, malgré la faiblesse et la tyrannie de leurs princes, ils conservèrent ce qu'ils avaient acquis ; mais lorsque la corruption se mit dans la milice même, ils devinrent la proie de tous les peuples.

(1) MONTESQUIEU : *Esprit*, livre 2, chapitre 1er.

(2) MONTESQUIEU : *Grandeur et décadence*, chap. 22. C'est une erreur de croire qu'il y ait dans le monde une autorité humaine à tous les égards despotiques ; il n'y en a jamais eu, il n'y en aura jamais ; le pouvoir le plus immense est toujours borné par quelque coin.

(276)

définie de tous les gouvernemens possibles, plus ou moins dépendans de la volonté, c'est-à-dire des passions de certains, s'approchant ou s'éloignant du despotisme.

Ayant dans leurs élémens ces volontés, ils sont nécessairement variables avec elles, et leur passage par tous les degrés de l'échelle en devient possible.

On les a ordinairement classés au moyen de quelques grands points de division placés sur cette échelle; ainsi, l'on établit des colonnes milliaires sur les routes, mais la continuité en deçà et au delà n'en existe pas moins.

Plus les volontés qui les affectent seront stables et contenues, plus eux-mêmes seront fixes.

La stabilité de ces volontés ne saurait être donnée par les formes : celles-ci ne peuvent que borner plus ou moins leur influence : or, ces volontés étant toujours élément dans ce qui a pouvoir de modifier les formes, il en résulte un cercle vicieux. Ainsi, ces gouvernemens, quelque sages qu'ils paraissent, ne seront jamais à l'abri des changemens. Ouvrage des hommes, ils porteront le type de leur création : ils seront passagers comme eux (1).

La stabilité de ces volontés ne sera obtenue, en partie, que par des effets moraux. Ce sera le résultat de l'éducation, de la morale, des habitudes des peuples. Par l'influence réciproque des êtres, les grandes masses arrivent à avoir toutes à peu près les mêmes désirs, les

____

(1) *Réforme dans la législation militaire*, pag. 31. Mais il n'est aucun (législateur) qui, avant d'achever son ouvrage, n'en ait aperçu l'insuffisance, aucun qui n'ait senti que les passions seraient plus fortes que les obstacles, ... tous ont appelé la morale au secours des lois; ... à l'exemple des plus grands législateurs, il faudrait recommander la législation à une divinité protectrice.

mêmes volontés. De là cet esprit général des nations sur
lequel la puissance est fondée, qu'on ne choque pas impunément, et qui constitue ce que l'on nomme l'opinion publique (1).

CHAPITRE XIX.

Du despotisme dans les gouvernemens.

Pour vivre en société, les hommes sont nécessairement
forcés de renoncer à une partie de leur liberté (2).

Plus cette partie sera égale pour tous, plus on sera
loin du despotisme. Cela aura lieu chez les pleuples ayant
réellement de la vertu, c'est-à-dire cette qualité de
l'âme qui porte à faire toujours abnégation de soi-même
pour le bonheur général (3).

Plus, au contraire, cette partie sera inégale, plus
sur l'échelle on se rapprochera du despotisme.

Ces résultats étant dus entièrement à l'inégalité des
pertes, non à leur grandeur absolue, il s'ensuit que dans
un gouvernement se rapprochant du despotisme, on
pourra être réellement plus libre que dans un autre qui
s'en éloignerait (4). C'est ainsi qu'un simple janissaire,
dont la tête peut voler à chaque instant, est bien moins

---

(1) MONTESQUIEU : *Grandeur et décadence*, chap. 22.

(2) *Réforme dans la législation militaire*, pag. 144. Commander
et obéir, telle est la condition nécessaire à toute société. — MON-
TESQUIEU : *Esprit*, livre 8. Tout le chapitre 3 sur l'égalité extrême.

(3) MONTESQUIEU : *Esprit*, livre 4, chap. 5.

(4) NAPOLÉON. GOURGAUD, tome 1er, pag. 145.... Mais le peuple
français tenant plus à l'égalité qu'à la liberté, et le principe de la
révolution étant fondé sur l'égalité de toutes les classes, il y avait
absence absolue d'aristocratie.

contraint dans ses actions que ne le fut un Lacédémo-
nien. Mais l'habitude de juger relativement aux choses
qui nous entourent, pourra mettre l'opinion des peuples
en opposition avec les faits.

Tout gouvernement qui , par sa forme , sera fondé sur
cette différence , sera essentiellement conjoint au despotisme. Tels seront ceux pour lesquels l'autorité entière
résidera entre les mains des nobles , ou des riches , ou
de l'armée , ou de tout autre. Pour ces corps seulement ,
le gouvernement sera libre si tous leurs membres ont la
même prépondérance (1).

Dire quelles circonstances détermineront la grandeur
du malheur des peuples ne peut avoir lieu , parce que
le bonheur et le malheur sont des choses abstraites ,
dépendantes entièrement des habitudes individuelles de
chacun. Elle résultera de la coïncidence ou de la non-
coïncidence des choses qui font ce bonheur particulier,
avec celles que la portion de liberté enlevée , laisse ou
défend. Ainsi un peuple pourrait se trouver heureux ,
quoiqu'on lui eût enlevé une grande partie de sa liberté,
parce que ce serait précisément celle dont il n'a pas
intention d'user, et tel autre au contraire très-malheu-
reux pour une perte bien moins étendue.

____

(1) MONTESQUIEU : *Esprit*, livre 8, chap. 5. Dans ce cas la république.... est dans le corps qui gouverne, et l'état despotique est
dans le corps qui est gouverné.

CHAPITRE XX.

De la tendance au despotisme.

Le désir le plus grand de tous les hommes est de commander moralement ou physiquement. Ils veulent ou l'admiration ou l'obéissance. Le caractère particulier de chacun déterminera leur choix pour l'un des deux : c'est l'option entre la vertu et le vice. Quelques-uns tendent simultanément aux deux, c'est tenter la carrière des grands hommes , les résultats seulement peuvent indiquer la qualification à donner.

Une des propriétés les plus inhérentes à l'homme est de s'habituer. Tout , sans exception peut-être , s'y soumet. Il s'habitue au travail , à la peine , à la souffrance aiguë; il s'habitue surtout à l'admiration et à l'obéissance irréfléchie envers quelques-uns.

De tout cela , il résultera naturellement une tendance chez un certain nombre à inégaliser les pertes de liberté , pour se mettre soi-même dans la série de ceux qui ont le moins perdu, ou, en d'autres termes, une tendance vers le despotisme.

Il en résultera, en même temps , une multitude de moyens pour parvenir à ce même but.

Or, comme il suffit d'influer sur la volonté de certains (1) , élément de tout gouvernement , pour faire varier celui-ci et que beaucoup s'y prêtent, la chose ne peut être difficile , pour le commencement du moins.

---

(1) MONTESQUIEU : *Esprit* , liv. 5, chap. 14. Un gouvernement despotique, au contraire, saute pour ainsi dire aux yeux... Comme il ne faut que des passions pour l'établir, tout le monde est bon pour cela.

Toute forme de gouvernement établi doit donc être regardée comme menacée continuellement de variation, et le gouvernement continuellement songer à son maintien, s'il ne trouve point de bénéfice à la laisser changer.

Les moyens qu'il y emploiera varieront suivant sa sagesse et sa position sur l'échelle : les examiner ici n'est pas notre but. On peut seulement assurer que plus il sera grand et généreux, plus il visera à mettre chacun dans la position de pouvoir être utile et jamais nuisible.

CHAPITRE XXI.

Du principe des gouvernemens.

Ces volontés de certains, qui influent tant sur le résultat, chercheront dans tout état de choses à satisfaire à ce principe : qu'on ne choque pas impunément une certaine volonté générale des nations. Mais ne voulant pas changer elles-mêmes, elles affecteront cette dernière de manière à la mettre en harmonie avec elles.

Ainsi dans le despotisme extrême, la crainte étant l'affection principale des gouvernans, ils l'inspireront à tous proportionnellement à celle qu'ils éprouvent. C'est la seule opinion publique possible dans ce gouvernement. S'ils sont plusieurs toujours prêts à se déchirer entre eux, cette crainte n'en sera que plus forte : aussi la Convention commanda la terreur.

Lorsque les gouvernemens ne désireront qu'une stabilité stationnaire (1) dans le commandement, ils propageront ce même désir dans la nation ; ils tâcheront de

____

(1) Montesquieu : *Grandeur et décadence*, chap. 8. En un mot, un gouvernement libre, c'est-à-dire toujours agité, etc.

partager celle-ci en diverses classes, aux unes desquelles ils donneront pouvoir et fortune, et de l'opinion desquelles ils s'efforceront de faire l'opinion publique. Mais là se trouvera une grande difficulté, car les opposans dirigeant la volonté des autres classes, en feront une seconde opinion publique qu'ils opposeront à la première.

Ainsi, suivant l'infinie variété des volontés principales, se modifieront et la forme de gouvernement et les opinions publiques. Et si, d'après les temps, il y a impossibilité absolue à la modification désirée de l'opinion, il y aura arrêt dans la volonté principale (1).

Parmi toutes ces variétés, il en est une à considérer particulièrement dans cet Essai.

CHAPITRE XXII.

Du gouvernement par le mode militaire.

Si la volonté du gouvernement est de faire de grandes choses par l'intermédiaire de la guerre (car celle-ci souvent n'est qu'un moyen), il inspirera ce goût à la nation ; il lui donnera l'habitude de se classer entre elle suivant une hiérarchie militaire, de s'obéir entre elle de la même manière : ce ne sera plus qu'un vaste régiment. Les règles d'administration étant les mêmes que celles d'une armée, ce gouvernement régira par le mode militaire.

Les pertes de liberté étant inégales, il sera despotique ; mais s'il a un mouvement continuellement ascendant, de la participation duquel personne ne soit exclus,

______
(1) Montesquieu : *Grandeur et décadence*, chap. 22.

ce despotisme sera diminué ; et, s'il cadre avec le goût de la majorité de la nation, il sera imaperçu.

Ainsi, un gouvernement par le mode militaire, peut très-bien faire le bonheur d'une certaine nation, à une certaine époque. Frédéric et son gouvernement furent aimés par tous les Prussiens contemporains. La dureté, l'esclavage, sont loin d'en être la suite indispensable. Que l'on regarde les règlemens français, ils recommandent d'agir paternellement, ils en prescrivent les moyens, ils permettent la réclamation à une multitude d'autorités supérieures, ils exigent que justice soit faite. Si cela n'est pas toujours exécuté, c'est que les recours au ministre passent forcément par des intermédiaires qui altèrent la question. L'expérience, en outre, prouve tous les jours que les plus grandes vexations nous viennent précisément de ceux qui sont le moins militaires, parce que le militaire réel est essentiellement juste et généreux. Et l'on remarquera à cet égard quel avantage aurait pour l'armée la place centrale. Toutes ces injustices s'enfuiraient d'elles-mêmes par la proximité du chef suprême. Le service du Roi y gagnerait immensément, car il n'existe que trop de gens qui, par leur conduite égoïste et vaine, semblent avoir pris à tâche de dégoûter ceux qui ont l'amour de leur devoir.

Il faut retourner au sujet. Si une portion considérable de la nation ne peut se plier naturellement à cette opinion publique qu'on cherche à établir, si ce régime contrarie ses désirs, alors elle sera nécessairement malheureuse; elle cherchera à s'y soustraire, il y aura dans la nation deux parties; l'une opprimera l'autre : mais si c'est la partie militaire qui l'emporte, il ne faut nullement considérer ce résultat comme identique avec l'oppression de la nation par une armée.

Si toute la nation rejette cette idée, on pourrait tenter de la contraindre à accepter cette forme de gouvernement comme tout autre, au moyen d'une armée. Y réussir pour un moment est improbable, pour une longue durée est impossible (1). Il y aurait nécessairement réaction, et si l'armée l'emportait, alors ce ne serait plus qu'un droit de conquête ; il n'y aurait plus de nation, celle-ci serait toute dans l'armée (2) ; hors elle, il n'existerait plus que des vaincus soumis au *væ victis !* l'armée ne tarderait pas à délibérer ; elle constituerait alors un gouvernement réellement militaire, et ce n'était pas le but désiré.

Le gouvernement par le mode militaire, est donc essentiellement différent du gouvernement militaire. Dans le premier, c'est la nation en masse qui consent à se classer entièrement suivant la hiérarchie militaire ; dans le second, c'est une armée plus ou moins nombreuse formant réellement la nation, et exerçant un droit de conquête sur tout le reste de la population. Le premier peut rendre une nation heureuse, le second la réduit toujours à la condition d'esclave. Ainsi furent les Turcs dans leur temps de splendeur, ainsi furent au même instant les Moldaves, les Valaques, les Grecs.

Ces deux gouvernemens ont été confondus, et de là la multitude de propositions inconvenantes répétées contre l'armée. Les gouvernemens accusés d'être militai-

_____

(1) NAPOLÉON. MONTHOLON, tome 2, pag. 303. Il savait (Henri IV) que l'amour des hommes est hors du pouvoir des baïonnettes, et qu'un roi qui ne règne pas sur le cœur de ses peuples, n'est rien.

(2) NAPOLÉON. MONTHOLON, pag. 89. Les peuples conquis ne deviennent sujets du vainqueur.... que par leur amalgame avec l'armée.

res, tendaient tout au plus par l'intention des gouvernans, à se régir par le mode militaire; on n'y contraignait pas la nation, mais on influençait peut-être son opinion publique pour marcher à ce but : l'armée jamais n'y coopéra par sa force; si elle y conduisit, ce fut par l'appât présenté à tous, de partager une portion de la grande gloire qu'elle avait conquise. Qu'on ne l'accuse donc pas d'être la cause de tous les maux qu'on prétend avoir existé dans ces temps-là. Qu'on cesse, surtout, de répéter ces craintes chimériques que l'on veut déduire de son existence; qu'on ait toujours présent à l'esprit une crainte bien plus réelle, celle de l'étranger : qu'on soit bien convaincu qu'on ne le chassera pas avec de jeunes volontaires; et qu'enfin l'on observe qu'une armée instruite, bien recrutée, bien disciplinée, honorée par la nation, est bien plutôt un gage de fixité que d'anarchie. Lorsque l'on voulut briser le trône de Louis XVI, on détruisit l'armée disciplinée pour lui substituer des gardes nationales. Lorsque l'on voulut exécuter des horreurs, on les soutint par les gardes nationales de l'intérieur (1). Mais l'armée réelle, renforcée de l'élite des gardes nationaux changés en soldats, placée comme un bouclier sur la frontière, repoussait l'ennemi, et refusait ensuite d'exécuter les lois de sang portées contre les prisonniers, soit étrangers, soit émigrés; elle les renvoyait aux représentans: *si ce sont des*

---

(1) **Napoléon. Montholon**, tome 3, pag. 79. Les troupes marseillaises étaient des troupes levées à la hâte, dirigées par des clubs; dans tous les pays amis ou neutres où elles débarquaient, elles portaient la terreur, cherchaient partout des aristocrates ou des prêtres, avaient soif de sang et de crimes.

cannibales, disait-elle, *qu'ils les dévorent* (1). Elle fut pure des noyades, des guillotinades, des mitraillades de Nantes, de Quiberon, de Lyon, de Toulon (2) ; que le sang innocent qui y coula à grands flots, retombe sur la tête des farouches idéologues qui les ordonnèrent, et de ceux qui tenteraient de nous rapprocher de ces horreurs.

Enfin, que l'on permette encore une observation. Établir des gardes nationales générales, c'est en grande partie adopter le gouvernement par le mode militaire. Mais moins disciplinées, elles seront bientôt amenées à déserter. Ce sera une armée délibérant, prenant parti : la transition au gouvernement militaire sera rapide ; et pour comble de malheur, dans ces chocs, ce sera l'élite de cette garde qui sera vaincue et anéantie.

Si l'on veut être fixe, il faut des institutions fixes : elles ne le seront qu'autant qu'il existera une volonté générale fixe : l'habitude, la réaction des grands corps fixes y conduira. Une armée bien disciplinée est comme les parlemens, comme les corps de judicature, comme les académies, un de ces corps.... Mais la fixité est-elle bien dans ce siècle le désir de tous ?

---

(1) *Victoires et Conquêtes.*

(2) Napoléon. Montholon, tome 3, pag. 45. Un bataillon de Sans-culottes et de Marseillais, commandés à cet effet, les fusilla... Il est faux qu'on ait mitraillé qui que ce soit, le commandant d'artillerie et les canonniers de ligne ne s'y fussent pas prêtés. A Lyon, ce furent les canonniers de l'armée révolutionnaire qui commirent des horreurs.

CHAPITRE XXIII.

Réaction du nouveau système. — L'Armée.

L'armée dans son état actuel de dispersion, avec le service dont on la charge, est soumise à une multitude d'inconvéniens qu'on ne peut éviter.

Elle sert à maintenir la police intérieure, en prêtant main-forte à l'autorité civile. Il en résulte trois désavantages ; elle fait un métier de recors, incompatible avec le caractère d'un homme de guerre (1) ; elle se trouve soumise aux réquisitions d'autorités qui devraient toujours lui être étrangères ; elle s'attira la méfiance des peuples.

Par son service ordinaire, elle n'a que des momens irréguliers de repos ; elle ne peut se créer des occupations salutaires ; elle a nécessairement bien des instans d'oisiveté, dans lesquels il faut éviter l'ennui qui en est la suite. Les filles publiques et le vin sont forcément son recours ; ce sont des désirs si naturels lorsque l'éducation ne les a pas réprimés : de là des maladies qui l'énerve, des vices qui déshonorent plusieurs de ses membres, et comme dans les corps tous sont toujours solidaires pour quelques-uns, il en résulte dans l'opinion publique une défaveur sur toute la masse.

Le soldat est peu payé ; il est pauvre. Le moindre artisan, celui qui exerce le métier le plus vil, gagne bien plus, et comme tout actuellement se mesure par l'argent, il s'estime et on l'estime beaucoup plus. Ainsi le soldat,

---

(1) *Réforme dans la législation militaire*, pag. 4. L'armée a pour objet la défense et non la police du territoire.

du courage de la générosité duquel on obtient de si grandes choses, que les Henri (1), les Turenne, les Condé, les Frédéric, les Napoléon s'honoraient de nommer leurs camarades, passant au milieu de ses concitoyens, est observé avec un œil de défiance, rebuté, maltraité; sa tenue noble, son air martial, sont interprétés, comme disant : « C'est moi qui suis la force et la terreur (2). » Mais si, sous une forme abâtardie annonçant la faiblesse et la corruption, un être quelconque se présente muni du moyen corrupteur, chacun aussitôt s'empressera autour de lui.

Dans la place centrale, l'armée sera soustraite à tous ces malheurs, son service sera tout militaire, son temps mieux partagé, employé à l'instruction personnelle des individus ; ceux-ci n'auront plus besoin d'altérer leur santé pour éviter l'ennui ; ils contracteront l'habitude du travail, ils gagneront de l'argent dans un lieu où ils auront besoin d'en peu dépenser. Entièrement séparés comme masse de la nation, les causes de répugnance naturelle s'évanouiront ; et lorsqu'ils seront rentrés dans leur famille, ils pleureront encore plus d'une fois au souvenir de leurs vieux drapeaux ; ils les recommanderont à leurs fils, ils voudront qu'eux aussi goûtent le bonheur de leur jeunesse passée : au lit de mort, leur dernier regard sera vers ce cœur de la patrie.

---

(1) « Et comme un ambassadeur d'Espagne s'étonnait de le voir entouré et pressé avec plus de tendresse que de respect : Vous ne voyez rien M. l'ambassadeur, dit-il, ils me pressent bien autrement un jour de bataille. »

(2) NAPOLÉON. MONTHOLON, tome 2, pag. 235. Des mains accoutumées à gagner des batailles avec l'épée, ne se sont jamais souillées par le crime, même sous le vain prétexte de l'utilité publique.

CHAPITRE XXIV.

Continuation. — La Nation.

La police pour le maintien de l'ordre , sera du ressort des magistrats dans les départemens ; elle se divisera en deux parties.

La police extérieure ou des routes : elle sera confiée à un corps de gendarmerie créé exprès ;

La police intérieure : elle sera confiée à des gardes nationales urbaines : le premier résultat moral en sera tout en faveur de l'armée , que l'on ne regarde trop souvent maintenant que comme la garde scythe à Athènes , ou la garde crétoise à Rome.

Le second en sera de militariser la population , ce qui la rapprochera de l'armée.

Cette armée maintenant est nécessairement errante de garnison en garnison (1) : si on n'en agissait ainsi , contractant des habitudes de femmes et de ménage, elle serait impropre au service : on la rend , autant que possible, étrangère aux villes. Avec la place centrale, au contraire , les membres de l'armée pourront librement se marier , car ils laissent forcément leurs femmes dans leurs familles. Cette circonstance en outre répondra de leur choix ; mais ayant la facilité d'aller les voir plusieurs mois dans l'année , de leur apporter une partie du fruit de leurs travaux , il en résultera une navette continuelle

---

(1) Prince de LIGNE, tome 1er, pag. 93. Au lieu d'une armée pélerine telle qu'elle est à présent, qu'elle fait tous les ans deux cents lieues pour changer de garnison , et par conséquent informable, elle serait formée à l'état de soldat et de citoyen à la fois.

des provinces à la place, de la place aux provinces : l'armée et la population sous ce nouveau rapport seront donc encore rapprochées (1).

Ce rapprochement de toutes les parties de la nation, les idées d'ordre et de fixité, suite naturelle du service militaire de la place, ou des gardes nationales urbaines, produiront une seule et unique opinion publique, bien stable, bien déterminée, et par conséquent on assurera le maintien du gouvernement et la stricte exécution de ses ordres (2).

CHAPITRE XXV.

Continuation. — L'Industrie.

L'industrie a pour but de tirer le plus grand parti possible des produits d'un État; par suite elle augmente les richesses de celui-ci : sous ce point de vue elle doit donc être protégée.

Ses moyens principaux sont le travail et les échanges.

Pour ses travaux elle emploie le plus possible de machines : c'est comme si l'on mettait à la disposition de cet État une multitude d'esclaves instruits, ne coûtant

---

(1) *Réforme dans la législation militaire*, pag. 82. Et dans cet alternat entre la vie militaire et la vie civile, le caractère civique se conserve ainsi que l'habitude du métier.

(2) Hérodote, liv. 1er. Lycurgue ayant à réformer les lois de Sparte, pourvut d'abord à ce que celles qu'il donnerait fussent exécutées. — Montesquieu : *Esprit*, livre 5, chap. 7. Rien ne donne plus de force aux lois que la subordination extrême des citoyens aux magistrats.... Ils courent (à Lacédémone) lorsque le magistrat les appelle ; mais à Athènes un homme riche serait au désespoir que l'on crût qu'il dépendît du magistrat.

presque rien à entretenir : cela diminue de beauconp le travail de la population , sans cesser d'augmenter les richesses ; donc il en résulte un grand avantage.

L'industrie doit donc être essentiellement protégée ; mais il faut en diriger le résultat vers le bonheur général , non vers le bonheur particulier.

Or , si l'on remarque attentivement ce qui se passe , on verra que pour créer et soutenir des établissemens d'industrie , il faut des capitaux ; que pour les mêmes branches , les grands capitaux viennent bientôt par la concurrence à bout des petits ; que les établissemens industriels font eux-mêmes le commerce d'échange , pour supprimer le gain des maisons de commission et naturellement en profiter en partie , et que de toutes ces causes il résulte dans la population une inégalité très-grande de fortunes.

Cette inégalité , si on ne l'arrête , doit nécessairement continuer à prendre un accroissement extraordinaire : il faut en voir les conséquences.

Tant que le pouvoir de l'argent sera reconnu par tous, sans opposition , l'on tendra , par cette marche de fortunes particulières , à voir l'autorité entière passer entre les mains de quelques maisons ; l'on tendra à une oligarchie.

L'on tendra au malheur de la majorité des individus ; car le bonheur ne consiste pas à avoir des étoffes mieux tissées , mais à être considéré et à marcher l'égal de qui nous entoure. Quel est le citoyen de Sparte , mangeant du brouet noir , qui eût voulu changer **son** sort contre celui du riche habitant de Persépolis ? Et pour lequel des deux est le respect des générations ?

L'on tendra à la démoralisation complète des êtres :

(291)

il n'y aura plus de bassesses que l'on ne tente pour de l'argent; il n'y aura plus de honte que la fortune ne lave.

L'on tendra à abâtardir la nation, à faire passer la patrie sous le joug de l'étranger, si la même corruption n'est venue également l'atteindre.

L'on tendra surtout aux plus effrayantes révolutions (1); car un homme hardi se lèvera, qui criera aux classes les plus malheureuses : « Vous qui êtes la force, pourquoi » restez-vous dans l'esclavage? pourquoi vous soumet- » tre, vous qui pouvez commander? marchons, chan- » geons notre habit contre celui de ces maîtres si impé- » rieux, et tout sera achevé! ne sont-ils pas poussière » comme nous?.... » Que l'on regarde l'Angleterre; que l'on voie le petit nombre des familles régissant réelle- ment l'Etat; que l'on considère l'immensité de ses pau- vres; que l'on examine surtout les révoltes continuelles des ouvriers (2); et que l'on dise ce qu'elle deviendrait, si ses innombrables esclaves de l'Inde lui étaient ravis, et si son industrie venait à être vaincue par celle des au- tres nations.

Au milieu de cette course, le gouvernement s'affais- sera sous le poids d'une dette publique immense, car

---

(1) Montesquieu, livre 5, chap. 6. Pour maintenir l'esprit de commerce.... il faut que les lois divisent les fortunes à mesure que le commerce les grossit; mettent chaque citoyen pauvre dans une assez grande aisance pour pouvoir travailler comme les autres; et chaque citoyen riche dans une telle médiocrité, qu'il ait besoin de son travail pour conserver ou pour acquérir.

(2) Rognat : Réponse, pag. 98. L'heureuse Angleterre ne semble plus qu'une seule famille dont tous les membres s'empressent de s'entr'aider et de se secourir.

n'ayant que des revenus annuels bornés à la somme exacte de ses besoins , il dépense la totalité de sa fortune ; il se trouve par conséquent en opposition avec cette règle d'économie , qui dans une maison sans industrie , prescrit de ne dépenser pour les besoins journaliers que la moitié du revenu (1) ; il se trouve dans le défaut de réserve pour les événemens ordinaires : les événemens extraordinaires lui donneront d'autres besoins. Il se verra donc , de toute manière , forcé à des emprunts exigeant une augmentation d'impôts pour l'intérêt et l'amortissement de cette dette. Ces sommes lui seront avancées par les spéculations des grandes fortunes : les intérêts seront payés par un surcroît de travail dans les autres classes. Ainsi toute cette masse de richesse , créée par le travail de la population entière , mais accaparée par quelques-uns , ne sera point une réserve pour la nation : au moment du besoin , elle lui sera prêtée à grand prix , et il lui faudra redoubler son travail journalier pour amener entre les mains de ces prêteurs avides de nouvelles masses et de nouveaux moyens d'accaparement. *Le lucre redoublant la soif du lucre* , on cherchera de tous points à contraindre le gouvernement à de nouveaux emprunts (2) , jusqu'à ce que l'intérêt de la dette étant hors

---

(1) *Réforme dans la législation militaire* , pag. 229.

Ce sont des considérations semblables , qui doivent faire approuver par tous, cette mesure qui a remis les masses de linge et chaussure entre les mains des payeurs, et qui déjà plusieurs fois avait été demandée, particulièrement dans l'ouvrage ci-dessus, pag. 250. (*Note de l'auteur.*)

(2) NAPOLÉON. MONTHOLON , tome 4 , pag. 241.... Qu'il convenait d'éteindre la dette.... qu'il fallait consacrer... comme loi constitutionnelle.... le principe qu'une génération ne peut être engagée

de proportion avec le travail et les impôts, une com-
motion épouvantable engloutisse les ruines de cet Etat
sous une mer de sang et de larmes.

CHAPITRE XXVI.

Continuation.

Le résultat de la place centrale et de son organisation
intérieure, sera une digue invincible pour ce torrent de
calamités.

Le gouvernement, en cultivant ainsi plusieurs branches d'industrie, se mettra à la tête de ce mouvement
des richesses; il étendra ses manufactures au fur et à
mesure de l'accroissement de ses moyens; il deviendra
le dépositaire du fruit des travaux de la population.

Employant ainsi à un double usage les sommes considérables qu'il donne actuellement pour solde à une foule
d'improductifs qui changeront d'emploi, il sera à même,
tout en soutenant la concurrence avec les manufactures
des provinces, de donner des salaires raisonnables.

N'accaparant pas le commerce, ce qui serait injuste,
mais le faisant concurremment avec la nation, il se trouvera essentiellement lié d'intérêt avec elle. Dans ses relations politiques, suivre l'avantage de celle-ci, sera forcément le sien.

Attirant, par le seul fait de sa vaste industrie, la

---

par une autre génération, et que les intérêts d'un emprunt ne pourraient être exigés que pendant les quinze premières années : ce qui
eût préservé de l'abus qu'on peut faire de cette ressource, et pro-
tégé les générations à venir contre la cupidité de la génération pré-
-ente.

masse des richesses vers lui, il la fera circuler d'une manière plus uniforme ; le résultat en sera une grande augmentation de valeur personnelle et de bonheur dans les individus ; car il est de l'essence des gouvernemens d'acquérir pour donner, non pour conserver. Thésauriser ne peut être que le défaut des particuliers.

Ayant en réserve pour la nation le produit du travail de la nation, il sera soustrait pour toujours à l'influence de ces riches spéculateurs, qui ignorent ce que c'est qu'une patrie, et qui, quelquefois, ne protestent de leur amour pour elle que pour la mieux ruiner. Au moment du danger on aura tout, armes et argent, pour repousser l'étranger.

Autour de ce vaste centre d'industrie, les manufactures des provinces se grouperont uniformément ; l'égalité de grandeur s'établira entre toutes les villes ; il en résultera plusieurs avantages.

Premièrement : l'instruction se répandra plus uniformément dans toute la France.

Secondement : la facilité de la défense y gagnera immensément, parce qu'il n'y aura plus de ces centres de richesses, comme Lyon, qui mènent toujours à des fautes militaires, et qui, tombés entre les mains de l'ennemi rendent celui-ci possesseur de moyens redoutables pour pousser son invasion.

Troisièmement : ce fait rapproché des idées de guerre souvent émises, amènera ce résultat déjà énoncé : que les richesses particulières seront bien plus couvertes par la réunion des armées défensives, que par des places fortes disparsées çà et là.

Deux rayons quelconques tirés de ce centre, présenteront les mêmes objets, mais comme, moralement et

physiquement, toutes les choses de même nature s'attirent, les parties plus rapprochées du centre seront plus
manufacturières, plus instruites, plus peuplées. Tout
croîtra de la frontière à la place, et un ennemi envahis-
sant, loin de s'emparer de prime-abord des plus fortes
provinces, verra au contraire tous les moyens de résistance grandir sous ses pas.

Enfin, plusieurs provinces de l'intérieur à peine culti-
vées, à peine en rapport faute de communications suffisantes, percées par tant de rayons de routes, vivifiées
par la proximité de la place centrale, acquérant une
valeur productive très-grande, augmenteront les richesses de la France.

CHAPITRE XXVII.

De Paris.

Chercher quelles seraient les variations de Paris est
une question trop compliquée d'hypothèses ; mais jeter
un regard sur ce qu'il pèse maintenant dans la balance
de la défense, est plus qu'utile ; il y a urgence.

Paris reçoit journellement un accroissement aussi remarquable par sa grandeur que par sa rapidité. Cette
marche est naturelle ; elle est une suite du principe général d'attraction de toutes les choses de même espèce,
tout s'y soutient mutuellement ; l'instruction et les confections s'y perfectionnent par la réaction réciproque
des grandes masses, bientôt toutes les manufactures y
seront. Dans les provinces, il n'existera plus que celles
nécessaires à la production ou à l'extraction première
des matériaux. Ainsi le coton produit et cardé dans
l'Inde, travaille en Angleterre, retourne de là dans son
pays natal.

Le résultat incontestable est d'amener, sans restric-
tion, toute la France dans Paris. Plus que jamais la
prise de cette capitale sera suffisante à l'ennemi pour le
rendre maître absolu, et comme la présence d'une armée victorieuse, munie d'une bonne artillerie, suffira
toujours pour dompter une pareille réunion, plus que
jamais aussi une victoire et une marche rapide décide-
ront du destin de l'État. L'industrie manufacturière de
France, jointe à l'abandon préconisé des armes, travaille maintenant pour le peuple qui, pour industrie
principale, s'instruit à manier le fer. Le fer martellera
toujours l'or : et, si je voulais faire la fortune de mes
petits-fils, j'irais me naturaliser Cosaque (1). Ce serait
un résultat assuré, bien autre que celui du placement
de quelques fonds dans une caisse d'épargne. Le Nord,
quelquefois fut maintenu, mais jamais dompté par le
Midi; plusieurs fois il a asservi les populations méridio-
nales, lui seul encore est pur de servitude. La cause en
est qu'il a toujours préféré l'épée à l'aiguille, et que
souvent le Midi a préféré l'aiguille à l'épée. Mais pourquoi donc négliger l'un des deux (2) ?

---

(1) NAPOLÉON. MONTHOLON, tome 2, pag. 241. Si Alexandre ne
tourne pas ses regards vers l'Inde pour acquérir des richesses et
fournir de l'occupation à ses peuplades nombreuses de Cosaques
et de Calmoucks.... il sera contraint, pour prévenir une révolution
en Russie, de faire une irruption dans le midi de l'Europe. S'il
réussit à amalgamer franchement la Pologne et la Russie... tout
devra fléchir sous son joug.

(2) ROHAN : *Parfait Capitaine*, pag. 150. La plupart des États
d'aujourd'hui sont plus fondés sur la police que sur la guerre, et
tâchent plutôt de se conserver que de s'accroître, ce qui nous y
fait voir les lettres fleurir et les armes s'abâtardir; si bien que les

Fortifier Paris semblerait être la conséquence de ces
remarques (1). Mais il y a tant d'obstacles ! l'armée
s'y démoraliserait tant ! il serait si facile d'affamer et de
réduire une telle population, qu'on n'y gagnerait réellement rien (2).

L'adoption de la place centrale arrêterait le cours des
choses. Ne renfermant pas de femmes, elle ne deviendrait
jamais ville. Paris resterait ce qu'il est, la capitale des
arts et des vices : il serait le centre de toutes les délibé-
rations parlementaires. Il serait un point important dans
la France, mais il ne serait plus la France ; et ce point,
stratégiquement, serait couvert par la place centrale et
son armée : il serait réellement plus défendu que par
des remparts.

Paris pourrait toujours être la demeure des rois de

États qui ont pour fondement la guerre, gourmandent les autres.

(*Note de l'auteur.*) On est loin d'indiquer ici une tendance géographique et irrésistible du Nord à envahir le Midi : c'est une
idée dans le sens de celle de Napoléon lorsqu'il s'écriait : « Man-
geons les Russes pour qu'ils ne mangent pas nos enfans. » Pe-
let : *Guerre de* 1809, tome 1er, pag. 25.

(1) Napoléon. Montholon, tome 2, pag. 285. Napoléon avait
souvent eu la pensée de fortifier les hauteurs de Paris,... il pensait
qu'une grande capitale est la patrie de l'élite de la nation ; qu'elle
est le centre de l'opinion, le dépôt de tout, et que c'est la plus
grande des contradictions que de laisser un point aussi important
sans défense immédiate. — Mathieu Dumas, tome 14, pag. 36.
Tout ce qui est dit sur le danger de l'occupation d'une capitale par
l'ennemi, et sur ce qu'elle est toujours le point *le plus vulnérable*,
*offrit-elle par la force de position et l'abondance des réserves les
plus sûrs moyens de défense.*

(2) *Considérations sur la défense des États*, par M. de Lambel,
pag. 44 et 77.

France ; car la place du Delta ne saurait être leur rési-
dence habituelle. Celle-ci n'en étant située qu'à cinquante lieues , le souverain s'y transporterait facilement,
et d'un seul coup-d'œil verrait toute son armée. Cette
réunion en un seul point lui donnerait la facilité de con
naître tous ses chefs , de se faire connaître de tous ses
soldats. Sans peine il s'assurerait de l'instruction de son
armée, des perfectionnemens de la science. Il distribue-
rait lui-même les encouragemens et les récompenses ;
au moment du danger, enfin , il saurait lui-même la
conduire , car à la guerre un roi de France doit être le
général de ses troupes. Cette tâche est trop belle et trop
importante pour la céder à qui que ce soit (1).

Que l'on considère toutes ces choses , et, si elles ne
sont pas évidemment fausses , que l'on craigne en discré-
ditant les armes , d'accumuler des probabilités pour
l'asservissement de la patrie. Que l'on songe à l'énormité
du crime dont on prendrait la responsabilité devant les
siècles , et qu'on la brave si on l'ose !

CHAPITRE XXVIII.

D'une probabilité entre deux États en guerre.

Deux États en guerre se font mutuellement le plus de
mal possible. Toutes choses égales d'ailleurs , celui qui

(1) Rohan : *Parfait Capitaine*, pag. 252. Cette opinion (que le
roi ne conduise pas son armée) est principalement celle maintenue
par les gens de robe longue, ennemis naturellement des gens de
guerre, et qui conservant mieux leur autorité dans la paix que dans
la guerre, ne déconseillent pas seulement d'aller en personne à la
guerre, mais même conseillent de souffrir toute sorte d'ignominie
plutôt que de la faire.

est organisé, de nature et de caractère à supporter ce mal le plus de temps, sera nécessairement vainqueur, eût-il même, dans le courant de la querelle, éprouvé des pertes proportionnellement plus grandes.

Dans l'état actuel, l'argent est un des grands moyens de guerre ; il faut en avoir le plus possible. Par les raisons données ci-dessus, la place centrale y mènera. Une cause surtout en produira : la suppression des barrières naturelles. La prospérité commerciale est essentiellement fondée sur la facilité des communications. De plus, on est au moins autant en paix qu'en guerre, il serait donc juste de penser également à ces deux époques. Or, par le système défensif des places, on cherche maintenant à s'enfermer de toutes parts, pourtant on n'y parvient pas ; sur une multitude de points le besoin l'emporte. Ainsi l'on s'oppose à la prospérité pendant la paix, et l'on n'assure pas le succès pour la guerre. On se prive donc de ce moyen de succès, *l'argent*, sans s'en procurer l'équivalent ; on perd donc des probabilités.

La place centrale au contraire assure la prospérité commerciale ; elle assure des richesses à l'État ; elle donne les moyens d'augmenter l'énergie des peuples ; elle donne surtout la certitude de pouvoir faire usage de celle-ci jusqu'au dernier soldat. Elle réunit donc toutes les probabilités possibles, puisqu'elle permet dans la lutte une ténacité presque indéfinie.

CHAPITRE XXIX.

Réserve.

A la guerre il est un principe incontestable, celui d'avoir une réserve composée de ce qu'on a de meilleur ; ce de ne l'engager qu'à la dernière extrémité. Si l'ennemi peut encore disposer de troupes fraîches considérables , elle sauve la retraite. S'il a tout engagé , elle rompt l'é- quilibre de la bataille , et décide la victoire. Le grand art est de ne l'engager que dans cette circonstance.

Pourquoi dans un livre de guerre ne pas imiter cet exemple de guerre? pour réserve on a réuni les paro- les de quelques grands hommes de guerre; on les pré- sente maintenant pour dernier appui; peut-être l'expé- rience apprendra-t-elle un jour en quelle situation elles trouvent la lutte? suivons l'ordre des temps.

Premièrement. Le duc de Rohan , dans son *Parfait Capitaine*, après avoir remarqué l'utilité d'un camp re- tranché pour renfermer les troupes destinées à *brider* un pays , il ajoute (1) : « Étant très-certain que pour » conserver son pays contre une plus grande force que la » sienne (donnant ordre qu'on ne manque pas de vivres), » on le peut faire en se retranchant fortement; car qui- » conque se met tout-à-fait sur la défensive, en se renfer- » mant dans les villes, il faut (sans secours étrangers) » qu'à la longue il périsse. »

Dans son chapitre 19 du *Traité de la guerre*, il dit : « Étant une chose également périlleuse d'avoir plus de » forteresses qu'on n'en peut garder ou de n'en avoir point » du tout : encore aimerais-je mieux le dernier que le » premier, pour ce qu'au moins hasardant une bataille , » vous faites la moitié de la peur à votre ennemi ; mais » par l'autre il faut périr assurément.... Si bien je con- » clus qu'il faut avoir si peu de forteresses qu'elles ne vous » empêchent pas de tenir la campagne. »

____

(1) Page 19.

Secondement. Turenne consulté par le grand Condé sur la conduite à tenir dans la guerre de Flandre (1), il lui répondit : « Faire peu de siéges et donner beaucoup » de combats ; quand vous aurez rendu votre armée su- » périeure à celle des ennemis par le nombre et par la » bonté des troupes, ce que vous avez presque fait à la » bataille de Rocroy ; quand vous êtes bien maître » de la campagne, les villages vous valent des places ; » mais on met son honneur à prendre difficilement une » ville forte, bien plus qu'aux moyens de conquérir ai- » sément une province. Si le roi d'Espagne avait mis en » troupes ce qui lui a coûté d'hommes et d'argent à faire » des siéges et à fortifier des places, il serait aujourd'hui » le plus considérable de tous les rois. »

Il avait pour maxime rapportée par Villars (2) : « de » combattre pour sauver les places importantes ; car si » l'on ne combat pas pour les premières, il faut, malgré » qu'on en ait, combattre pour les secondes. » Ce qui revient toujours à faire dépendre le salut des États d'une bataille.

Troisièmement. Vauban (3) écrivait, en avril 1687, à Catinat : « Vous avez raison de dire que ce trop de pla- » ces en France est un inconvénient dont on ne s'aper- » cevra point tant qu'on sera autant en état d'attaquer » que de se défendre ; j'en conviens fort avec vous : mais » s'il arrivait une grosse guerre, il serait fort à craindre » qu'il ne parût dès la première campagne. Je pars en-

---

(1) *Histoire*, par Ramsay, tome 2, pag. 257.

(2) *Vie de Villars*.

(3) *Mémoire et Correspondance de Catinat*, tome 1er. Fac si- mile de l'écriture de Vauban.

» core de chez moi dans sept ou huit jours pour aller faire
» le projet d'une nouvelle place, chose qui n'est point
» encore de mon invention ni de mon goût, bien que
» la situation en soit assez considérable. »

Quatrièmement. Le grand Frédéric : son antipathie
bien reconnue pour les forteresses qu'il a laissé percer
en tant d'endroits (1).

Cinquièmement. Napoléon : ses paroles au comité
des fortifications relativement à Alexandrie (2) : « Je
» veux que les forteresses de Turin, de Tortone et de
» Milan soient réunies à Alexandrie. » Et leur développement donné à cet égard par le fragment suivant du mémoire du colonel du génie Liédot. « Sa Majesté, ayant
» médité les grands intérêts qui lient la France à l'Italie,
» ordonne la démolition de toutes les places du Piémont :
» elle sentit la nécessité d'avoir au-delà des Alpes une
» place de dépôt qui pût renfermer un immense appro
» visionnement en tout genre, et qui fût assez forte pour
» être le pivot des opérations. »

Enfin ces paroles si remarquables du général Gassendi,
et qui peuvent, pour ainsi dire, servir d'épilogue à cet
Essai (3).

« Si cependant les places ne deviennent pas imprena
» bles, je donnerai une affligeante raison de s'en conso
» ler. Quel État, autre que la France, eut un triple cor
» don de meilleures places pour garder les frontières ?
» Eh bien ! qu'est-il arrivé en 1792, en 1814, en 1815 ?

---

(1) D'Arçon.
(2) Mathieu Dumas, tome II, note 4.
(3) Aide-mémoire.

» l'ennemi est arrivé par-delà le centre de la France en
» laissant ses places en arrière, dont on a pris ensuite
» quelques-unes à loisir. Nous avions fait de même plu-
» sieurs fois depuis trente ans contre des puissances bien
» plus éloignées. Dans le système de guerre d'aujourd'hui,
» la guerre d'irruption, les places sont impuissantes pour
» arrêter des torrens d'ennemis : on peut dire plus, elles
» sont peut-être nuisibles. Le peuple qui fait l'irruption
» n'a pas besoin de ses places, tout est en sûreté chez
» lui ; mais s'il est vaincu, l'ennemi franchit ses frontiè-
» res, prend des places de choix, met dehors tous les
» habitans suspects qu'il redoute, et y laisse en sûreté
» ses hôpitaux, ses magasins derrière lui. S'il n'y avait
» point eu de places, ses magasins, ses hôpitaux seraient
» dispersés dans les villes ouvertes, les villages ; et le
» peuple qu'il opprime, dans des soulèvemens partiels
» qu'on ne peut ni prévoir ni comprimer toujours, les
» eût brûlés, pillés.

» Il ne faut donc que quelques bonnes places, pour
» abriter pour le moment les grands établissemens mi-
» litaires qu'on ne met bien en sûreté qu'en les évacuant
» et les dispersant pour les mieux cacher ; il faudrait que
» ces établissemens ne fussent que dans les places forti-
» fiées les plus éloignées des frontières..... Les Autri-
» chiens ne fussent jamais venus par-delà Lyon, si la
» manufacture de Saint-Étienne ne les y eût attirés. »

CHAPITRE XXX.

Conclusion générale.

Tel est l'ensemble des idées que l'on s'était proposé
de présenter.

On eût voulu le faire d'une manière plus brève, on n'a pas su y parvenir.

On croit avoir démontré que tout ce qui a été projeté jusqu'à ce jour est insuffisant. On pense surtout que, les preuves fussent-elles fausses, la conclusion n'en doit pas moins être gardée, parce qu'elle est exactement l'opinion des Rohan, des Turenne, des Vauban, des Frédéric, des Napoléon, des Gassendi.

La place centrale est le moyen qu'on a offert; on a rassemblé en sa faveur tous les raisonnemens possibles, moins encore pour convaincre les autres que pour se convaincre soi-même. On eût même cité l'exemple de Rome, si l'on n'eût craint le ridicule déversé sur les citations de l'antiquité (1).

On a, sous les rapports pécuniers, indiqué les causes principales de possibilité de création pour la place du Delta; il eût fallu attaquer la même question pour la marine, on l'a regardée comme évidente.

Enfin, on a cherché quelle influence ce système pourrait avoir sur la nation; tout s'est présenté sous un aspect avantageux; on a surtout appuyé sur ce que cela ne mettrait pas la patrie sous le joug de l'armée. On n'eût point abordé cette question, parce que soldat, élève ou ami de bien des soldats, on connaissait leur cœur et le sien. On eût négligé de vagues incriminations; on se fût concentré dans l'étude de son art et dans l'amour de son

____

(1) Napoléon. Montholon, tom. 1ᵉʳ, pag. 244; tom. 5, pag. 84. L'exemple des anciens ne peut être une autorité pour nous; nos armes sont trop différentes des leurs. Celle des grands généraux des XVᵉ et XVIᵉ siècles est plus respectable. — Prince de Ligne, tome 1ᵉʳ, pag. 131. Je plaindrais le général qui à présent voudrait faire du romain ou du carthaginois dans une bataille.

pays. Mais ces incriminations tendent à anéantir l'armée; avec elle disparaîtrait bientôt la patrie (1) ; on a frémi à cette idée, on s'est jeté en avant avec plus de feu peut-être que de raison. Mais n'importe, on a signalé le danger; d'autres plus heureux se trouveront, sans doute, qui repousseront un tel fléau.

Puissent ceux qui liront cet Essai, se bien convaincre que le moteur principal qui anime l'auteur est son amour pour son pays. Mais plus exclusif que tant de gens, il ne peut consentir à *se faire Tartare pour se dispenser d'être Français*. L'amour est pour le pays, l'humanité seule pour l'étranger. Et d'ailleurs, plus une nation est forte par elle-même, plus elle peut donner carrière à sa générosité, sans craindre pour le bonheur de ses neveux.

---

(1) FRÉDÉRIC : *Instruction*, art. 26. Je n'oublierai jamais ce que Végèce.... nous dit des Romains, tant la prospérité d'un Etat est fondée sur la discipline de son armée. — DUPIN : *Sur la puissance de l'Angleterre*, préface, pag. 8. Car jamais peuple ne perdit l'établissement politique auquel était due sa force sociale, sans perdre bientôt sa puissance nationale; ainsi périt le Bas-Empire, ainsi périrait tout autre empire.

FIN.

TABLE DES MATIÈRES.

LIVRE PREMIER.

Des Places fortes considérées en elles-mêmes pour la défense des Etats.

LIVRE SECOND.

*Des rapports que par divers systèmes l'on a cherché à établir
entre des Places et une Armée, pour la défense des Etats.*

LIVRE TROISIÈME.

*Examen des hypothèses sur lesquelles ont été basés les sys-
tèmes précédens, et de quelques rapports qui ont été déduits
comme existant généralement entre des Places fortes et une
Armée.*

LIVRE QUATRIÈME.

Examen de la question à résoudre ; nouveau projet pour y parvenir.

LIVRE CINQUIÈME.

Application du Projet proposé à la France.

LIVRE SIXIÈME.

Généralité du nouveau Projet.

LIVRE SEPTIÈME.

Analyse et Comparaison de diverses propriétés attribuées aux systèmes connus.

LIVRE HUITIÈME.

Possibilité du nouveau Système, et Considérations diverses.

FIN DE LA TABLE.